초심상담자를 위한

상담실습

박은민 저

효과적인 상담 과정을 담은 지침서

COUNSELING PRACTICE FOR BEGINNER COUNSELORS

학지사

머리말

초심상담자들은 첫 상담을 시작할 때 '상담, 어떻게 진행해야 할까?'에 대해 많은 궁금증을 갖는다. 이 책은 초심상담자들이 상담의 첫걸음을 내딛기 시작할 때 자신감 있게 상담을 진행할 수 있도록 집필하였다.

상담전공생들은 좋은 상담자가 되기 위해 다양한 상담이론 공부와 상담실습을 훈련하고 있다. 하지만 좋은 상담자가 되기에는 그 과정이 너무 어렵다고 느끼는 상담전공생이 많다. 따라서 이 책은 필자가 대학에서 다년간 상담전공생들을 대상으로 상담실습 관련 교과목을 지도하면서 겪은 경험에 기반하여 상담전공생들의 상담실무 능력 향상에 도움이 되도록 집필하였다. 상담을 처음 접하는 초심상담자들의 이해를 위해 상담 사례를 넣었다. 이 책에 제시된 사례 내용은 필자가 상담한 내담자들의 실제 상담 사례를 각색하였고, 이름은 모두 가명을 사용하였다.

이 책의 구성은 다음과 같다.

제1장은 개인상담, 제2장은 상담관계 형성, 제3장은 접수면접, 제4장은 상담 구조화, 제5장은 사례개념화, 제6장은 상담목표와 상담 전략, 제7장은 상담기법, 제8장은 상담 중기, 제9장은 상담 구체화 작업, 제10장은 공감과 반영, 제11장은 상담 종결의 내용으로 구성되었다.

이 책은 다음과 같은 상담실습 활동을 통해 상담자의 역량을 기를 수 있도록 마련하였다.

첫째, '상담자가 되고 싶은 이유가 무엇인가?' '나는 어떤 상담자가 되고 싶은가?'를 고민할 수 있도록 단원별 질문을 통해 상담자로 성장할 수 있도록 하였다.

둘째, 상담자 역할도 중요하지만, 내담자를 이해하기 위해서는 내담자 역할을 경험해 보는 것도 중요하다. 그러므로 상담실습 과정에서 상담자 역할만 중요하게 생각하기보다는 내담자 역할을 통해 내담자를 이해하며 상담에 적용할 수 있도록 하였다.

셋째, 상담실습 과정에서 상담자 역할을 연습하고 상담자가 갖추어야 할 전문성을 준비하며 상담장면에 적용하도록 하였다. 상담자로 성장하기 위해서는 내담자를 만나기 전에 많은 상담 연습이 요구되기 때문이다.

넷째, 토론과제를 통해 다양한 생각을 교환하는 과정은 다양성을 인식하고 자신의 관점을 확장시킬 수 있다. 우리가 만나는 내담자는 다양한 삶을 경험하였다. 이는 토론 활동을 통해 이러한 다양한 삶의 경험을 이해하고 수용할 수 있다.

이 책이 상담실습을 훈련하고 연습하고자 하는 상담전공생들과 상담에 관심을 갖고 있는 분들에게 상담을 진행할 때 도움이 되기를 소망한다.

책이 출간되기까지 다양한 도움을 주신 많은 분에게 감사드린다. 상담심리학과와 함께해 주시고 많은 관심을 기울여 주신 이주희 총장님, 상담심리학과 학생들이 좋은 상담자로 성장할 수 있도록 같이 고민하던 박희현 교수님, 이은주 교수님, 상담실습 수업에서 함께한 동신대학교 상담심리학과 학부생과 대학원생들에게 고마움을 전한다. 또한 항상 기도로 함께해 주시는 부모님께 감사드리며, 삶의 동반자인 남편, 사랑하는 두 아들에게도 감사의 마음을 전한다. 마지막으로, 학지사 김진환 사장님과 편집을 꼼꼼하게 신경 써 주신 홍은미 선생님에게 감사드린다. 상담자의 진로를 선택하고 상담자로 성장할 수 있도록 인생의 길을 인도하신 하나님께 감사의 마음을 전해 드린다.

2022년 9월

박은민

차례

제7장 상담기법 / 163

제8장 상담 중기 / 193

제9장 상담 구체화 작업 / 223

제10장 공감과 반영 / 247

제11장 상담 종결 / 271

제1장

개인상담

학습목표

1. 개인상담의 개념에 대해 학습한다.
2. 상담자의 전문적 역량에 대해 학습한다.

'상담이란 무엇일까?' 오늘날 현대 사회가 급변하며 다양한 분야에서 상담에 대한 관심이 증가하고 있다. 그만큼 상담이 필요한 사람들이 많아지고 있는 상황이다. '상담이란 무엇일까?' 상담이 성립되기 위해서는 상담자와 내담자가 존재해야 한다. **상담자**는 상담 관련 전문성을 확보한 전문가이며, **내담자**는 혼자 문제를 해결하기 어려워서 전문가의 도움을 받기 위해 상담실에 방문한 사람이다. 상담은 다음과 같이 설명할 수 있다.

"상담은 도움을 필요로 하는 내담자가 관계에서 발생한 어려움을 해결하기 위해 전문적인 훈련을 받은 상담자를 만나 해결하려고 노력하는 과정이다."(이장호, 이동귀, 2014)

"다양한 개인, 가족, 집단을 도와 정신건강, 건강한 삶, 교육적 그리고 직업적 목표에 도달할 수 있도록 하는 전문적 관계이다."(미국상담협회, American Counseling Association: ACA, 2010)

"상담은 내담자가 당면한 문제를 해결하는 과정, 즉 문제해결 과정이다."(고기홍, 2014)

앞의 내용을 통해 상담은 '도움이 필요한 **내담자**와 전문성을 갖춘 **상담전문가**가 만나 **신뢰관계**를 형성하고 내담자의 고민 해결을 추구하며 궁극적으로 한 개인이 **발달**하고 **성장**하도록 하는 과정'이라고 할 수 있다. 내담자는 상담을 통해 문제가 완전히 해결되지 않더라도 자신에게 관심을 기울이고 공감하는 상담자와의 상담관계를 통해 신뢰할 만한 인간관계를 경험한다. 상담자와의 신뢰할 수 있는 인간관계 경험은 내담자를 성장시킨다.

현재 다양한 분야에서 '상담'이라는 단어가 사용되고 있다. 예를 들면, 심리상담,

진로상담, 취업상담, 결혼상담, 이혼상담, 주택상담, 법률상담, 주식상담 등 다양한 분야에 상담이 접목되고 있다. 하지만 이 책에서 의미하는 상담은 정보와 조언, 충고를 제공하는 상담과는 구분되는 전문적인 심리상담을 말한다. 상담은 대상에 따라 아동상담, 청소년상담, 성인상담, 노인상담으로 구분하고, 상담 형태에 따라 개인상담, 집단상담, 가족상담 등으로 구분한다(고기홍, 2014).

1. 내담자와 상담자

1) 내담자란 누구인가

세상에 문제없는 사람은 없다. 하지만 사람들은 문제없는 사람, 문제없는 세상이 있을 것이라 기대한다. 다음 이야기를 통해 문제없는 세상이 어떤 곳인지 생각해 보자.

『잭 캔필드의 응원(Dar to win)』(2008)에서는 고민하는 청년이 혼자 힘으로 문제를 해결할 수 없어 필 박사를 찾아와 도움을 요청하는 내용이 나온다.

청년: 박사님 저는 문제가 없는 세상에서 살고 싶어요. 문제가 있는 세상에서 살기가 너무 힘들어요. 문제가 없는 세상이 있을까요?

박사: 그런 마을이 있기는 하지요…….

청년: 그런 마을이 있다면 가 보고 싶습니다.

박사: 문제가 없는 사람들이 사는 마을이 궁금하나요?

청년: 네! 박사님 그곳에 꼭 가고 싶습니다. 그곳으로 저를 안내해 주세요.

박사: 하지만 일단 그곳을 보고 나면 다시는 가고 싶어지지 않을 수도 있을 텐데요.

청년: 아니요. 그렇지 않을 겁니다. 꼭 가 보고 싶습니다.

박사: 그럼 같이 가 보지요. 이곳입니다.

청년: 여기는…… '공동묘지'입니까?

박사: 이곳에는 많은 사람이 있지만 문제를 갖고 있는 사람들은 아무도 없습니다. 사람이 죽

지 않고 살아 있다면 문제는 항상 있기 마련입니다. 문제가 없는 삶이야말로 문제가 있다고 볼 수 있습니다.

청년: 네…… 그렇군요…….

출처: Canfield & Hansen (2008).

사람들은 문제없는 세상에서 살기를 원하지만, 문제가 없는 세상은 존재하지 않는 인생에서는 문제가 없도록 하는 것이 중요한 것이 아니라 발생한 문제를 잘 해결해 나가는 방법을 찾는 것이 중요하다. 문제는 사람들에게 지속적으로 발생하며, 동일한 문제가 반복적으로 발생하기도 한다. 하지만 인간관계에서 어려움을 경험하는 사람들은 자신에게만 문제가 발생한다고 생각한다.

내담자(client)란 자발적으로 상담을 의뢰하고 상담을 찾은 고객을 의미한다(이규미, 2017). 하지만 상담실에 다른 사람의 요구나 의뢰에 의해서 오는 경우, 예를 들면 학교기관에서 의뢰된 경우, 군 기관에서 의뢰된 경우, 법정에서 의뢰된 경우가 있다. 자발적으로 오기보다는 비자발적으로 상담에 참여하는 사람들도 있다. 이들을 비자발적 내담자라고 한다. **상담에서 내담자란 자발적으로 온 사람과 비자발적으로 온 사람을 모두 포함한다.** 내담 경위가 비자발적인 내담자들도 상담자를 만나기 위해 방문했다는 측면에서 상담 고객, 즉 내담자로 볼 수 있다. 상담은 발달이나 적응 문제를 경험하는 비교적 정상적인 개인을 대상으로 한다(Kottler & Shepard, 2015).

2) 상담자란 누구인가

'어떤 상담자가 좋은 상담자일까?' '어떻게 해야 좋은 상담자가 될 수 있을까?' 정답은 없지만 '상담자의 전문성'을 높이는 것이 기본적인 요건이다. 상담자의 전문성을 높이는 방법은 상담 관련 이론 공부와 상담실습을 통해 향상시킬 수 있다. 그렇다면 상담 관련 이론을 습득하고 실습을 충족시키면 모두 좋은 상담자가 될 수 있을까?

상담자는 상담에서 중요한 도구가 된다. 상담자가 어떤 도구인가에 따라 상담의 효과가 달라질 수 있다. 상담자가 사용하는 말과 표현되는 말이 내담자를 성장시켜 문제를 해결하게 할 수도 있고, 때로는 내담자에게 상처를 주어 문제가 더 악화할 수도 있다. 다음은 좋은 상담자가 되기 위한 두 가지 방안이다.

첫째, 좋은 상담자가 되기 위해서는 상담자 자신이 내담자가 되어 상담을 받아 본다. 상담자는 내담자가 되어 상담을 받는 과정을 통해 자신의 마음속 이야기를 표현한다는 것이 얼마나 어려운지를 깨닫도록 한다. 또한 상담자에게 공감받을 때 위로를 받는 기분을 느끼고 상담자에게 공감받지 못할 때 속상한 마음을 느껴 보는 것이 필요하다.

둘째, 좋은 상담자가 되기 위해서는 상담 경험을 통해 자신의 모습을 발견하고 자신에 대한 이해를 높이도록 한다. 상담자에게는 알지 못하는 자신의 모습을 알아 가는 것이 매우 중요하다. 자신의 모습을 발견하고 이해하는 과정을 통해 내담자를 더 잘 이해할 수 있다.

초심상담자들은 내담자를 상담하기 이전에 자신에 대해 많이 생각하고 스스로 생각하는 과정이 요구된다. 자신에 대한 질문에 분명한 정답을 찾아야 하는 것은 아니다. 하지만 초심상담자가 자신을 성찰하는 과정은 상담에 영향을 줄 수 있다(Egan, 2002).

조해리 창에 관련한 설명

자신을 개방하는 것은 타인에게 나의 모습을 보여 주는 것을 의미한다. 자기를 개방하는 측면은 자신의 모든 모습을 노출하는 것은 아니라 타인에게 보여 주고 싶은 자신의 모습만을 노출하는 것이다. 사람들은 타인에게 보여 주고 싶지 않은 모습은 노출하지 않는 경향이 있다.

미국의 심리학자 조셉 러프트(Joseph Luft)와 해링턴 잉햄(Harrington Ingham)이 개발한 자기개방 모형을 '조해리 창(Johari window)'이라고 한다. Joseph과 Harrington의 앞부분을 합쳐서 만든 이름이다. 이 모형에는 나와 관련된 모든 것이 정사각형 창문 속에 담겨 있다. 창문 안에는 나의 생각, 감정, 경험, 소망, 기대, 가족사항, 취미, 종교, 교우관계, 장점, 단점 등이 모두 담겨 있다.

첫째, **개방 영역**은 자신도 알고 타인도 아는 나의 모습이다. 예를 들면, 이름, 성별, 가족사항, 학력, 직업 등이 있다.

둘째, **은폐 영역**은 자신은 알고 있지만 타인에게 숨기고 싶은 나의 모습이다. 자신의 모습 중에서 타인에게 개방하고 싶지 않은 모습이라 숨기고 싶어 한다. 친밀하지 않은 관계에는 알리고 싶지 않은 나의 모습이 많다. 하지만 관계가 친밀해질수록 이 영역은 줄어든다.

셋째, **맹인 영역**은 타인은 잘 알고 있지만 자신은 잘 모르는 나의 모습이다. 맹인이 자신을 보지 못하는 것과 같이 자신이 모르는 자신의 모습이다. 우리는 자신에 대해 잘 안다고 하지만 실제로는 잘 모르는 모습이 있다. 또한 자신의 장점과 단점을 잘 안다고 하지만 모르는 부분이 있을 수 있다. 맹인 영역을 확장하기 위해서는 사람들의 피드백을 통해 자신의 모습을 발견해 나가도록 한다. 특히 상담자가 되기를 원한다면 내가 알지 못하는 나의 모습이 무엇인지를 발견해 나가야 한다.

넷째, **미지 영역**은 타인은 물론 자신도 잘 모르는 자신의 모습이다. 예를 들면, 무의식이나 어린 시절의 경험 등이 있다.

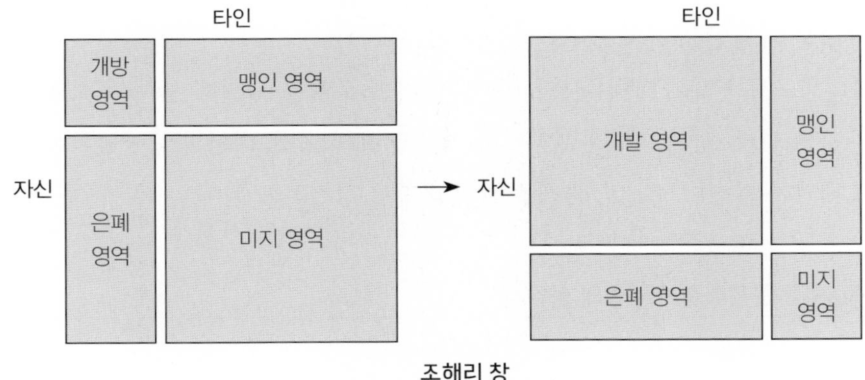

조해리 창

자신을 전체적으로 이해한다는 것은 어려운 일이다. 하지만 좋은 상담자가 되려면 자신에 대해 많이 이해하려고 노력하는 태도가 필요하다. 사람들 간의 관계에서 타인에게 자신을 노출하고 피드백을 받으며 자신의 모습을 이해하고 수용해야 한다.

다음의 질문에 대해 답해 보자(Meier & Davis, 1997).

(1) 상담자가 되기를 결심한 이유는 무엇인가

상담에 관심을 갖는 초심상담자들은 또래나 지인을 도와주기 위해 이야기를 들어 주면서 상담에 관심과 흥미를 가지게 되었다고 이야기한다. 또 어떤 경우는 상담 선생님을 통해 많은 도움을 받았기 때문에 자신도 그러한 도움을 주고 싶어 관심을 갖는 경우도 있다. 반대로 상담 선생님에게 상처를 받고 도움을 받지 못해 제대로 상담 공부를 해서 도움이 필요한 내담자를 돕고 싶어 상담을 전공하기로 결심한 경우도 있다. 실제로 상담 전공을 결심한 한 학생 중에 학창시절 상담 선생님에게 도움을 받지 못해 아쉬움을 경험한 후, 자신이 전문성을 갖춘 상담자가 되고 싶어 상담 전공을 선택한 경우도 있다.

초심상담자는 상담자가 되고 싶은 이유를 점검해 볼 필요가 있다. 그 이유가 상담에 영향을 줄 수 있기 때문이다. 예를 들어, 또래상담자 역할을 하며 또래관계의 문제해결에 도움을 주었던 초심상담자는 상담에서도 자신이 문제해결사 역할을 하길 기대한다. 그래서 초심상담자는 상담에서 문제해결사로서 내담자의 문제를 해결하려고 노력하고, 문제해결사 역할을 하지 못한다고 생각되면 좌절감을 경험한다. 하지만 상담은 상담자가 문제를 해결하는 것이 아니라 내담자가 문제를 해결할 수 있도록 돕는 과정임을 기억해야 한다.

다음의 〈사례 1-1〉에서 상담자는 내담자의 문제를 해결해 주는 문제해결사 역할을 하고 있다. 상담자가 문제해결사 역할을 하게 되면, 내담자는 상담자에게 의존하고 내담자 자신이 스스로 문제를 해결할 힘을 상실하게 된다.

사례 1-1 문제해결사 역할의 상담사

내담자 1: 더 이상 친구를 만나고 싶은 마음이 안 들어요.

상담자 1: 그렇군요. 친구에 대한 고민이 있군요.

내담자 2: 선생님. 친구랑 관계를 끝내고 싶은데 어떻게 해야 할까요? 좋은 방법이 있으면 알려 주세요.

상담자 2: 그래요. 좋은 방법이 있는데 알려 줄게요. (상담자의 설명) 제가 알려 준 방법을 사용해 보세요.

내담자 3: 네.

상담자 3: 그리고 더 도움이 필요하면 낮이든 밤이든 괜찮으니 언제든지 연락하세요.

상담자가 해결사 역할을 하는 것과 내담자가 스스로 문제를 해결하도록 도와주는 것에는 큰 차이가 있다. 〈사례 1-1〉의 상담자 2 반응에서 상담자는 문제해결사 역할을 담당하며 내담자가 호소한 문제에 바로 해결책을 제시하고 있다. 이럴 경우 내담자는 자율성을 침해받을 수 있어서 상담에 바람직하지 않다. 상담자 3 반응에서는 상담자가 내담자에게 언제든 도와주겠다고 이야기하고 있다. 상담자가 내담자를 도와주고 싶은 마음이 너무 커서 내담자에게 언제든 연락하라고 이야기할 경우 상담자는 사생활에 방해를 받을 수 있다. 상담자가 사적인 생활을 보호받지 못하면 감정적 소진과 체력적 소진이 발생하거나 상담에 집중하기가 어려워 궁극적으로 내담자에게 도움되지 못하는 결과를 초래한다.

사례 1-2 내담자의 자기표현을 돕는 상담사

내담자 1: 선생님, 더 이상 친구를 만나고 싶은 마음이 안 들어요.

상담자 1: 친구에게 불편한 마음이 들었나 봐요.

내담자 2: 네. 친구가 너무 밉고 싫어요. 친구를 안 만나고 싶어요.

상담자 2: 그렇군요. 친구가 밉고 싫어서 만나고 싶지 않군요.

내담자 3: 네. 너무 싫어요.

상담자 3: 최근에 친구랑 무슨 일이 있었는지 궁금하네요.

〈사례 1-2〉에서 상담자는 내담자가 구체적으로 자신의 이야기를 할 수 있도록 진행하고 있다. 이때 상담자는 내담자 문제를 직접 해결해 주기보다는 내담자가 스스로 불편한 마음을 표현할 수 있도록 진행하는 것이 바람직하다. 이러한 과정을 통해 내담자는 상담자의 질문에 대답하면서 무슨 일 때문에 마음이 불편한지 자신의 생각을 점검해 볼 수 있다.

(2) 상담자 자신이 편안함을 느끼지 못하는 감정은 어떤 것인가

내담자는 상담 중에 분노나 슬픔 같은 격렬한 감정을 경험할 때가 있다. 상담자는 내담자가 표현하는 분노나 슬픈 감정에 불안감을 느껴 내담자가 표현하는 감정을 차단시키기도 한다. 초심상담자들은 내담자가 이런 감정을 표현할 때 당황하기보다 우선 어떤 감정을 편안하게 느끼지 못하는지를 생각하며 점검해야 한다.

사례 1-3 내담자의 감정표현 차단

내담자 1: 어릴 때 부모님이 이혼하셔서…… 제가 엄마랑 떠나던 기억이 떠오르면…… 마음속부터 아련한 슬픔이 느껴져서 눈물을 참지 못하겠어요. (눈물을 흘림)

상담자 1: 그렇게 힘든 생각은 잊어버려요. 지금은 잘 성장해서 잘 지내고 있잖아요. (상담자가 부모님 이혼 관련 이야기를 듣는 것이 불편함)

〈사례 1-3〉에서 상담자는 내담자가 깊은 상처와 아픔을 어렵게 표현하고 있는데 감정표현을 차단시켜 대화를 중단하고 있다. 이때 상담자도 내담자처럼 부모님의 이혼을 경험한 후 감정이 해결되지 않아 미해결 과제로 남아 있는 것은 아닌지 점검해 보아야 한다. 혹시 상담자에게 해결되지 않은 감정이 있다면 내담자의 감정을 다루어 주기 힘들 수 있다. 그러므로 상담자는 자신이 불편함을 느끼는 감정이 무엇인지 생각해 보고 불편한 감정이 있다면 개인상담을 통해 이를 해소해야 한다. 상담자는 이 과정을 통해 자기성장을 꾀할 필요가 있다.

(3) 상담자는 어떤 특성을 가진 사람을 좋아하는가

사람들은 내가 좋아하는 사람과 싫어하는 사람이 있다. 내가 좋아하는 사람의 특징은 성실해서, 정직해서, 잘 웃어서, 쾌활해서, 과묵해서, 활동적이라서, 조용해서 등의 다양한 이유이다. 또 내가 싫어하는 사람의 특징은 너무 성실해서, 너무 정직해서, 너무 잘 웃어서, 너무 쾌활해서, 너무 과묵해서, 너무 활동적이라서, 너무 조용해서 등이 있다. 상담자가 되고 싶다면, 우선 내가 어떤 특성을 가진 사람을 좋아하고 싫어하는지 생각해 본다. 특성을 찾기가 어렵다면 내가 좋아하는 사람들과 싫어하는 사람을 몇 명 떠올려 보고 이들이 가진 특성은 무엇인지 생각해 보자. 만약 상담장면에 찾아온 내담자가 내가 좋아하는 특성을 가진 내담자 혹은 내가 싫어하는 특성을 가진 내담자라면 나는 어떤 마음이 들까?

상담자가 내담자에 대해 느끼는 무의식적인 감정을 '역전이(countertransference)'라고 한다(천성문, 이영순, 박명숙, 이동훈, 함경애, 2021). 역전이란 내담자 행동에 대한 왜곡된 인식을 만들어 내는 내담자를 향한 상담자의 무의식적인 정서적 반응을 의미한다. 상담자가 좋아하는 사람의 특성이 잘 웃는 사람일 때, 상담자가 상담장면에서 잘 웃는 내담자를 만나면 상담자는 내담자에게 과도한 호감을 갖게 되어 역전이가 발생할 수 있다. 상담장면에서 내담자의 웃음 뒤에 숨겨진 슬픔이나 어려움 등을 다루어야 함에도 상담자는 내담자의 웃음을 긍정적으로 보고 이를 다루지 못할 수 있다.

사례 1-4 상담자의 부적절한 태도

내담자 1: 저는 친구들이 부탁하면 어떤 부탁이든 모두 들어주려고 해요. (미소를 띠며) 힘들지만……. 어쩔 수 없다고 생각해요.

상담자 1: (내담자에게 지나치게 호의적인 태도로) 친구들 부탁을 모두 들어준다니 훌륭하네요.

〈사례 1-4〉의 상담자 1의 반응에서 내담자가 힘들다고 이야기했음에도 상담자는 내담자에게 긍정적인 반응만 초점을 두고 반응한다. 상담자 1의 반응을 살펴보면 상담자는 역전이가 작동하여 내담자를 매우 긍정적으로 인식한다. 내담자의 반응을 매우 긍정적으로 평가하여 내담자에게 칭찬 반응을 보인다. 상담자는 내담자가 친구들의 부탁을 들어주는 행동을 하는 이유가 무엇인지, 그렇게 하는 것이 힘들지는 않은지를 탐색해 보는 것이 필요하다. 상담자가 내담자에게 호의적인 태도로 칭찬만 하는 것은 바람직하지 못하다.

사례 1-5 상담자의 조력적 태도

내담자 1: 저는 친구들이 부탁하면 어떤 부탁이든 모두 들어주려고 해요. (미소를 띠며) 힘들지만…… 어쩔 수 없다고 생각해요.

상담자 1: 친구들 부탁이 힘들지만 어쩔 수 없다고 생각하네요.

내담자 2: 네. 그런 것 같아요.

상담자 2: 힘든 마음과 들어주는 마음이 있는데, 이 중에 자신이 원하는 마음은 어떤 마음인가요?

내담자 3: ……. 힘든 마음이요. 친구들을 그만 도와주고 싶어요.

그에 비해 〈사례 1-5〉에서 상담자는 내담자를 객관적으로 바라보고 내담자에게 탐색작업을 진행하고 있다. 즉, 내담자가 이야기하고 싶은 마음이 어떤 마음인지 무엇을 원하는지 표현하도록 돕고 있다.

(4) 상담자는 어떤 특성을 가진 사람을 싫어하는가

자신이 가장 싫어하는 사람들이 누구인지 생각해 보고 이들이 가진 공통적인 특성이 무엇인지 생각해 보자. 싫어하는 이유가 이기적이라서, 타인을 너무 배려해서, 불성실해서, 게을러서, 자기주장을 심하게 해서, 자기주장을 안 해서, 눈치를 너무 봐서, 상황을 파악하지 못해서 등 다양한 이유가 있다. 자신이 싫어하는 사람의 특성을 파악했다면 그런 특성을 가진 사람을 만날 때마다 어떤 생각이 드는지 떠올려 보자. 만약 상담장면에 찾아온 내담자가 내가 싫어하는 특성을 가진 내담자라면 나는 어떤 마음이 들까? 예를 들어, 내가 싫어하는 특성이 자기중심적인 사람일 때 그런 특성을 지닌 사람을 만나게 되면 꺼려하거나 멀리하고 싶어 한다. 그러므로 상담장면에서 상담자가 만난 내담자가 자기중심적이라면 상담자는 내담자를 꺼려하는 마음이 들 수 있다. 상담자가 내담자에 대한 역전이를 인식하는 것과 인식하지 못하는 것은 상담에 많은 영향을 준다.

사례 1-6 상담자의 역전이

내담자 1: 저는 친구들 사이에서 키가 가장 커서 항상 대장을 했어요. 그래서 저는 항상 제 맘대로 했어요. 화가 나면 친구들을 괴롭히고 제가 하고 싶은 대로 했어요.

상담자 1: (상담자가 싫어하는 자기중심적인 내담자에게 화가 나서) 그런 짓을 하는 것은 너무 이기적인 행동이 아닌가요?

〈사례 1-6〉에서 상담자 1의 반응을 보면 상담자는 자신이 싫어하는 특성을 보이는 내담자 이야기를 듣고 자신도 모르게 화를 내며 내담자를 비난하고 있다.

사례 1-7 상담자의 객관적 태도

내담자 1: 저는 친구들 사이에서 키가 가장 커서 항상 대장을 했어요. 그래서 저는 항상 제 맘대로 했어요. 화가 나면 친구들을 괴롭히고 제가 하고 싶은 대로 했어요.

상담자 1: 친구들에게 하고 싶은 대로 했군요. 이런 자신의 모습이 친구들에게 어떻게 보였을까요?

〈사례 1-7〉 상담자 1의 반응에서는 상담자가 객관적인 태도를 지니고 내담자가 자신의 모습을 성찰할 수 있도록 질문하고 있다. 상담자는 내담자 행동에 대해 상담자가 평가하고 판단하기보다는 내담자가 자신을 통찰할 수 있도록 하는 것이 바람직하다.

심리상담이란, 전문성을 가진 상담자가 내담자 자신의 이해를 증진시켜 내담자가 자신을 알아 가도록 하는 과정이다. 내담자가 몰랐던 자신의 모습을 발견하는 과정은 상담자의 전문적인 질문을 통해 가능하다. 내담자는 상담 과정을 통해 자신의 새로운 모습을 발견하며 새로운 시각을 갖게 된다. 이와 같이 내담자가 변화하고 성장하기 위해서는 상담자의 역할이 매우 중요하다. 상담자가 전문성을 갖추고 있어야 내담자 이해를 확장시킬 수 있다. 상담자가 전문성을 갖추지 못한다면 내담자를 도울 수 없다. 이러한 전문성을 갖추기 위해 상담자는 전문적 자질을 갖추어야 한다.

2. 상담자가 갖추어야 할 자질

상담자는 훌륭한 상담자가 되어 상담이 성공적이기를 기대하고, 내담자는 상담에서 자신의 문제가 해결되기를 기대한다. 상담자의 기대와 내담자의 기대가 충족된다면 양쪽 모두 상담에 대한 만족도가 높아진다. 만족스럽고 성공적인 상담이 진행되기 위해서는 상담자가 상담자의 자질을 갖추어야 한다. 상담자의 자질은 전문적 자질, 인성적 자질, 윤리적 자질로 나누어 볼 수 있다.

1) 전문적 자질

(1) 상담 관련 학력

상담 관련 학력이란 대학, 대학원에서 취득한 상담 관련 학사, 석사, 박사 학위를 말한다. 상담자가 되기 위해서는 상담을 전공하여 상담 강의를 이수해야 한다. 상담은 들어 주기만 하는 과정이 아니다. 상담자의 전문성이 필요하다. 상담자가 전문성을 발휘하기 위해서는 대학이나 대학원에서 교과과정을 충실하게 이수해야 한다. 상담과 관련된 이론적 지식을 충분히 갖추는 것이 상담자의 기본적 자질이다.

(2) 상담기관에서 상담실습 참여

학교에서 상담을 배운 후 바로 상담 현장에 투입되어 상담을 진행하기는 어렵다. 현실적으로 자격증이 없는 상담자에게 상담을 배정할 수 없다. 상담자가 되기 위한 자격으로는 상담 훈련을 받을 수 있는 상담 관련 기관에서 상담 인턴 및 레지던트 과정에 참여하여 상담실습을 경험하는 것이 요구된다. 상담 지도감독자 아래에서 상담 훈련을 받으며 상담 전문성을 향상시키도록 한다. 초심상담자는 상담 내용을 상담 지도감독자에게 슈퍼비전을 지속적으로 점검받으며 상담을 진행해야 한다. 또한 상담사례회의와 상담 관련 세미나에 참석하여 상담실습 역량을 확장한다. 상담기관에서 진행되는 다양한 상담 프로그램에 보조 리더로 참여하며 상담 관련 경험을 증진시킬 수 있다. 상담기관의 특성에 따라 상담실습 프로그램 참여는 유로 혹은 무료로 진행되고 있다.

(3) 상담 자격증 취득

공인된 상담 자격증 취득은 반드시 필요하다. 공인된 상담 자격증은 공인된 기관 및 단체에서 발급하는 상담 자격증이다. 국가에서 발급하는 청소년상담사 1급, 2급, 3급과 한국상담심리학회에서 발급하는 상담심리사 1급, 2급, 한국상담학회에서 발급하는 전문상담사 1급, 2급, 3급, 정신보건임상심리사 1급, 2급 등이 있다. 상담자는 상담 관련 자격증을 취득해야 상담에 대한 자신감을 가지고 상담에 임할 수 있으며, 상담 관련 자격증 취득 과정을 통해 상담 경력을 쌓을 수 있다. 상담 자격증을 취득하기 위해서는 학회 가입이 요구되며 학회 가입은 상담 관련 새로운 이론과 치료기법 공부를 위해 필요한 과정이다.

(4) 상담실무 경력

상담자에게는 상담실무 경력이 중요하다. 상담자의 전문성은 상담 관련 기관에서 상담을 진행하면서 향상시킬 수 있다. 상담자는 지속적으로 자신의 상담을 점검하는 과정이 필요하다. 상담기관에서 동료 슈퍼비전을 진행하거나 전문상담자의 슈퍼비전을 통해 자신이 진행하고 있는 상담을 점검하도록 한다.

(5) 상담 경험

상담자가 되고자 한다면 개인 및 집단 상담에 반드시 참여해야 한다. 개인상담은 자신이 인식하지 못했던 자신의 모습을 발견하는 과정을 통해 자신을 발견할 수 있는 과정이다. 상담자는 상담자가 되기 이전에 개인상담 경험을 갖는 것이 필요하다. 또한 개인상담을 통해 자신의 미해결 과제를 인식하고 해결하도록 한다. 개인상담 과정을 통해 내담자를 더 잘 이해할 수 있다. 집단상담의 참여는 다양한 집단 구성원들과의 교류를 통해 성장할 수 있는 환경을 제공한다(Malekoff, 2014). 다양한 집단 구성원들과의 관계 속에서 자신의 모습을 관찰하고 탐색하며 자신을 이해할 수 있게 된다. 집단상담자와 집단 구성원의 다양한 피드백을 통해 자기 인식도 확장할 수 있다.

2) 인성적 자질

상담 관련 지식을 터득하고 상담 훈련을 받고 자격증을 취득했더라도 상담자의 전문성이 다 갖추어졌다고 볼 수 없다. 이에 더해 인성적 자질을 갖출 수 있도록 노력해야 한다. 다음의 두 가지 방식으로 기를 수 있다.

첫째, 상담자는 끊임없는 노력을 통해 자기성찰을 하며 성장하려는 태도가 필요하다. 완벽한 인간은 없으며 상담자도 완벽하지 않다. 하지만 상담자는 일반 사람들보다 빨리 인식하고 통찰할 수 있어야 한다. 그러므로 상담자는 끊임없이 자신에 대해 성찰하는 태도를 지녀야 된다.

둘째, 상담자는 개방성을 갖고 수용하는 자세가 요구된다. 상담자는 상담 공부와 상담실습에 참여하면서 자신에 대해 다양한 피드백을 받게 된다. 이때 타인이 제공하는 피드백을 점검하고 수용할 수 있는 개방적인 태도가 필요하다. 다양한 사람들이 살아가는 세상에서 상담자들은 매번 새로운 내담자들을 만난다. 새롭고 다양한 내담자를 만나 상담을 진행하기 위해서 상담자는 자신을 점검하며 개방적인 자세를 가져야 한다.

3) 윤리적 자질

상담자의 윤리적 자질은 오랜 시간 사회와 문화가 수용해 온 결과에 의해 사회의 기본 규범이 된 것이다. 상담자는 전문가의 능력과 자질을 향상시키며 상담심리사의 역할을 하는 데 내담자의 복지를 최우선 순위에 두도록 하나, 상담심리사는 전문적인 상담 활동을 통해 내담자의 개인적인 성장을 넘어 국민의 심리적 안녕을 도모함으로써 사회적 공익에 기여해야 한다. 상담자의 윤리강령 준수는 내담자와 상담자 보호 및 상담자의 전문성 증진에 기여한다.

이러한 책무를 다하기 위해 한국심리학회 윤리강령은 상담전문가로서의 태도를 첫 번째로 채택하고, 두 번째는 사회적 책임, 세 번째는 내담자의 복지와 권리에 대한 존중, 네 번째는 상담관계, 다섯 번째는 정보 보호 및 관리, 여섯 번째는 심리평가에 관련된 영역이다. 전문가로서의 태도는 전문적 능력, 성실성, 자격 관리의 세 가지 항으로 구성되어 있다(한국상담심리학회, 2018).

(1) 상담전문가로서의 태도

상담심리사는 자신의 능력에 맞추어 상담 서비스와 교육을 제공하며 이 능력을 지속적으로 신장하기 위한 교육과 연수에 참여할 것을 권고한다. 또한 더 나아가 슈퍼비전을 책무로 지정하고 있다.

- 전문적 능력
- 성실성
- 자격 관리

(2) 사회적 책임

상담심리사는 사회의 윤리와 도덕기준을 존중하고 사회공익과 상담 분야의 발전을 위해 최선을 다한다. 상담기관 운영자는 내담자의 권리와 복지를 최우선으로 고려하도록 하고 있다.

- 사회와의 관계
- 고용기관과의 관계
- 상담기관 운영자
- 다른 전문직과의 관계
- 자문

(3) 내담자의 복지와 권리에 대한 존중

상담심리사의 일차적 책임은 내담자의 복지를 증진하고 존엄성을 존중하며 내담자의 잠재력을 개발하여 건강한 삶을 영위하도록 도움을 주는 것이다. 이를 위해 내담자에게 권리와 책임에 대해 알려 줄 의무가 있음을 밝히고 있다.

- 내담자 복지
- 내담자의 권리와 사전 동의
- 다양성 존중

(4) 상담관계

상담심리사는 사적인 관계가 있는 사람을 내담자로 받아들이는 다중관계, 내담자와 성적 관계, 여러 명의 내담자와의 관계를 피하도록 한다.

- 다중관계
- 성적 관계
- 여러 명의 내담자와의 관계

(5) 정보 보호 및 관리

상담심리사는 상담 과정에서 알게 된 내담자의 민감 정보를 다룰 때는 개인정보 보호와 관련된 법을 준수하며 비밀 유지에 대한 내담자 권리를 최대한 존중해야 할 의무가 있다.

- 사생활과 비밀 보호
- 기록
- 비밀 보호의 한계

(6) 심리평가

상담심리사는 심리검사를 활용하여 내담자의 자기 이해 및 의사결정을 돕고 치료 계획을 수립하도록 하며, 내담자의 동의가 있는 경우에만 내담자의 개인정보가 포함된 심리평가 자료를 공개할 수 있다.

- 기본 사항
- 검사를 사용하고 해석하는 능력
- 사전 동의

(7) 수련감독 및 상담자 교육

수련감독자는 수련생이 진행하는 상담을 지도·감독할 때 내담자의 복지를 우선적으로 고려해야 한다.

- 수련감독과 내담자 복지
- 수련감독자의 역량과 책임
- 수련감독자와 수련생의 관계
- 상담교육자의 책임과 역할

(8) 윤리 문제 해결

상담심리사는 상담윤리강령을 숙지해야 할 의무가 있다. 상담윤리강령을 모르거나 잘못 이해했다고 해도 비윤리적 행위가 정당화될 수 없다.

- 숙지의 의무
- 윤리 위반의 해결
- 상벌윤리 위원회와의 협조

윤리강령을 통해 상담심리사는 내담자의 복지를 우선적으로 고려하여 내담자 복지와 권리를 존중해 주는 태도를 갖추도록 한다. 상담 현장에서 상담자와 내담자 사이에 윤리적 문제 발생과 법적인 문제가 발생한다. 상담자는 상담전문성 역량 강화와 상담윤리강령 점검을 통하여 내담자의 권리 보호, 상담자의 전문성 강화와 상담자 보호를 해야 한다.

생각해 보기

1. 상담이란 무엇이라고 생각하나요?
2. 상담자가 갖추어야 할 전문적 역량은 무엇이라고 생각하나요?

상담실습

1. 사람들이 생각하는 나의 모습을 생각해 봅시다.

1) 사람들은 나를 어떤 사람이라고 생각할까요? 이 부분에 대해 자신 있게 이야기할 수 있나요? 이번 시간에는 타인이 바라보는 나를 확인하도록 하겠습니다. 수업에 참여한 사람들에게 피드백을 받도록 합니다. 나를 처음 봤을 때 나의 '첫인상'에 대해 질문해 주세요. 나는 어떤 사람인 것 같은지 질문 후 상담실습지에 작성해 주세요.

① ______________________________

② ______________________________

③ ______________________________

④ ______________________________

⑤ ______________________________

2) 피드백을 받은 내용을 보면서 내가 생각하는 나의 모습과 타인이 생각하는 나의 모습이 일치하는지 생각해 보세요. 어떤 부분이 일치하나요? 만약 일치하지 않는다면 어떤 부분이 일치하지 않나요? 이를 통해 새롭게 알게 된 부분은 무엇인가요?

____

____

____

2. 나에 대해 생각해 보는 시간입니다. 자신의 오른쪽 손바닥을 A4 종이에 그려 보세요. 손가락과 손바닥에 다음 질문에 대한 대답을 적어 보세요.

1) 나의 이름을 적어 보세요.

2) 내가 가장 멋질 때 혹은 나에 대해 자랑하고 싶은 부분 다섯 가지를 적어 보세요.

3) 타인의 칭찬을 통해 뿌듯함을 느꼈던 상황을 떠올려 보고 그때 들었던 말을 적어 보세요.

4) 내가 타인에게 가장 듣고 싶은 인정의 말은 무엇인지 적어 보세요.

5) 다 작성하였으면 옆의 친구와 같이 이야기를 나누어 보세요.

6) 느낀 점을 작성해 보세요.

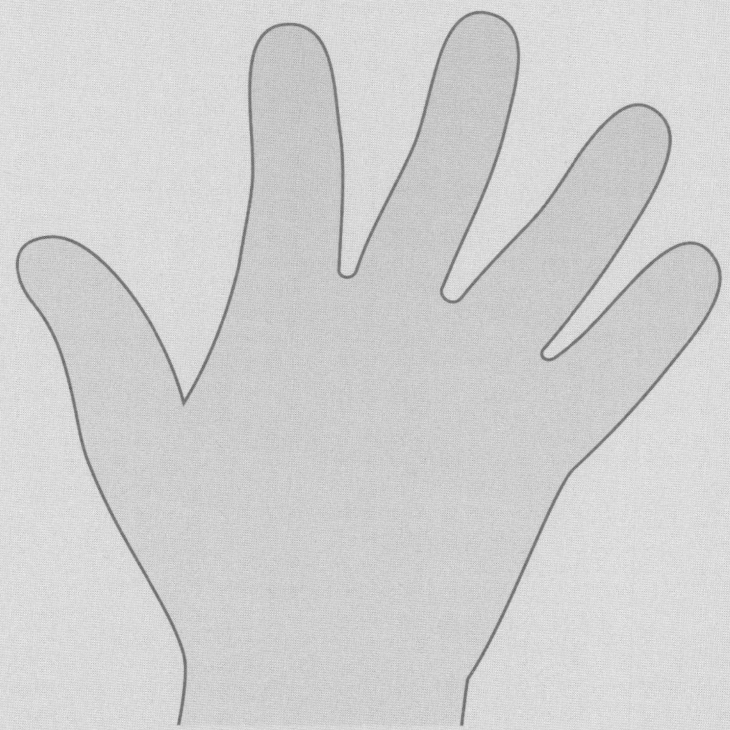

3. 우리 모두는 자신만의 장점을 많이 가지고 있습니다. 하지만 우리는 자신이 가지고 있는 장점을 생각해 보지 못하고 살아가는 경우가 많습니다. 이 시간에는 장점에 대해 생각해 보세요.

1) 내가 가지고 있는 장점을 다섯 가지 찾아서 작성해 보세요.

예) 친구가 많다./소수의 친구를 깊이 있게 사귄다. 사람들이 나를 좋아한다./나는 사람들 만나는 것을 좋아한다./말하는 것을 좋아한다./듣는 것을 좋아한다./배려심이 깊다./주장을 잘한다./활발하다. 성실하다./정직하다.

① ______________________________

② ______________________________

③ ______________________________

④ ______________________________

⑤ ______________________________

2) 내가 가지고 있는 장점 중에서 상담자가 되는 데 도움이 되는 강점은 무엇인지 생각하고 작성해 보세요. 나의 장점이 상담자가 되는 데 어떻게 도움이 될 수 있는지 작성한 후 이야기해 보세요.

① 예: 이야기 듣는 것을 좋아한다.

→ 상담할 때 내담자의 이야기를 잘 들어 줄 수 있다.

② ______________________________

→ ______________________________

____

____

③ ______________________________

→ ______________________________

____

____

④ ______________________________

→ ______________________________

____

____

⑤ ______________________________

→ ______________________________

____

____

4. 우리 모두는 약점을 가지고 있습니다. 약점이 없는 사람은 없습니다. 사람들은 약점을 숨기려고만 합니다. 하지만 약점을 숨기려고만 하기보다 약점을 잘 인식해서 강점화하는 것도 중요합니다. 자신이 갖고 있는 약점을 작성한 후 나의 약점을 긍정적인 측면에서 생각해 보세요. 약점이 강점으로 변화할 수 있습니다.

1) 동일한 특성을 부정적으로도 볼 수 있고 긍정적으로 볼 수도 있습니다. 자신이 약점이라고 생각하는 성격 특성을 긍정적으로 작성해 보세요.

① 예: 우유부단해서 결정을 쉽게 내리지 못한다.

→ 강점으로 변화: 결정을 할 때 신중하게 여러 번 생각하고 다른 사람의 이야기를 많이 듣는다.

② ______________________________

→ 강점으로 변화: ______________________________

____

____

③ ______________________________

→ 강점으로 변화: ______________________________

____

____

④ ______________________________

→ 강점으로 변화: ______________________________

____

____

⑤ ______________________________

→ 강점으로 변화: ______________________________

____

____

2) 성격 특성을 긍정적 측면, 부정적 측면으로 설명할 수 있습니다. 나의 약점이라고 생각하는 성격 특성을 긍정적으로 설명하는 연습을 해 보세요.

성격 특성	부정적 측면	긍정적 측면
공격적	나서기 좋아하는, 설치는	적극적, 의욕적
말이 많은	수다스럽고 잔소리가 많은	언변 좋은, 활동적, 표현이 자유로운
독립적	독불장군식, 자기중심적	소신 있고 자립심이 강한, 개성적
재치 있는	약삭빠른, 간사한, 모방 잘하는	센스가(감각이) 좋은, 재치 있는
이성적	따지는, 냉정한, 타산적, 평가적	합리적, 논리적, 객관적
예의 바른	눈치 보는, 거만한, 오만한	공손한, 매너 좋은
목표 지향적	공부밖에 모르는, 과욕적	목표가 분명한, 미래지향적
지지적	줏대가 없는, 아부하는, 우유부단	협조적, 돕는, 수용적
지배적	고집불통, 독재적, 독선적	소신 있는, 주관이 분명한, 신념 있는
종교적	비현실적, 공상적	안정된, 진실한, 믿음 있는
활동적	설치는, 나서는	의욕적, 적극적
복종적	수동적, 의타적	규범을 잘 지키는, 협조적
논리적	따지는, 챙기는	이성적, 객관적
감수성이 풍부한	변덕이 심한, 신경질적	감정이 풍부한, 민감한
경쟁적	설치는, 투쟁적, 공격적	의욕적, 적극적, 진취적
불안정한	마음이 잘 바뀌는, 소심한, 불안한	감정에 민감한
현실적	저속한, 속물적	적응력이 높은, 소탈한
감정적	다혈질적, 변덕적, 불안한, 실경질적	정감이 풍부한, 감수성 풍부한
야망 있는	허황된 욕심꾼, 수단을 안 가리는	꿈이 많은, 야망과 패기 있는
주관적	독선적인, 남의 이야기를 안 듣는	소신 있는, 뚜렷하고 분명한
의존적	마음이 약한, 복종적인, 의타적	적응력이 높은, 남의 이야기를 잘 듣는
의사결정이 빠른	가벼운, 경솔한	신속한, 정확한
외모에 신경 쓰는	기생오라비 같은	깨끗한, 깔끔한
자신감 있는	나서기 좋아하는, 자기 본위인	소신 있는, 자신만만한
수동적	복종적, 의존적	규범을 잘 따르는
집단을 이끄는	잘난 체하는, 의도적	리더십이 훌륭한, 능력 있는

5. 자신의 장점과 단점을 잘 개발하면 더 멋지고, 괜찮은 상담자가 될 수 있습니다. 자신의 모습 중에서 상담자가 되기에 적합한 모습을 세 가지 적고 이유를 작성해 보세요.

① ______________________

→ 이유: ______________________

____

____

② ______________________

→ 이유: ______________________

____

____

③ ______________________

→ 이유: ______________________

____

____

6. 나는 어떤 상담자가 되고 싶은가요? 나의 장점과 단점을 잘 활용한다면 어떤 상담자가 될 수 있을까요?

____

____

____

____

____

____

____

____

____

제2장

상담관계 형성하기

학습목표

1. 상담관계 형성을 위한 조건에 대해 학습한다.
2. 상담관계 형성을 위한 상담자의 태도에 대해 학습한다.

상담자들은 내담자를 만나기 전에 내담자와 좋은 관계 형성을 위해 고민한다. 상담관계를 촉진할 수 있는 방법은 무엇일까? 상담자가 더 노력해야 될 부분은 무엇일까? 상담자가 더 계발해야 될 자세는 무엇일까? 상담자는 상담 효과를 높이기 위한 방법을 계속 고민해야 한다. 상담자와 내담자 관계에 따라 상담 효과는 달라진다. 상담자와 내담자는 친밀한 관계 형성, 조화롭고 신뢰할 수 있는 긍정적인 관계 형성이 중요하다. 이러한 상담관계를 **라포(rapport) 형성**이라고 한다. 상담은 내담자의 마음속 고민을 다루는 작업이므로 신뢰관계 형성 및 친밀감 형성이 중요하다. 내담자가 상담자에게 마음속의 고민과 속마음을 털어놓을 수 있는 친밀감과 신뢰감이 형성된다면 상담은 원활하게 촉진될 수 있다. 그러므로 상담자와 내담자의 관계에서 라포 형성, 즉 신뢰할 수 있는 친밀한 관계 형성이 매우 중요하다.

칼 로저스(Carl Rogers)는 상담자와 내담자의 상호 관계를 높일 수 있는 가장 효과적인 방법으로 상담이론 중 인간중심접근(person-centered approach)을 강조한다(Rogers, 2007). 그는 다른 사람의 이야기를 들어 주는 의미를 다음과 같이 설명하고 있다.

> "오늘날 수많은 사람은 혼자만의 감옥에 갇혀서 살고 있습니다. 하지만 그들은 다른 사람들에게는 그런 모습을 전혀 보이지 않습니다. 자신의 내면의 지하 감옥에 갇힌 죄수가 매일 '거기 누구 없나요? 내 말 안 들리나요?' 하고 조심스럽게 두드립니다. 그러나 지하 감옥에서 상대방의 희미한 소리를 들으려면 매우 주의 깊게 들어야 합니다. 그러던 어느 날 마침내 '예, 들려요.'라는 상대방의 조심스러운 반응을 듣게 되면 죄수는 자신의 외로움에서 풀려나게 됩니다." (Rogers, 2007)

상담실에 오는 내담자들은 자신의 어려움을 상담자에게 표현하기가 매우 어렵다. 자신만의 심리적인 감옥에 자신의 문제와 어려움을 감금하기 때문에 벗어나기가 힘든 것이다. 그래서 내담자들은 자신의 문제를 아주 조금씩 표현하거나 아니면 아주

사소한 문제로 표현한다. 그러므로 상담자는 내담자의 이야기를 들을 때 주의하며 경청하는 자세가 필요하다. 상담자가 내담자의 이야기에 집중하며 의미 있게 들어 줄 때 내담자들은 표정이 달라지고 상담자와 이야기를 더 하고 싶어진다. 로저스는 내담자의 이야기를 들어 주는 과정에 대해 다음과 같이 설명하였다.

> "내가 누군가의 마음을 진실로 들어 줄 수 있을 때 나는 즐거움을 느낍니다. 누군가를 진정으로 들을 때 내가 그 사람과 진실된 만남을 갖게 됩니다. 그리고 진실된 만남은 나의 삶을 풍요롭게 해 줍니다. 누군가의 이야기를 진실로 들을 때 나는 특별한 만족감을 느낍니다." (Rogers, 2007)

인간중심접근은 칼 로저스의 이론에서 출발했다. 그는 상담을 진행하면서 상담자가 내담자에게 알려 주고 지시하는 것보다 내담자가 자신의 이야기를 충분히 할 수 있도록 하면 내담자가 스스로 자신의 길을 찾아갈 수 있다고 보았다. 칼 로저스도 상담을 통해 내담자가 스스로 길을 찾는 경험을 하였다.

로저스는 매우 지적인 어머니를 상담하게 되었다. 로저스는 어머니의 이야기를 들으며 미리 정교하게 그려 놓은 내담자의 그림과 조금도 닮지 않았음을 깨닫고, 어찌할 바를 몰라 그저 말없이 듣기만 하였다. 로저스는 내담자에게 자신이 해 줄 수 있는 것이 없다고 생각하며 여러 차례 만남을 이어 갔다. 그런데 내담자는 자신의 문제가 해결되었다고 이야기하였다. 이 경험으로 로저스는 매우 중요한 것을 깨달았다. 로저스는 상담자로서 내담자를 이끌려고 하지 않고, 단지 내담자가 이끄는 대로 따라갔을 뿐이었다. 이 경험을 통해 로저스는 내담자에게 스스로 문제를 탐색하고 해결할 수 있는 능력이 있다는 것을 신뢰하게 되었다.

로저스는 내담자가 자신의 잠재력을 발휘하여 충분히 기능할 수 있는 인간으로 성장하도록 돕는 것이 상담자의 역할이라고 보았다. 내담자의 성장을 돕기 위한 상담자의 역할에는 첫째, **정확한 공감**(accurate empathy), 둘째, **무조건적 긍정적 존중**(unconditional positive regard), 셋째, **일치성**(congruence)이 필요하다. 다음 절에서 이 내용을 살펴보겠다.

1. 상담자의 세 가지 조건

1) 정확한 공감

공감이란 내담자의 경험을 이해할 수 있는 능력, 즉 내담자의 경험을 마치 상담자 자신의 경험인 것처럼 느끼고 반응하는 능력이다(Bozarth, 1997). 왓슨(Watson, 2002)은 공감이란 복합적인 과정이기 때문에 상담관계에서 다양한 목적을 위해 다양한 방식으로 사용된다고 하였다. 공감이 효과적으로 사용되면 내담자는 안정감을 느끼고, 자신이 이해받는다는 생각을 하게 되어 상담에 대한 만족도를 증가시킨다. 상담에 대한 높은 만족도는 상담의 조기종결 가능성을 낮추고 내담자의 자기탐색을 증가시킨다(Bohart, Elliott, Greenberg, & Watson, 2002).

상담자에게 이해받고 공감을 받고 있다고 느낄 때 내담자는 상담자에게 "네. 맞아요." "네. 그거예요." "네."와 같은 반응을 보인다. 상담 중에 내담자가 이와 같이 표현했다면 상담장면에서 상담자는 내담자의 상황에 잘 공감하고 있다고 볼 수 있다. 상담자는 자신의 사고 틀에서 벗어나서 내담자의 사고, 내담자의 세계, 내담자의 경험에 기초하여 내담자를 이해하고 정확한 공감(accurate empathy)을 해야 한다. 상담자의 시각이 아니라 내담자의 시각에서 내담자의 상황을 이해하며 공감한다.

(1) 공감 향상 방법

상담자는 다양한 경험을 통해 자신의 틀에서 벗어나기 위해 노력하는 태도가 필요하다. 초심상담자는 자신의 경험, 자신의 생각 범주 안에서 내담자를 이해하려 할 것이다. 이때 협소한 경험과 협소한 사고의 틀로 내담자를 바라보면 내담자에 대한 이해와 공감이 어려울 수 있다. 그러므로 상담자는 자신의 경험과 사고의 확장 과정을 통해 내담자를 이해하고 공감하도록 한다. 경험과 사고의 틀을 확장하는 방법은 직접적인 방법과 간접적인 방법으로 나누어 볼 수 있다.

첫째, 직접적인 방법으로는 다양한 사람을 만나 대화하는 것이다. 여행을 통해 다양한 사람을 만나고 다양한 문화를 접하며 경험과 생각을 확장할 수 있다. 지역마다 문화가 다르므로 지역마다 중요하게 생각하는 가치관이나 생활습관이 다를 수 있다. 또한 연령층마다 중요하게 생각하는 부분이 서로 다르다. X세대, M세대, Z세대, MZ세대 등으로 나뉘는 세대별 특징도 다르다. 하지만 MZ세대라고 해서 모든 사람이 똑같은 특징을 보이는 것은 아니다. 그러므로 상담자는 자신의 틀에서 벗어나 열린 마음으로 내담자의 이야기를 경청할 수 있어야 한다.

둘째, 간접적인 방법으로는 영화 보기, 드라마 보기, 다큐멘터리 보기, 책 읽기를 통해 다양한 사람들의 삶을 간접적으로 알 수 있다. 상담자에게는 자신이 만나 보지 못한 다양한 사람들의 삶의 세계를 이해하려는 자세가 필요하다. 상담자는 내담자를 공감하려 할 때 내담자 세계에 대한 이해가 선행되어야 한다. 내담자들은 다양한 삶의 배경을 가지고 찾아온다. 그러므로 상담자는 다양한 사람의 삶의 스토리를 이해하며 생각의 틀과 경험의 틀을 확장해야 한다.

(2) 공감 시 주의할 점

상담장면에서 상담자가 내담자에게 공감할 때 주의할 점은 다음과 같다.

첫째, 상담자는 상담 시 내담자 감정과 경험에 주관적인 태도를 취하면서도 상담자 자신은 객관적인 태도를 유지해야 한다. 초심상담자들은 내담자의 감정에 모두 공감해 주어야 한다는 강박관념에 사로잡혀 상담자 자신의 감정을 버려 두고 내담자 이야기만을 따라간다. 초심상담자들은 내담자를 공감해 주어야 한다는 강한 사명감으로 내담자에게 심하게 몰입되어 매몰(immersion)되어 버린다. 상담자가 내담자 감정에 너무 빠져들어 내담자 이야기에 눈물을 흘리는 것은 공감이 아니라 동정(sympathy)이다. 상담자가 내담자에게 이러한 방식으로 동정심을 표현하면 내담자는 심리적으로 부담을 갖고 상담에 대한 자발성이 떨어질 수 있다.

둘째, 내담자에게 공감되지 않을 때는 공감하지 않는다. 초심상담자는 내담자의 이야기에 모두 공감해야 된다고 생각한다. 그래서 내담자 이야기를 들으며 공감할 수 없는 상황에 대해서도 공감을 표현한다. 내담자 상황에 공감이 되지 않는다면 공감하지 않고, 이해되지 않는 상황을 구체적으로 확인하며 이해가 된 후에 공감을 표현하도록 한다. 이해되지 않은 부분을 짐작으로 추측하고 공감하면 신뢰할 만한 상담관계 형성이 어려워진다.

셋째, 내담자가 자세하게 설명하지 않아 충분히 이해되지 않았을 때는 섣부르게 빨리 공감하지 않는다. 내담자가 충분히 설명하지 않았음에도 짐작으로 빠르게 공감해 주면, 내담자는 상담자가 충분히 설명하지 않아도 이해하고 공감해 주는 사람이라고 오해할 수 있다. 그래서 내담자는 자신의 이야기를 충분히 설명하거나 이야기하지 않아도 된다고 생각할 수 있다. 또한 내담자는 자신이 간단하게 설명해도 상담자가 충분히 이해한다고 오해할 수 있다. 상담자는 내담자의 이야기가 이해되지 않는다면 내담자에게 구체적으로 설명해 달라고 요청한 후 충분히 이해된 다음에 공감하도록 한다.

2) 무조건적 긍정적 존중

칼 로저스(Rogers, 1957)는 내담자 변화를 위해서는 상담자의 수용, 배려, 존중이 중요하며, 이것을 **무조건적 긍정적 존중**(unconditional positive regiand)이라고 하였다. 상담자는 내담자를 인격체로 무조건적 존중하는 모습 그대로를 수용한다. 내담자의 생각, 행동, 감정에 대해 평가나 판단을 하지 않는다. 내담자가 어떤 모습을 보이더라도 상담자는 내담자에게 긍정적이고 수용적인 태도를 취하는 것이 중요하다.

긍정적 존중이란 상담자가 내담자에게 긍정적 존중의 태도를 취해 내담자 자신이 가치 있는 사람이라고 느끼도록 하는 것이다. 긍정적 존중은 조건이 없는 무조건적이다. 하지만 파버와 레인(Farber & Lane, 2002)은 "긍정적 존중이 내담자에 대한 무조건적 순응, 또는 내담자를 불편하게 할 정도로 긍정적 감정을 쏟아붓는 것이 아니다. 긍정적 존중은 내담자 스스로 가치감에 대한 확신을 갖도록 상담자가 긍정적인 태도를 전해 주는 것이다."라고 하였다. 칼 로저스는 내담자 한 개인은 매우 소중하고 가치 있는 존재이지만 개인이 살아오면서 주 양육자, 혹은 주변인에게서 비난과 책망을 들으면서 자신의 소중함을 상실하게 되었다고 보았다. 상담관계에서 내담자는 상담자에게 이해받고 수용받고 있음을 느낄 때 자신을 수용하고 통합한다. 그러므로 상담자는 상담관계에서 내담자가 자신을 소중하고 가치 있는 존재로 인식할 수 있도록 **무조건적 긍정적 존중**의 태도를 전달한다.

3) 일치성

일치성(congruence)이란 상담자가 경험한 것을 인식하고, 인식한 것을 의사소통으로 전달하는 것을 말한다(Rogers, 1970). 즉, 상담자가 자신의 내면에서 인식한 것을 표현하는 것을 의미한다. 상담자가 내담자와의 상호작용에서 느끼는 것과 표현하는 것이 솔직하고 일치해야 함을 의미한다. 코리(Corey, 2001)는 상담자가 "거짓된 표정 없이 상담자의 인식과 일치되는 표현을 솔직하게 표현할 수 있음"을 의미한다고 하였다. 이러한 일치성을 진실성(realness), 진정성(genuineness)이라고 한다.

상담자가 일치적이기 위해서는 자신의 내면에서 느껴지는 것과 접촉할 수 있어야 한다. 상담자는 자신의 마음속에 무엇이 느껴지는지 인식하도록 노력하며 마음과 접촉하도록 한다. 상담자가 내면과 접촉하기 어려운 경우는 타인의 인정이 중요하거나, 타인에게 훌륭하게 보이는 것이 중요한 경우 등 초점이 자신의 내면이 아니라 타인일 경우이다. 상담자가 내담자에 대해 느끼는 것을 솔직하고 진실되게 내담자에게 표현하면 상담자와 내담자는 서로 연결되었다는 느낌을 받을 수 있고, 이로써 상담관계는 생동감을 갖는다. 상담자의 일치성(congruence)은 매우 중요하다. 상담자의 일치성은 내담자에게 일치성의 중요성을 인식하게 하여 내담자가 자신의 감정을 편안하게 표현할 수 있게 한다(Klein, Kolden, Michels, & Chisholm-Stockard, 2002).

(1) 일치성 반응 시 주의사항

초심상담자들은 내담자에게 부정적인 감정이 느껴질 때 고민한다. 상담자는 일치성을 가져야 하는데, 내담자에게 느껴지는 부정적인 감정까지도 솔직하게 표현해야 하는 것이 아닌가라는 의구심을 갖는다. 이런 고민이 생길 경우 두 가지 측면에서 점검해 볼 필요가 있다.

첫째, 내담자에 대한 부정적인 감정이 상담자의 요인인지를 점검한다. 내담자에 대해 부정적인 감정이 느껴진다면 상담자의 역전이 때문은 아닌지 점검한다. 상담자의 역전이로 내담자에 대해 부정적인 감정이 느껴진다면 개인 분석을 받거나 슈퍼비전을 받으면서 역전이를 점검하도록 한다. 상담자의 역전이라면 내담자에게 표현하는 것을 조심해야 한다.

둘째, 내담자에 대한 부정적인 감정이 내담자의 요인인지를 점검한다. 내담자가 지각을 많이 하거나 방어를 많이 하며 상담에 비협조적일 경우 상담자는 화가 나거나 짜증이 날 수 있다. 상담자가 내담자에게 느껴지는 부정적인 감정을 모두 표현하거나 표출하면 상담이 파괴적인 방향으로 갈 수 있다. 상담자는 내담자에게 부정적인 감정을 있는 그대로 표현하지 않도록 한다.

상담자는 상담관계에서 내담자에게 감정을 표현하기 전에 상담자의 감정을 먼저 인식하는 것이 중요하다. 일치성이라는 명목 아래에서 상담자가 내담자에게 전달하고 싶은 부분은 무엇일까? 상담자가 내담자에게 부정적인 감정을 느낄 때 화난 마음, 마음에 들지 않는 모습을 표현하고 싶은 것인지 점검해 보아야 한다. 상담자는 내담자에게 화난 감정을 그대로 표현해서는 안 된다. 그러한 감정 표출이 누구를 위한 것인지 곰곰이 생각해 보아야 한다. 상담자가 내담자에게 일방적으로 감정을 표출하는 것은 내담자에게 전혀 도움이 되지 않고 오히려 내담자는 상처를 받게 된다.

상담자는 자신이 느끼는 감정을 왜곡 없이 인식할 수 있어야 한다. 일치성 반응은 내담자에 대한 상담자의 피드백과 상담자의 자기개방을 포함한다. 상담자는 일치성이 파괴적인 방향이 아닌 건설적인 방향으로 흘러갈 수 있도록 한다. 이때 상담자는 내담자 행동에 대해 평가나 판단보다 내담자가 행동을 탐색할 수 있도록 반응한다. 상담자는 내담자에게 'You message'로 평가하지 않고 'I message'로 표현하는 것이 바람직하다. 상담자가 일치성을 가지고 내담자에게 표현하는 이유는 내담자 스스로 자신의 모습을 통찰하도록 돕기 위함이다.

실현경향성

공감, 진솔성, 무조건적 존중의 조건을 지키려 노력하는 상담자라도 인간 유기체에서 에너지의 핵심 원천으로 실현경향성을 신뢰할 필요가 있다. 실현경향성에 대한 신뢰는 인간중심적 접근을 가능하게 한다(Bozarth, 1998).

로저스는 적절한 사회환경의 조건만 주어진다면, 내담자가 자신의 길을 찾을 수 있으며 그 방향은 생산적이고 더욱 완전하게 기능한다고 보았다. 상담자는 의도치 않게 내담자의 실현경향성을 저해하여 결과적으로 내담자가 자신의 방향을 스스로 찾는 것을 방해할 위험이 있다.

충분히 기능하는 사람은 자신을 수용하고 자신의 약한 면과 강한 면 모두를 가치 있게 여기는 사람이다. 깊고 신뢰 있는 관계를 가치 있게 여기면서 타인에게 공감하고 또 타인에게 기꺼이 공감을 받고, 삶에서 필수불가결한 변화를 받아들인다(Merry, 2004).

충분히 기능하는 사람의 특징

- 타인과 조화롭게 살고 상호 긍정적 존중을 경험한다.
- 주변의 피드백에 열려 있고 피드백을 통해 현실적인 변화를 이루어 낸다.
- 왜곡 없이 모든 경험을 충분히 지각함으로써 자신만의 평가 과정을 따른다.
- 새로운 경험에 열린 반응을 할 수 있다.
- 조건적 가치가 아닌 무조건적인 자기존중감을 경험한다.
- 자신의 경험 과정을 믿고 그에 부합하는 가치를 발달시킨다.
- 자기개념이 고정되어 있기보다는 유연하고 경험을 통한 변화에 열려 있다.
- 경험을 왜곡하지 않고 정확하게 해석한다.
- 방어적이지 않다.
- 경험에 수용적이다.

2. 상담자의 SOLER 기술

내담자는 상담실에 방문하기 전에 수십 번, 수백 번 고민하며 두려움과 걱정의 마음으로 어렵게 찾아온다. 상담자는 내담자와의 첫 만남 시 내담자의 두려운 마음과 걱정되는 마음을 이해하고 편안하게 해 주는 노력이 필요하다. 첫 만남에서 상담자가 너무 바쁜 나머지 내담자에게 관심을 기울이지 못하거나 이야기에 집중하지 않는다면 내담자는 존중받지 못했다는 느낌을 받아 다음 상담에 오지 않을 수 있다. 상담자는 내담자와 편안하게 접촉하기 위해 적절한 기술을 연습해야 한다. 바람직한 접촉을 위해 상담장면에서 사용할 수 있는 기술은 SOLER 기술이다(Egan, 2003). 이 기술에 대한 내용은 다음과 같다.

SOLER 기술

- S(Squarely): 상대를 바로 바라본다. 상대방에게 관심이 있다는 자세를 취하는 것으로 "나는 당신과 함께한다. 당신과 함께 나누고 싶다."라는 뜻을 전한다. '바로'라는 말은 그대로 상대방에게 관심이 있다는 사실을 전해 준다.

- O(Open): 개방적인 자세를 취한다. 상대방과 상대방의 말에 마음을 열고 있다는 증거로서 "내가 지금 취하고 있는 자세는 내가 개방적이고 만나고 싶은 태도를 갖추고 있다는 사실을 상대방에게 얼마나 잘 전달하고 있는가?" 하고 자문해 볼 필요가 있다.

- L(Lean): 상대방 방향으로 몸을 향한다. 상대방 쪽으로 몸을 향한다는 것은 의사소통을 촉진하는 신체적 반응을 가리킨다.

- E(Eye contact): 상대방과 눈맞춤을 유지한다. 상대방과의 눈맞춤 접촉은 "당신과 함께 있다. 당신에게 관심을 느끼고 있다. 당신이 하는 말을 듣고 싶다."라는 뜻을 전달해 준다.

- R(Relaxed): 긴장하지 않고 편안한 자세를 취한다. 조바심을 내지 않고 차분하게, 편안하고 자연스러운 자세를 보이는 것이다.

연습하기

상담자와 내담자 역할을 나누어 상담자 역할을 맡은 사람은 SOLER 자세를 취하고 상대방의 이야기를 듣도록 한다. 내담자 역할을 맡은 사람은 자신이 하고 싶은 이야기를 3분 정도 말한다. 역할을 바꾸어서 진행한다.

3. 상담자의 태도

1) 배려하기

배려하기는 '내담자의 필요, 욕구, 기대, 선호 등을 알아낸 후, 이에 맞추어 상담자가 베풂을 제공하는 행위'를 말한다(고기홍, 2014). 처음 상담실에 방문할 때 내담자가 긴장한 상태일 수 있으므로 상담자는 내담자에게 방문이 어렵지는 않았는지 물어봐 주도록 한다.

사례 2-1 내담자 배려의 예

상담자 1: 처음 방문인데 찾아오시기 힘들지는 않으셨는지요?

내담자 1: 괜찮았는데 지하철에서 상담실 찾기가 조금 어려웠어요.

상담자 2: 그러셨군요. 다음에 오실 때는 지하철을 타시고 ○번 출구로 나오시면 어렵지 않으실 거예요.

내담자 2: 네. 그렇게 할게요.

2) 긍정적 피드백 전달하기

상담자의 자기개방과 상담자의 피드백 표현은 내담자가 몰랐던 자신의 모습을 알게 해 준다. 그러므로 피드백 표현은 내담자에게 적대적으로 표현되어서는 안 된다(Clainborn, Goodyear, & Horner, 2002). 클레이번, 굿이어와 호너(Claiborn, Goodyear, & Horner, 2002)의 연구에 따르면, 긍정적인 피드백이 부정적인 피드백에 비해 내담자에게 수용이 잘되고 상담관계 초기에 그 효과가 높다고 하였다. 상담 초기 관계에서 상담자들이 내담자에게 긍정적인 피드백을 전달하면 상담관계를 원활하게 하여 상담 효과를 높일 수 있다. 상담자의 긍정적 피드백은 내담자의 장점, 능력, 대처행동, 성공적인 면, 성장 능력 등을 내담자에게 전달할 수 있다.

긍정적인 피드백은 'I message'로 표현할 수 있다.

"당신의 이런 ________ 모습을 보니, 정말 당신이 ________ 다고 느껴지네요."

내담자의 긍정적인 모습이 발견되면 상담자는 내담자에게 긍정적인 피드백을 표현해야 한다. 하지만 우리나라의 교육 현실과 양육환경은 경쟁사회에서 칭찬보다는 부족한 부분에 대한 평가와 비교가 먼저 전달되곤 했다. 그래서 상담자도 칭찬을 많이 받아 보지 못한 환경에서 성장하여 자신이 가지고 있는 장점과 강점이 무엇인지 모르고 살아온 경우가 많다. 상담자는 자신의 긍정적인 측면과 강점이 무엇인지 살펴보는 작업이 필요하다.

긍정적 피드백

- "상담에 지각도 하지 않고 결석도 하지 않고 성실하게 임하는 태도가 참 보기 좋네요."
- "상담을 몇 번밖에 하지 않았음에도 자신에 대해 이해하고 분석하는 통찰 능력이 뛰어나신 것 같아요."
- "문제를 해결하기 위해 상담을 신청하고 상담에 오시다니 참 잘하셨네요."
- "상담에 와서 힘든 이야기를 말하는 게 쉬운 일이 아닌데 용기가 느껴지네요."
- "본인도 힘든데 가족 걱정에 남들을 배려하는 모습이 참 훌륭한 것 같아요."
- "어릴 때부터 부모님이 많이 싸우셔서 힘드셨을 텐데 목표를 가지고 대학도 가고 원하는 직장도 얻고 살아오셨다니 참 대단하신 것 같네요."
- "그렇게 힘든 상황 속에서도 어떻게 버텨 오셨는지 참 대단하네요."

내담자는 고민 속에 매몰되어 자신의 긍정적인 모습을 모르고 살아왔다. 그러므로 상담자는 내담자의 긍정적인 측면을 찾은 후 내담자에게 피드백을 통해 전달하는 것이 중요하다. 상담자가 긍정적인 피드백을 표현해 주어도 내담자는 처음에는 칭찬을 부정하고 인정하지 않는 경우가 많다. 칭찬이 어색하거나 칭찬을 받아 본 적이 없어 어떻게 반응해야 하는지 모르기 때문이다. 상담자는 지속적으로 내담자의 긍정적인 측면을 찾아 내담자에게 긍정적인 피드백을 전달하도록 한다. 내담자는 상담자의 피드백을 통해 자신의 강점을 생각하고 수용하게 된다. 이러한 상담 과정을 통해 내담자는 상담자에 대한 신뢰감을 형성해 나갈 수 있다.

4. 상담자의 자기 이해

1) 상담자의 자기 관찰

상담자는 내담자를 만나기 전에 우선 자기 자신을 관찰하도록 한다. 상담자가 내담자를 관찰하듯이 내담자도 상담자를 관찰한다. 상담자는 거울을 보고 자신의 얼굴 표정을 살펴보도록 한다. 상담자가 내담자를 처음 만났는데 상담자의 표정이 너무 어두우면 내담자는 상담자에게 자신의 힘든 이야기를 하기 어렵다. 반대로 내담자를 처음 만난 상담자가 방긋 웃어 주면 내담자 입장에서 거부감을 느낄 수 있다. 내담자 자신은 힘들어서 상담실에 찾아왔는데, 상담자는 즐거운 일로 행복하다고 생각해 상담자에게 이질감을 느낄 수 있다. 상담자는 내담자와 상담 진행 시 자신이 어떤 얼굴 표정을 짓는지 관찰해 볼 필요가 있다. 상담자는 내담자 이야기에 집중해서 듣는 나머지 자신의 표정에 신경을 쓰지 못하는 경우가 있다. 상담실습 시간에 동의를 구한 후 상담장면을 카메라나 핸드폰으로 찍어 자신의 모습을 관찰할 필요가 있다. 또한 내담자 이야기를 들을 때 상담자가 어떤 자세를 취하는지도 확인할 필요가 있다. 다리를 꼬고 있거나 다리를 심하게 흔들고 있지는 않은지, 무의식적으로 팔짱을 끼고 있지는 않은지 영상을 찍어 확인해 보도록 한다.

상담자는 중립적인 태도를 지니는 것이 바람직하다. 하지만 세상을 객관적으로 바라보며 중립성을 갖는 것은 쉽지 않다. 상담자는 객관적으로 내담자를 바라보기 위해 자신의 가치관, 자신이 중요하다고 생각하는 것, 자신이 좋아하는 것, 자신이 싫어하는 것 등을 생각해야 한다. 또한 중립성을 방해하는 요인이 무엇인지 확인해 보는 과정도 필요하다. 상담자는 상담 관련 책을 읽거나 개인상담을 받거나 혹은 슈퍼비전을 통해 이를 점검하며, 지속적으로 자신의 외적인 모습과 내적인 모습을 관찰해야 한다. 그러므로 다음과 같은 질문에 답하며 자신을 관찰해 보는 것이 좋다.

상담자의 자기 관찰

- 상담자 자신의 첫인상은 어떠한가?
- 상담자는 내담자 이야기를 들을 때 어떤 표정을 짓는가?
- 상담자는 내담자 이야기를 들을 때 어떤 태도(자세)를 취하는가?
- 상담자는 어떤 이야기를 들으면 웃게 되는가?
- 상담자는 어떤 이야기를 들으면 화가 나는가?
- 상담자는 참을 수 없는 분노를 느끼는 상황은 무엇인가?
- 상담자는 어떨 때 불안을 느끼는가?

2) 상담자의 자기 탐색

상담자는 상담 진행 전에 상담자로서의 역할을 위해 준비해야 한다. 전문적인 상담자가 되기 위해서는 개인상담, 집단상담, 개인 분석을 통해 자신을 알아 가는 것이 필요하다. 상담자는 자신의 모습을 발견하고 자신의 강점, 취약점을 알고 있어야 한다. 따라서 상담자가 상담을 받아 본 경험 없이 이론적인 공부만 한 후 상담하는 것은 내담자에게 도움이 되지 않는다.

상담 과정에서 전이와 역전이는 언제든 발생할 수 있다. 상담자는 자신에 대한 이해를 기초로 하여 전이와 역전이가 발생하는 것을 인식해야 한다. '전이(transference)'는 내담자에게 의미 있는 대상인 가족, 부모, 선생님과 발생한 갈등이 미해결 과제로 남아서 상담자와의 상담관계에서 반복해서 나타나는 것이다. 내담자는 이러한 미해결 과제로 인해 삶의 많은 부분을 왜곡된 방식으로 생각하고 판단하게 된다. 내담자는 상담 과정에서 미해결 과제에 근거하여 왜곡된 방식으로 상담자를 판단하고, 과거의 경험에 근거하여 상담자와의 관계를 왜곡하기도 한다. 예를 들면, 엄마에게 사랑과 인정을 충분히 받지 못했다고 생각하는 내담자는 상담관계에서 상담자에게 사랑과 인정을 받기 위해 눈치 보며 자신이 원하는 것을 이야기하기보다 상담자가 듣고 싶은 말을 한다.

사례 2-2 내담자 전이

상담자 1: 상담을 통해 이야기하는 게 어렵지요?

내담자 1: 아니에요. 선생님이랑 상담하는 게 너무 좋아요. 선생님은 너무 훌륭하신 것 같아요.

전이와는 반대로 상담자가 내담자와의 관계에서 내담자에게 좋아하는 감정을 느끼거나 싫어하는 감정을 느끼는 경우, 상담자가 내담자에 대해 느끼는 반응을 '**역전이**'라고 한다. 상담을 진행하다 보면 상담자는 내담자에게 역전이를 느낄 수 있다. 프로이트는 '상담자의 무의식 세계에 미치는 내담자의 영향력'을 기술하기 위해 '역전이'라는 개념을 사용하였다.

어떤 상담자는 어떤 내담자를 만날 때 특별한 호감을 느끼고 어떤 내담자를 만날 때는 이유 없이 반감을 느낀다. 만일 내담자에게 이유 없이 특별한 감정과 특별한 생각이 든다면 역전이를 생각해 봐야 한다. 상담자가 내담자에게 호감을 갖게 되면, 내담자를 좋게만 보려는 경향이 발생하여 내담자의 문제나 탐색해야 할 측면을 놓쳐 버리고 내담자의 긍정적인 측면만을 부각하며 상담을 진행하기도 한다. 반대로 내담자에게 반감을 느낀다면 예전에 상담자와 갈등이 발생했던 사람과의 감정을 내담자에게 투사할 수도 있고, 내담자가 가지고 있는 강점을 보지 못하고 내담자의 문제점만을 지적할 수 있다.

또한 내담자에게 의미 있고 도움을 주는 사람이 되고 싶은 강한 욕구를 가진 상담자라면 내담자가 자신에게 의지해 주고 감사한 마음을 갖기를 원한다. 어떤 상담자는 내담자의 문제를 모두 해결할 수 있다고 장담하며 능력 있는 상담자가 되기를 바라는 전능의 욕구를 느끼기도 한다. 혹은 여성 혹은 남성 중 특별한 성별을 만나는 것이 편하거나 불편하다고 느낀다면 역전이의 징조이다. 내담자에게 도움이 필요하다면 언제든지 연락해도 된다고 말하거나 개인 생활을 희생하면서 내담자 요구를 들어주려고 하는 것도 역전이 반응일 수 있다(이무석, 2008).

상담자는 내담자를 만나면서 자신의 마음속에 다양한 감정을 느낄 수 있다. 상담자가 느끼는 감정이 내담자의 행동에 따른 것이며 상담관계에 영향을 주지 않는다면 상담에 방해가 되지 않는다. '내담자의 이런 행동으로 다른 사람들이 이런 감정을 느끼겠군'이라고 이해하고 내담자의 감정을 상담 자료로 활용한다면 상담에 도움이 될 수 있다. 하지만 상담자가 내담자에 대한 자신의 감정을 인식하지 못하고 역전이를 느낀다면 상담에 방해가 될 수 있다.

상담자는 내담자의 전이 감정을 잘 다루는 것이 매우 중요하다. 상담자가 내담자의 전이 감정을 인식하지 못하면 역전이 감정에 빠질 수 있기 때문이다. 상담자는 상담자 자신의 역동을 인식하며 내담자가 상담에 가져온 문제를 해결할 수 있도록 해야 한다. 상담자가 자신의 해결되지 않은 문제를 알아보는 방법은 자신이 감정적으로 민감하게 반응하는 순간을 생각해 보는 것이다(Kerr & Bowem, 1988).

사례 2-3 내담자 전이 감정의 예

상담자 3: 상담을 통해 원하는 것이 있나요?

내담자 3: 잘 모르겠어요. 선생님이 알려 주세요. 저는 선생님이 하라는 대로 따라갈게요.

상담자 4: 상담을 하면서 희재 씨가 원하는 것을 말하지 않는 것 같아요. 원하는 것을 이야기하는 게 많이 어려운가 봐요.

내담자 4: 제가 원하는 것을 이야기하면 선생님이 좋아하지 않으실 것 같아서요.

상담자 5: 혹시 그런 경험이 있었나요?

내담자 5: 제가 원하는 것을 이야기하면 엄마는 화난 얼굴과 짜증난 말투로 이야기를 하셨어요.

〈사례 2-3〉의 내담자 4와 내담자 5 반응에서 내담자 전이 감정을 발견해 볼 수 있다. 내담자는 엄마에게 느꼈던 감정을 상담자에게 전이하고 있다. 관계에서 원하는 바를 이야기하고 수용받은 경험이 부족한 내담자의 경우 상담자의 눈치를 보며 원하는 바를 이야기하지 못할 수 있다(내담자 3, 내담자 4). 이럴 경우 상담자는 내담자가 상담관계 속에서 전이 감정을 느끼고 있음을 인식해야 한다.

사례 2-4 상담자 역전이 감정의 예

내담자 6: 제가 힘들 때 어떻게 해야 하지요? 상담은 일주일에 한 번밖에 안되는데. 선생님을 만나려면 다음 주까지 기다려야 하는데요.

상담자 6: 그러시군요. 힘들면 저에게 언제든 연락하세요. 저에게 연락해서 힘든 걸 이야기해 주세요.

내담자 7: 그렇게 해도 될까요?

상담자 7: 네. 제 연락처 드릴 테니 이쪽으로 연락 주세요.

〈사례 2-4〉의 상담자 6과 상담자 7의 반응을 통해 상담자의 역전이를 살펴볼 수 있다. 상담자는 내담자가 힘들어하는 상황을 보고 전지전능감을 발휘하여 내담자를 도와주고자 하는 역전이를 보인다(상담자 6, 상담자 7). 내담자가 상담자에게 지속적으로 연락을 하게 되면 상담자는 소진하게 되어 내담자를 실질적으로 도와줄 수 없다. 그리고 상담자의 개인 연락처를 제공하는 일도 응급상황이 아니라면 생각해 보아야 한다. 상담자도 내담자에게 보호받을 권리가 있으며 궁극적으로 상담자가 보호를 받아야 내담자도 도움받을 수 있다.

5. 원가족에서 나 발견하기

1) 가족 규칙 발견하기

가족 규칙은 가족 구성원들에게 살아갈 때 도움이 되도록 하기 위해 만든 규칙이다. 가족 규칙은 행동이나 반응으로 나타나며 인간 대처 방식의 일부가 된다(정문자 외, 2018). 합리적이고 융통성 있는 가족 규칙은 가족에게 도움이 되지만, 비합리적이고 비현실적인 가족 규칙은 가족의 성장을 방해한다. 어린 자녀는 부모가 제시한 가족 규칙을 엄수하며 성장하여 가족 규칙을 삶에 자동으로 적용한다. 부모가 가족 규칙을 제시하는 이유는 자녀들이 세상을 살아가는 데 도움이 되도록 하기 위함이다. '타인을 배려하고 타인에게 항상 양보하라'는 가족 규칙은 타인을 배려하고 존중하며 친절하게 대하는 태도를 가르치기 위함이다. 하지만 타인을 항상 배려하려면 우선순위에서 자신의 감정과 선택이 벗어난다. 자신이 원하는 것보다 타인이 원하는 것을 위해 항상 배려하고 양보하는 자세를 가지다 보면 자신을 평가절하하여 낮은 자아존중감을 갖게 될 수도 있다.

가족 규칙 예시

- 규칙: 나는 사람들에게 양보해야만 한다.
- 지침
  - 1단계: 나는 사람들에게 양보할 수 있다.
    ('해야만 한다'를 '할 수 있다'로 바꿈으로써 강제가 선택으로 변하게 한다.)
  - 2단계: 나는 사람들에게 가끔 양보할 수 있다.
    ('가끔'을 첨가함으로써 선택의 폭을 넓힌다.)
  - 3단계: 나는 사람들이 필요할 때 양보할 수 있다.
    ('일 때'를 첨가함으로써 가능성의 폭을 넓힌다.)

성장에 방해가 되는 가족 규칙은 변경되어야 한다. 가족 규칙이 바뀌기 위해서는 가족 규칙을 의식 수준으로 표면화시켜야 한다.

(1) 가족 규칙

① 가족

- 집 밖에서 가족의 일을 이야기해서는 안 된다.
- 부모를 비판하거나 비난해서는 안 된다.
- 무엇이든지 부모와 의논한 후에 결정해야 한다.
- 절대 가족과 떨어져서는 안 된다.
- 부모가 원하면 언제든지 도와드려야 한다.

② 인간

- 사람은 언제나 최선을 다해야 한다.
- 항상 남을 돕는 사람이 되어야 한다.
- 꼭 성공한 사람이 되어야 한다.
- 항상 사람은 겸손해야 한다.
- 사람은 항상 이기적이어서는 안 된다.

③ 언어

- 말이 많으면 안 된다.
- 행동보다 말이 앞서면 안 된다.
- 절대 화를 내서는 안 된다.
- 절대 거짓말을 해서는 안 된다.
- 어른에게 말대꾸해서는 안 된다.

④ 행동

- 어떤 경우에도 약속과 시간은 반드시 지켜야 한다.
- 항상 예의바르게 행동해야 한다.
- 절대 남들보다 뒤처지면 안 된다.
- 절대 실수해서는 안 된다.
- 항상 상냥하게 행동해야 한다.

가족 규칙은 우리가 성장하고 생존하는 데 도움을 준다. 부모는 가족의 안전을 위해 가족 규칙을 자녀들에게 적용한다. 그러나 세월이 흐르고 상황이 변하면서 변화가 필요한 가족 규칙도 있다. 어떤 규칙은 삶에 전혀 도움이 되지 않는다. 사티어(Satir)는 비인간적인 규칙이 인간적인 지침으로 변화할 때 가족과 개인은 더 풍성한 삶을 살 수 있다고 하였다. 또한 변화의 방향은 규칙이 갖는 근본적인 목적을 지키면서 강요를 선택으로 바꾸는 것이라고 하였다(Satir, Banmen, Gerber, & Gomoru, 1991).

사티어의 가족 규칙 변화 과정은 다음과 같다.

- 첫째, 강요를 선택으로 바꾼다.
- 둘째, 선택의 폭을 확장한다.
- 셋째, 구체적인 가능성을 제시한다.

▶ '나는 결코 질문을 해서는 안 된다.'는 규칙을 바람직한 방향으로 변경할 경우

첫째, 강요를 선택으로 바꾸는 단계로 '해서는 안 된다'를 '할 수도 있다'로 대체한다.
→ '나는 질문을 할 수도 있다.'

둘째, '결코'를 '가끔'으로 변화시켜 선택의 폭을 확장한다.
→ '나는 가끔 질문을 할 수도 있다.'

셋째, 구체적인 가능성을 두 개 이상으로 확장한다.
→ '나는 학교와 관련된 상황에 대해 이해가 잘 안 될 때 가끔 질문할 수도 있다.'
→ '나는 더 알고 싶을 때 가끔 질문을 할 수도 있다.'

가족 규칙을 변화시키는 과정을 통해 결정된 규칙에 얽매이기보다는 스스로 선택하면서 규칙을 확장해 나갈 수 있다. 이러한 방향으로 규칙이 변화되면 편안하고 자유로운 삶을 살 수 있으며, 자신의 가치를 발견할 수 있다. 또한 자신의 가치를 발견하면 자아존중감이 높아진다.

생각해 보기

1. 상담관계 형성을 위한 조건은 무엇이라고 생각하나요?
2. 상담관계 형성을 위한 상담자 태도는 무엇이라고 생각하나요?

상담실습

1. 1:1로 상담자와 내담자 역할을 정한다.

1) 상담자는 내담자에게 집중하지 않는 태도를 취한다.

3분 동안 상담을 진행한다. 상담자 역할을 담당하는 사람은 내담자에게 집중하지 않고 핸드폰을 보거나 볼펜을 돌리거나 메모를 하면서 산만한 행동을 취한다. 내담자 역할을 맡은 사람은 3분 동안 이야기한 후, 역할을 바꾸어서 상담을 진행한다.

(※ 상담자가 내담자에게 집중하지 않을 때 내담자는 어떤 마음이 느껴지는지 경험해 본다.)

2) 상담자는 내담자에게 집중하는 태도를 취한다.

3분 동안 상담을 진행한다. 상담자 역할을 담당하는 사람은 SOLER 자세를 취하고 내담자에게 집중하며 눈을 맞추고 고개를 끄덕이며 내담자 말에 '그랬군요.' '네.' 등의 언어적 반응을 하며 내담자가 이야기를 잘 표현할 수 있도록 진행한다. 내담자는 3분 동안 자신이 하고 싶은 이야기를 한 후, 역할을 바꾸어서 상담을 진행한다.

(※ 상담자가 내담자에게 집중할 때 내담자는 어떤 마음이 느껴지는지 경험해 본다.)

3) 상담자의 반응에 따라 내담자는 무엇을 다르게 느꼈는지 이야기해 본다.

4) 상담자 역할을 담당한 사람은 무엇을 느꼈나요?

2. 내가 상담을 받는다면 나는 어떤 상담자를 원하는지 생각해 본다.

1) 어떤 상담자를 원하나요? 상담자에게 어떤 대우를 받고 싶은가요? 상담자가 어떻게 해 주면 내가 이야기를 잘 표현할 수 있나요?

2) 어떤 상담자를 원하지 않나요? 상담자에게 어떤 대우를 받고 싶지 않나요? 상담자가 어떤 태도를 보일 때 이야기하기가 어려운가요?

3. 우리 집 가족 규칙을 떠올려 작성해 본다.

1) 우리 집에 존재하는 가족 규칙이 무엇인지 열 개 정도 찾아보세요.

① 가족에게 내가 원하는 것을 언제든 이야기할 수 있다.

② 부모님 말에 항상 순종해야 한다.

③ ______

④ ______

⑤ ______

⑥ ______

⑦ ______

⑧ ______

⑨ ______

⑩ ______

2) 발견한 가족 규칙 중에 나의 성장에 도움이 된 가족 규칙은 무엇인가요?

① 가족에게 내가 원하는 것을 언제든 이야기할 수 있다.

② ______

③ ______

④ ______

⑤ ______

⑥ ______

⑦ ______

⑧ ______

⑨ ______

⑩ ______

3) 발견한 가족 규칙 중에서 나의 성장에 불편을 준 가족 규칙은 무엇이며, 이유는 무엇인가요?

① 예: 부모님 말에 항상 순종해야 한다.

→ 항상 순종해야 하는 이유 때문에 순종하기를 원하지 않는 경우에도 순종해야 한다는 압박감을 느낀다.

② ______________________________

→ ______________________________

____

③ ______________________________

→ ______________________________

____

④ ______________________________

→ ______________________________

____

4) 성장에 방해가 된 가족 규칙 중에 하나를 선택해서 바람직한 가족 규칙으로 변경해 보세요.

① 예: 어른 말씀에 항상 순종해야 한다.

→ 어른 말씀에 순종해야 하는 상황에서 순종한다. 순종할 수 없는 상황에서는 설명을 한다.

② ______________________________

→ ______________________________

____

③ ______________________________

→ ______________________________

____

④ ______________________________

→ ______________________________

____

5) 가족 규칙이 나의 삶에 어떠한 영향을 미친 것 같나요?

6) 가족 규칙이 상담자로 성장하는 데 도움이 되는 부분은 무엇이고 방해가 된 부분은 무엇인가요?

제3장

접수면접

학습목표

1. 접수면접 과정에 대해 학습한다.
2. 접수면접 진행 시 상담자의 태도에 대해 학습한다.

1. 상담 신청 접수

상담실에 내방한 내담자는 많은 고민 끝에 상담을 신청한다. 상담을 통해 도움을 받을 수 있을지, 상담을 받는 자신이 이상한 사람은 아닌지, 다른 사람들은 모두 잘 지내는 것 같은데 자신만 이상한 것은 아닌지, 문제를 해결하지 못하는 자신이 이상한 사람은 아닌지 등 수많은 고민으로 마음이 복잡하다. 내담자가 상담을 신청한다고 해서 상담으로 100% 연결되는 것은 아니므로 상담실에 내방하여 진행하는 접수면접에서 내담자가 편안함과 위안을 경험할 수 있도록 해 주는 것이 필요하다.

내담자가 상담을 신청하는 방법은 상담기관 홈페이지 접속을 통한 신청, SNS를 통한 신청, 전화를 통한 신청, 직접 방문하는 신청 등 다양하다. 내담자가 상담을 신청하였다면 상담자는 빨리 대응하여 접수면접을 진행하도록 한다. 가능한 신청일부터 1~2일 안에 내담자를 만나는 것이 좋다. 개인상담은 '상담 신청' '접수면접' '본 상담' '추후상담'으로 구분할 수 있다. 상담기관 특성에 따라 상담 신청과 접수면접을 따로 실시할 수도 있고, 같이 진행할 수도 있다. 규모가 큰 상담기관에서는 '상담 신청, 접수면접, 본 상담'을 구분하여 진행하지만(고기홍, 2014), 규모가 작은 상담기관은 '상담 신청 및 접수면접'을 하나로 묶어 진행하거나 '접수면접 및 본 상담'을 하나로 묶어 진행하기도 한다. 하지만 위기상담은 바로 상담이 진행되어야 하는 특성상 상담 신청, 접수면접, 본 상담을 구분하지 않고 바로 상담을 진행한다.

1) 내담자 역할

내담자는 상담 신청을 하면서도 마음속으로 상담을 받을지 말지 계속 고민한다. 내담자들은 불안감과 긴장감을 가지고 상담기관을 찾으며 상담진행 방법에 대해 알고 싶어 하므로, 전화, 이메일, 홈페이지 게시판, SNS 등 다양한 통로를 통해 상담을 문의한다. 이때 내담자들이 보이는 심리적인 측면을 살펴보면 다음과 같다(고기홍, 2014).

내담자의 심리적 측면

- 상담을 하고 싶은 마음과 하고 싶지 않은 마음이 공존하는 양가감정 상태에서 상담 문의를 한다.
- 상담에 대한 걱정과 두려움을 갖고 있지만 상담을 통해 좋아질 수 있을지에 대한 확신을 갖고 싶어 한다.
- 상담을 받지 않고도 문제해결이 가능한지를 알고 싶어 한다.
- 상담문의 과정 및 상담 과정에서 익명성을 보장받고 싶어 하고 노출에 대한 두려움을 가지고 있다.
- 상담을 받아야 할 만큼 자신의 문제가 심각하고 이상한 것은 아닌지 확인하고 싶어 한다.
- 상담이 처음인 경우 상담진행 방식과 상담기관에 관련한 정보를 얻고 싶어 한다.
- 상담자가 어떤 사람인지 알고 싶어 한다.

2) 상담자 역할

상담자는 상담을 신청한 내담자의 심리적인 측면을 고려하면서 내담자를 대하는 자세가 필요하다. 상담자의 역할은 다음과 같다.

첫째, 내담자가 홈페이지, SNS에 상담을 신청할 경우 답변을 빨리 주는 것이 중요하다. 홈페이지나 SNS를 담당하는 상담자는 매일 일정한 시간을 정해 놓고 상담 신청 내역을 확인하도록 한다. 내담자가 상담자와 만날 수 있는 시간을 가능한 한 빨리 정해서 내담자에게 상담기관에 방문하도록 안내한다.

둘째, 상담신청 전화를 받은 상담신청 접수자는 먼저 기관을 소개한 후 편안하게 인사한다. 상담신청 접수자는 내담자에게 이름을 밝히고, 상담신청을 하기 위해 전화했는지 먼저 물어본다(〈사례 3-1〉 참조).

셋째, 상담실에 걸려 오는 전화는 가능한 빨리 받는 것이 바람직하다. 전화를 빨리 받지 않으면 상담을 신청한 내담자의 불안이 가중될 수 있다. 상담신청 전화를 빨리 받는 것은 내담자를 배려하는 측면이 있다. 전화를 받으면 접수면접 날짜를 가능한 한 빨리 정해 상담실에 방문할 수 있도록 안내한다.

사례 3-1 **전화 안내**

상담자 1: 여보세요. 청소년 상담센터입니다.

내담자 1: 네.

상담자 2: 안녕하세요? 저는 이소라 상담원입니다. 상담 신청하시려고 전화하셨나요?

내담자 2: 네.

상담자 3: 저희 상담기관에서는 심리적인 어려움을 경험하는 분들을 대상으로 상담을 진행하고 있습니다.

넷째, 내담자가 어떤 내용으로 상담을 신청하고자 하는지 확인한다. 상담받고 싶은 내용이 상담기관에서 다룰 수 없는 법적인 문제, 정보 제공을 원하는 문제라면 다룰 수 없음을 분명하게 전달하도록 한다(〈사례 3-2〉 참조).

사례 3-2 **상담 신청 내용 확인**

상담자 4: 혹시 상담받고 싶은 내용이 어떤 걸까요?

내담자 4: 제가 배우자랑 이혼을 하고 싶은데 자녀 양육권을 어떻게 해야 하는지 궁금해서요.

상담자 5: 그러시군요. 저희는 심리적인 문제를 다루는 상담기관이라 법적인 문제에 관련해서는 도움을 드릴 수 없습니다. 하지만 이혼 진행 시 심리적인 어려움을 경험하고 있다면 이 부분에 대해서 도움을 드릴 수 있습니다.

다섯째, 상담신청 접수자는 내담자가 상담받고 싶은 분야가 무엇인지를 간략하게 확인한다. 내담자의 이야기를 듣고 상담신청 방법 및 상담예약 절차를 설명한다(〈사례 3-3〉 참조).

사례 3-3 **상담 분야 확인**

상담자 6: 혹시 상담받고 싶은 내용이 어떤 걸까요? 구체적인 이야기는 본 상담에서 이야기해 주시면 됩니다.

내담자 6: 네……. 저희 부모님이 이혼을 준비 중인데 제가 너무 힘들어서요. 이 부분에 대해 상담을 받고 싶어요.

상담자 7: 네. 부모님 이혼으로 많이 힘들어서 상담을 받고 싶으시군요. 많이 힘드시겠어요. 힘들게 전화하셨는데, 상담을 신청하셔서 이 부분에 대해 도움을 받으시면 좋을 것 같습니다. 상담을 받으시면 도움이 많이 되실 겁니다. 상담신청 방법을 안내해 드리겠습니다.

여섯째, 상담신청 접수자는 상담에 대한 안내를 하고 상담실에 언제 방문할 수 있는지 물어본다. 방문 날짜와 시간을 정하도록 예약을 확정해 준다. 그리고 내담자 연락처도 확인하도록 한다(〈사례 3-4〉 참조).

사례 3-4 상담 예약 안내

내담자 7: 상담을 어떻게 신청하는 건지요?

상담자 8: 상담실에 방문하시면 접수면접을 진행하고 상담자 배정 후 상담이 진행됩니다. 구체적인 이야기는 상담실에 방문하셔서 해 주시면 될 것 같습니다.

내담자 8: 네.

상담자 9: 상담실에 방문 가능한 날짜와 시간을 알려 주세요.

내담자 9: 다음 주 월요일, 수요일 오전만 가능해요.

상담자 10: 그럼 다음 주 수요일 10시 가능하신가요?

내담자 10: 네

상담자 11: 그럼 다음 주 수요일 10시에 상담 예약을 하겠습니다. 연락처는 어떻게 되시죠?

내담자 11: 010-○○○○-○○○○입니다.

상담자 12: 네. 혹시 못 오시게 되거나 변경해야 하면 하루 전에 미리 연락 부탁드립니다.

일곱째, 상담신청 접수자는 내담자에게 상담기관 장소를 안내하고 잘 찾아올 수 있도록 설명한다. 내담자에게 상담기관으로 방문하는 교통수단을 물어보고 교통수단에 맞게 설명해 주도록 한다(〈사례 3-5〉 참조).

사례 3-5 상담기관 방문 안내

상담자 13: 혹시 여기 상담센터 장소를 알고 계시나요?

내담자 13: 아니요. 잘 몰라요.

상담자 14: 그러시군요. 여기 주소는 ○○○입니다. 어떻게 오실 건가요?

내담자 14: 버스를 타고 가려고 하는데요.

상담자 15: 버스로 오시려면 ○○정거장에서 하차하시면 됩니다. 지하철은 ○○역 ○번 출구로 오시면 됩니다.

여덟째, 내담자가 문의할 사항이 있는지 물어보고 답변한다. 상담에 관한 내담자의 질문에는 불안감과 걱정이 수반될 수 있다. 상담자는 내담자가 상담에 신뢰감을 가질 수 있도록 설명해 주는 것이 필요하다(〈사례 3-6〉 참조).

사례 3-6 문의사항 안내

상담자 16: 혹시 궁금한 사항 있으실까요?

내담자 16: 네. 다음 주에 선생님하고 상담을 하는 건가요?

상담자 17: 다음 주에는 접수면접을 진행할 예정이고, 접수면접 이후 담당할 상담 선생님을 배정할 예정입니다. 상담기관에 계신 선생님들은 모두 상담을 잘 진행하시니 걱정하지 마세요.

내담자 17: 네.

상담자 18: 다음 주에 뵙겠습니다.

2. 접수면접

상담기관에서 접수면접은 꼭 필요할까? 상담기관의 형태와 규모에 따라 접수면접 과정이 없는 경우도 있다. 김계현(2002)은 접수면접은 규모가 큰 기관이나 내담자 수가 많은 기관에서 실시하며, 접수면접자가 상담자가 될 가능성이 높은 개인상담기관에서는 접수면접이 필요하지 않다. 상담자가 많은 큰 기관에서는 내담자의 호소 문제의 성격에 따라 적절한 상담자를 연결하는 과정이 필요하며, 이러한 과정이 내담자에게 도움이 될 수 있다(김계현, 2002). 접수면접은 내담자에 대한 정보수집 이외에 내담자에 대한 평가와 응급성의 확인과 개입 그리고 내담자 선별 및 전문적 안내를 위해 매우 중요한 절차이다(이규미, 2017).

1) 접수면접 과정

접수면접이란 본 상담을 시작하기 전에 진행하는 초기면접 과정이다. 접수면접자는 내담자 면접 후 면접 내용을 접수면접지에 작성하고, 접수면접 내용에 기초하여 내담자에게 적합한 상담자를 배정한다. 접수면접자는 내담자에 관련한 기초 정보와 내담자가 상담받고 싶은 영역을 간략하게 파악하도록 한다. 접수면접자는 자신을 먼저 설명한 후에, 접수면접은 본 상담을 시작하기 전에 진행하는 과정임을 설명한다. 내담자는 접수면접과 본 상담이 어떻게 다른지를 알지 못한다. 접수면접자는 내담자에게 접수면접 후 본 상담은 다른 상담자가 진행한다는 설명을 해야 한다. 그래야 내담자가 접수면접에서 자신의 이야기를 조절하면서 할 수 있다. 접수면접 구조화는 접수면접자 소개, 접수면접 설명, 개인정보 동의서 작성, 접수면접지 작성에 대해 설명한 후 진행한다.

(1) 접수면접 설명

접수면접을 진행할 때 접수면접자는 내담자에게 다음과 같은 설명 과정으로 접수면접 구조화를 진행한다.

접수면접 구조화

"안녕하세요. 저는 접수면접을 담당하는 접수면접자 김소진이라고 합니다. 접수면접 진행 후 상담 선생님이 배정될 예정입니다. 접수면접에서는 희성 씨에 대한 필요한 기초 정보를 파악하고 상담을 받고 싶은 어려움이 무엇인지, 상담실에서 도움을 드릴 수 있는지를 파악하는 절차입니다. 어려움에 대한 구체적인 이야기는 상담 선생님이 배정되면 그때 하시면 좋을 것 같습니다. 시간은 30분에서 40분 정도 소요될 예정입니다. 혹시 궁금한 점 있으실까요? (질문이 있으면 질문에 답변을 해 줌) 여기 개인정보 동의서가 있는데 읽어 보시고 동의서 작성을 해 주세요. 그리고 접수면접을 진행하기 위해 접수면접지 작성을 부탁드립니다."

(2) 내담자 접수면접지 작성

접수면접자는 내담자에게 접수면접지를 안내하고 작성하도록 요청한다(〈부록 1〉 접수면접지 작성). 내담자가 접수면접지를 작성할 때 상담자는 내담자 옆에서 내담자를 관찰하고 질문이 있을 때 답해 준다. 접수면접지는 내담자가 자신의 개인정보를 작성한다. 내담자들 중에는 가족관계 작성, 가족과의 친밀도 작성을 어려워하는 경우도 있다. 내담자가 접수면접지 작성 중 가족관계 작성을 어려워하며 작성하고 싶지 않다고 표현하면 상담자는 작성하지 않아도 된다고 설명한다. 내담자가 작성을 어려워하는 경우 말하고 싶지 않은 가족관계가 있을 수 있기 때문이다. 억지로 다 작성해 달라고 하면 내담자가 잘못된 정보를 작성하거나 작성하면서 힘들어할 수 있다. 접수면접지에 채워지지 않은 부분은 상담을 진행하면서 상담자가 채워 나가도록 한다.

〈사례 3-7〉과 같이 내담자가 접수면접지 작성 시간이 오래 걸리거나 혼자서 작성하고 싶다고 하더라도 상담자는 내담자와 같이 머물러 있도록 한다. 접수면접자는 접수면접 시간 동안 내담자를 관찰하며 특이사항이 있다면 초기상담 기록지(〈부록 2〉)에 기록한다.

사례 3-7 내담자 제안에 대한 반응

내담자 1: 선생님 제가 작성하는 데 시간이 오래 걸려서요. 바쁘시면 나갔다 오셔도 되는데요.

상담자 1: 아니에요. 이 시간은 희성 씨를 위한 시간이라 저는 괜찮아요. 혹시 희성 씨가 이해가 안 되는 부분을 질문하실 수도 있고 제가 설명할 부분도 있으니 같이 있을게요.

내담자 2: 네. 그런데 선생님 가족관계 다 작성해야 할까요? 작성하기가 좀 어려운데요.

상담자 2: 작성하기 어려우시면 작성하실 수 있는 부분만 작성해 주세요.

내담자 3: 그렇게 해도 될까요?

상담자 3: 상담을 진행하면서 천천히 이야기해 주셔도 괜찮습니다.

(3) 접수면접 진행하기

접수면접자는 내담자가 접수면접지 작성을 마치면 내담자가 작성한 내용에 근거하여 질문한다. 내담자가 현재 상담을 받고 싶은 영역을 확인한다. 내담자는 상담받고 싶은 영역을 한 가지 혹은 여러 가지를 체크할 수 있다. 〈사례 3-8〉에서와 같이 내담자가 많은 영역을 체크하기를 원한다면 원하는 만큼 체크하도록 허용한 후 우선순위를 물어본다. 만약 내담자가 우선순위를 정하지 못하겠다고 하면 내담자의 힘든 상황을 공감해 주고 앞으로 상담에서 상담자와 이야기를 나누도록 안내한다.

사례 3-8 내담자 호소 문제에 대한 반응

내담자 4: 선생님 상담받고 싶은 영역은 한 가지만 적나요?

상담자 4: 상담받고 싶은 영역이 하나면 한 가지를 체크해 주시고, 여러 개면 다 체크해 주세요.

내담자 5: 엄청 많은데 많이 체크해도 되나요?

상담자 5: 네. 많이 체크하셔도 됩니다.

내담자 6: 불안, 우울, 자신감 저하, 가족 갈등, 친구 갈등, 이성친구 갈등, 학교성적 고민, 진로 고민 이렇게 표시했는데요.

상담자 6: 그럼 체크한 영역 중에서 우선순위를 매긴다면 1, 2, 3순위는 어떻게 될까요?

내담자 7: …… 지금 가장 고민되는 건 이성친구 갈등이에요. 이성친구랑 자주 싸워서 불안하고 우울하고 속상해요.

상담자 7: 많은 고민 중에 이성친구 갈등이 가장 먼저 이야기하고 싶은 부분이군요.

2) 접수면접 시 상담자의 태도

(1) 편견을 갖지 않고 상담에 임하기

상담자는 내담자에게 편견을 갖지 않고 상담에 임하는 것이 중요하다. 내담자에 대한 첫인상, 내담자 호소 문제를 듣고 상담자의 가치관으로 내담자를 판단하지 않도록 한다. 내담자는 상담자가 생각하는 것보다 더 복잡하고 어려운 심리적 문제를 경험하고 있다. 상담자가 편견을 가지고 내담자를 만나면 내담자는 상담자의 편견을 느끼게 되어 진솔하게 이야기하는 것을 어려워한다.

(2) 접수면접에 대해 구조화하기

접수면접을 진행할 때 접수면접자는 〈사례 3-9〉에서와 같이 내담자에게 자신을 소개하고, 접수면접자와 본 상담자는 다른 사람임을 설명해 준다. 앞으로 상담이 어떻게 진행될지 설명하고, 접수면접 구조화 작업 후 내담자가 궁금한 점이 있다면 질문을 할 수 있도록 허용하여 상담에 적극적으로 참여할 수 있도록 안내한다.

사례 3-9 접수면접

상담자 1: 안녕하세요. 저는 접수면접자 김소진 상담사라고 합니다. 만나 뵙게 되어 반갑습니다. 오늘 저하고 40분 정도 접수면접을 진행하고자 합니다. 본 상담을 진행하기 전에 접수면접을 진행한 후 희성 씨를 잘 도와줄 수 있는 본 상담자를 연결해 드립니다. 여기서 이야기하신 부분을 정리해서 본 상담자에게 전달할 예정입니다. 개인적인 이야기나 이야기하기 힘드신 부분은 앞으로 상담자에게 직접 이야기하시면 좋을 것 같습니다.

우선 여기에 있는 접수면접지를 작성해 주시기 바랍니다.

내담자 1: 네…….

상담자 2: 작성하시면서 궁금한 점이 있거나 이해가 안 되는 부분은 질문해 주세요.

내담자 2: 네. 다 작성했어요.

(3) 내담자 질문은 모두 의미 있다는 것을 이해하기

상담실에 처음 온 내담자가 접수면접지를 작성할 수 있도록 한다. 내담자가 접수면접지를 편안하게 작성하도록 안내한 후 내담자 옆에서 관찰한다. 내담자가 작성하기 어려워하는 내용이 있는지 관찰하고 질문을 받도록 한다. 〈사례 3-10〉에서와 같이 내담자가 가족사항을 작성하기 어려워한다면 작성하지 않아도 괜찮다고 말한다. 개인적으로 이야기하기 힘든 부분이 존재할 수 있으므로 상담자는 접수면접 시 관찰된 내용을 작성한다. 내담자가 작성하기 어려워하는 부분이 상담에서 의미 있는 부분일 수 있다.

사례 3-10 내담자 질문에 대한 반응

상담자 3: 상담을 하기 전에 여기 접수면접지에 개인적인 사항을 작성해 주세요. 자신에 대한 부분을 솔직하게 작성해 주시면 됩니다. 작성 중에 궁금한 점이 있으시면 편하게 질문해 주세요.

내담자 3: 네. (접수면접지 작성 중 질문) 그런데 가족사항에서 친밀도를 모두 표시해야 할까요? 작성하고 싶지 않은데요.

상담자 4: 그러시군요. 원하시지 않는다면 작성할 수 있는 부분만 작성하시면 됩니다.

내담자 4: 네……. 호소 문제에 관련해서는 여러 개 체크해도 되나요?

상담자 5: 네. 원하시는 대로 작성해 주세요.

(4) 내담자가 자유롭게 이야기하도록 유도하기

접수면접 시 상담자는 접수면접지를 확인하면서 내담자에게 질문한다. 하지만 상담자가 내담자에게 질문해서 확인해야 하는 내용보다 가장 중요한 것은 내담자가 하고 싶은 이야기를 자유롭게 할 수 있도록 하는 것이다. 상담에 처음 온 내담자들은 자신의 이야기를 어떻게 표현해야 하는지 모르는 경우가 많다. 어떤 내담자는 상담자가 질문하는 내용에 답만 하는 게 상담 과정이라고 생각하는 경우도 있다. 상담자는 내담자가 자신의 이야기를 자유롭게 표현할 수 있도록 해야 한다(〈사례 3-11〉 참조). 내담자는 불안한 마음과 긴장되는 마음을 느끼며 상담실에 온다. 상담자는 내담자가 느끼는 감정을 충분히 공감해 준 다음 내담자가 자신의 이야기를 표현할 수 있도록 한다.

사례 3-11 이야기 유도하기

상담자 6: 오늘 상담을 처음 오셔서 마음이 많이 복잡할 것 같아요.

내담자 6: 네…….

상담자 7: 상담을 받고 싶은 부분을 이야기해 주시겠어요?
지금 가장 고민이 되는 부분이 무엇일까요?
어떤 부분에서 도움을 받고 싶으세요?

(5) 접수면접 종료 후 정리하기

상담자는 접수면접 종료 후 관찰된 내용, 작성된 내용, 내담자 호소 내용을 작성한다. 작성된 서류와 내담자가 작성한 접수면접지를 상담기관에 전달한다(〈부록 2〉 초기상담 기록지 참조).

3. 접수면접 상담자의 질문 형태

내담자가 자신의 이야기를 잘 표현해야 상담이 시작될 수 있다. 그러나 내담자는 상담에서 자신의 이야기를 어떻게 표현해야 하는지 잘 모른다. 상담자는 내담자가 자신의 이야기를 잘 표현할 수 있도록 이끌어야 한다.

1) 폐쇄형 질문

폐쇄형 질문은 내담자가 '네' 혹은 '아니요'라고 대답할 수밖에 없는 질문이다. 상담자는 내담자에게 고심해서 질문했지만 내담자의 대답이 단답형으로 끝나 버리면 대화가 단절되는 느낌이 든다.

(1) 적절하지 않은 폐쇄형 질문

사례 3-12 폐쇄형 질문

상담자 1: 접수면접지에 가족 문제가 고민이라고 표시하셨네요?

내담자 1: 네…….

상담자 2: 이게 가장 고민이신가 봐요?

내담자 2: 네…….

상담자 3: 엄마와의 관계가 가장 힘드신 건가요?

내담자 3: 아니요……. 아빠하고 관계가 힘들어요.

상담자 4: 아빠와의 관계가 많이 힘드신가 봐요…….

내담자 4: 네…….

상담자가 폐쇄형 질문을 사용하면 대화의 주도권은 상담자가 가지게 되지만 상담 진행에 어려움을 경험하며 대화가 계속 단절된다. 폐쇄형 질문은 좋은 질문 방법이 아니다. 하지만 내담자에게 구체적인 정보를 얻어야 하는 경우 폐쇄형 질문 사용이 적절하다(〈사례 3-12〉 참조).

(2) 구체적인 정보를 얻기 위한 폐쇄형 질문

접수면접 시 내담자에게 정보를 얻기 위해 폐쇄형 질문을 사용할 수 있다.

① 상담 경험에 대한 정보 얻기

사례 3-13 상담 경험 정보 얻기

상담자 5: 이전에 상담을 받아 본 경험이 있나요?

내담자 5: 네.

상담자 6: 언제 받으셨나요?

내담자 6: 1년 전에 받았어요.

내담자에게 구체적인 정보를 얻기 위해 폐쇄형 질문을 사용할 수 있다. 하지만 폐쇄형 질문이 너무 많이 사용되고 있지는 않은지 확인한다(〈사례 3-13〉 참조).

② 거주 형태에 대한 정보 얻기

사례 3-14 거주 형태 정보 얻기

상담자 7: 지금 혼자 거주하고 있나요?

내담자 7: 아니요.

상담자 8: 그럼 부모님과 함께 살고 있나요?

내담자 8: 아니요. 동생이랑 둘이 살고 있어요.

내담자에게 거주 형태 정보를 얻기 위해 폐쇄형 질문을 사용할 수 있다(〈사례 3-14〉 참조).

2) 개방형 질문

개방형 질문은 상담자의 질문에 내담자가 자신의 생각과 느낌을 표현하도록 하는 질문이다. 상담자의 질문에 내담자가 답변하는 과정을 통해 대화의 주제는 내담자의 생각과 느낌이 된다(〈사례 3-15〉 참조).

(1) 개방형 질문

사례 3-15 개방형 질문

상담자 1: 접수면접지에 가장 힘든 고민이 가족 문제라고 했는데 이 부분에 대해 이야기해 줄 수 있으세요?

내담자 1: 아빠랑 싸웠는데 너무 힘들어요.

상담자 2: 아빠랑 무슨 일이 있었을까요?

내담자 2: 몇 달 전부터 사이가 안 좋았는데요. 결정적으로 지난주에 아빠랑 엄청 크게 다투었어요. 자꾸 제 핸드폰을 검사하고 저를 감시해서 너무 화가 났어요.

개방형 질문을 사용하기 위해서 상담자는 5W1H(What, Who, When, Where, Why, How)를 사용할 수 있다. 개방형 질문은 [무엇을], [누구랑], [언제], [어디서], [어떤 이유로], [어떻게]를 사용하는 질문과 함께 제시된다. 상담 시 5W1H를 생각하며 질문을 하면 개방형 질문을 자유롭게 사용할 수 있다.

(2) 육하원칙에 의한 질문 형태: 5W1H

- "무슨 일이 있었나요?" "무슨 생각이 들었어요?" "무슨 감정을 느꼈나요?" (What?)
- "누구와 그런 일이 있었나요?" "누가 그랬어요?" "누구 때문에 속상한 건가요?" (Who?)
- "언제 그 일이 발생한 건가요?" "언제 그랬어요?" (When?)
- "어디서 발생한 건가요?" "어디서 그랬을까요?" (Where?)
- "어떤 이유로 그랬을까요?" (Why?)
- "그래서 어땠나요?" "무엇을 느꼈나요?" (How?)

(3) '왜?'라는 질문을 사용하지 않기

상담자는 내담자의 이야기를 들으면서 궁금하고 더 알고 싶어 '왜?'라는 질문을 사용한다. 하지만 내담자 입장에서는 상담자의 '왜?'라는 질문이 공격적이라고 받아들일 수 있다. 상담자의 '왜?'라는 질문에 대해 내담자는 잘못을 추궁받는 것 같고 질책받는 것 같아 솔직하게 이야기하기보다는 변명을 하게 되기도 한다. 그러므로 상담자는 '왜?'라는 질문을 하고 싶을 때는 '어떤 이유?'라는 질문으로 바꾸어 하는 것이 좋다.

사례 3-16 **왜 질문 사용**

상담자 3: 그때 왜 약속에 늦게 갔나요?

내담자 3: 그게…… 버스도 늦게 오고, 길도 막히고 해서 어쩔 수 없었어요. 제 잘못이 아니에요.

상담자는 내담자가 약속에 늦게 간 이유가 궁금해서 질문을 했다. 하지만 상담자가 '왜?'라는 질문을 하는 경우 내담자는 잘못에 대해 추궁받는 느낌이 들어 변명과 합리화를 하는 경향이 크다(〈사례 3-16〉 참조).

사례 3-17 **탐색 질문**

상담자 4: 그때 약속에 늦은 이유가 궁금하네요.

내담자 4: 그게…… 사실은 약속에 가고 싶지 않은 마음이 컸어요. 그래서 준비도 천천히 하고…… 가기 싫다 보니 늦게 나오고…… 버스도 늦게 오고 길도 막혔어요.

상담자가 질문의 형식을 바꾸어 '왜?'라는 질문 대신 '~한 이유가 궁금하네요.'라고 질문을 하면 내담자는 자신을 탐색해 보게 된다(〈사례 3-17〉 참조).

4. 접수면접 시 상담자의 태도

상담에서 상담자는 내담자가 힘들어하는 문제가 무엇인지 정확하게 파악하는 것이 매우 중요하다. 내담자가 상담실에 방문하여 호소하는 어려움을 잘 이해하기 위한 과정을 살펴보자.

1) 적극적 경청하기

상담실에 찾아오는 내담자들은 수백 번, 수천 번 고민하며 스스로 문제해결을 위해 애쓰다가 상담실에 방문한다. 내담자들은 상담자가 자신을 이상한 사람이라고 생각할까 봐 걱정하고, 자신이 너무 사소한 문제로 고민하고 있는 것은 아닌지 걱정하며 조심스럽게 이야기를 꺼내 놓는다. 내담자는 상담자가 자신을 어떻게 생각할지를 고민하며 자신을 이해해 주는 사람은 한 명도 없다고 생각한다. 그러므로 상담자는 편견 없는 마음으로 내담자의 이야기를 적극적으로 경청해 주어야 한다. 또한 내담자의 이야기를 경청할 때 상담자는 언어적 메시지와 비언어적 메시지를 모두 사용해서 반응해야 한다. 언어적 메시지로 내담자에게 공감적 반응을 보이며, 비언어적 메시지로 내담자를 따뜻한 눈빛으로 바라보며 내담자에게 몸을 돌려 경청하는 자세를 보인다.

2) 내담자의 호소 문제 듣기

상담자는 내담자가 현재 가장 힘들어하는 문제가 무엇인지 파악하는 것이 중요하다. 상담자가 내담자의 문제를 파악하기 위해서는 상담자가 궁금한 측면을 질문하기보다 내담자가 하고 싶은 이야기를 하도록 하는 것이 바람직하다. 이를 통해 상담자는 내담자가 어떤 부분을 힘들어하고 어떤 갈등을 경험하고 있는지를 파악한다. 내담자가 힘든 상황을 충분히 말할 수 있도록 상담자는 적극적 경청의 자세로 임하는 것이 중요하다.

3) 내담자가 상담실에 찾아오게 된 결정적 계기 파악하기

내담자가 힘들어하는 갈등이나 문제는 내담자가 살아오면서 반복적으로 발생했다고 볼 수 있다. 따라서 지속적인 어려움이 반복되었음에도 불구하고 이제껏 참고 견뎌 오다가 지금 상담실에 찾아오게 된 결정적 계기나 이유가 무엇인지를 파악하는 것이 필요하다. 만약에 문제가 반복적으로 발생한 것이 아니라 처음 발생한 문제라고 해도 지금 이 시점에서 상담실에 찾아오게 된 결정적인 계기나 사건이 무엇인지 파악해야 한다. 내담자가 힘들어하는 문제와 갈등 상황을 구체적으로 파악해야 내담자를 이해할 수 있다.

4) 내담자가 호소하는 어려움이 언제부터 시작되었는지 파악하기

최근에 겪은 어려움을 호소하는 내담자라 할지라도 삶을 살아오면서 심리적인 불편함을 억압하며 참아 왔을 가능성이 높다. 그러므로 상담자는 내담자가 호소하는 문제가 언제부터 발생되었는지를 파악한다. 갈등이 최근에 발생한 내담자와 갈등이 반복적으로 오랫동안 지속된 내담자에 대한 상담 접근은 다르게 진행되어야 한다.

5) 내담자가 반복적으로 사용하는 단어가 무엇인지 파악하기

내담자가 상담자에게 자신의 어려움을 이야기하면서 반복적으로 사용하는 단어가 무엇인지를 파악하는 것이 필요하다. 어떤 내담자는 "힘들어요…… 너무 힘들어요…… 어떻게 살아가야 할지 모르겠어요…… 그래서 너무 힘들어요……."라고 호소할 수 있고, 다른 내담자는 "너무 외로워요…… 주변에 마음을 나눌 사람이 없어요…… 그래서 외로워요……."라고 호소하기도 한다. 반복적으로 사용하는 단어를 파악하면 내담자가 심리적으로 어떤 감정을 주로 느끼는지 알 수 있다.

6) 자발성 여부 확인하기

상담실에 찾아온 내담자가 자발적으로 왔는지 비자발적으로 왔는지를 확인해야 한다. 청소년들은 학교기관의 명령이나 상벌위원회 권고에 따라 상담을 받아야 하는 비자발적인 경우도 있다. 상담자는 내담자가 상담을 받으러 온 이유가 자신의 선택인지 아니면 타인의 설득이나 권유 혹은 기관의 요청이나 명령 때문인지를 확인한다.

7) 상담 경험 확인하기

상담실에 방문한 내담자의 상담 경험 유무를 확인한다. 상담을 처음 받는 내담자라면 상담에 대한 긴장과 두려움이 클 수 있음을 예측하고 최대한 편안하게 상담에 참여하게 한다. 상담 경험이 있는 내담자라면 상담을 언제 받았는지를 확인하고 상담 경험이 내담자에게 어떤 의미로 남았는지를 확인한다. 이전 상담 경험이 긍정적이었다면 어떤 측면으로 인해 긍정적 경험을 했는지를 확인해야 한다. 긍정적 상담 경험은 이번 상담에서도 상담자와의 신뢰관계를 잘 형성할 수 있으리라 예측할 수 있다. 하지만 이전 상담 경험이 부정적이었다면 내담자가 어떠한 요인 때문에 상담을 부정적으로 생각하고 있는지 확인해야 한다. 상담자는 내담자가 이전에 경험한 부정적 상담 경험이 반복되지 않도록 노력하고, 상담에 대한 부정적 인식이 이번 상담에도 영향을 미칠 수 있음을 고려해야 한다.

8) 침묵 다루기

상담 초기 내담자의 침묵은 자주 발생할 수 있다. 침묵은 내담자가 진술한 후나 상담자의 진술을 단순히 받아들인 후에 발생한다. 상담 초기 과정에서 발생하는 침묵은 내담자가 어떻게 이야기하고 무엇을 이야기해야 할지 몰라서 발생하는 경우가 많다. 이럴 경우 상담자는 내담자에게 상담에 대해 설명해 주고 내담자가 편안하게 말할 수 있도록 하거나 상담자가 내담자에게 질문하는 과정을 통해 내담자가 상담에 참여할 수 있도록 한다. 상담 초기에는 내담자가 오랫동안 침묵을 유지하도록 혼자 두기보다는 상담자가 개입하는 것이 요구된다. 상담자는 상담 초기에는 5초 정도 기다려 주다가 질문을 통해 내담자가 상담에 참여할 수 있도록 한다.

9) 구체적인 원인을 심층적으로 파악하지 않기

접수면접은 내담자의 문제와 관련하여 최선의 치료 효과를 거둘 수 있을 것으로 예측되는 상담자를 파악하기 위해 최소한의 정보를 얻는 과정이다(신경진, 2010). 접수면접에서 내담자가 호소한 문제를 너무 심층적으로 자세하게 다루게 되면, 내담자는 본 상담자에게 연결되었을 때 다시 반복해서 이야기해야 하는 어려움이 있다. 또한 내담자는 접수면접자에게 노출하기 어려운 이야기를 어렵게 했는데 새로운 상담자에게 다시 설명해야 한다는 부담감을 느낄 수 있다. 그러므로 접수면접에서 상담자는 내담자가 호소하는 문제에 대한 구체적인 원인을 파악하지 않도록 한다.

5. 비자발적 내담자

비자발적 내담자는 상담에 대한 참여 동기가 매우 약하다. 그러므로 비자발적 내담자로 판명되었을 때 상담자는 상담장면에서 이러한 내용을 바로 다루는 것이 효과적이다. 비자발적 내담자를 대할 때 도움이 되는 요령은 다음과 같다(노안영, 송현종, 2006).

첫째, 상담자는 내담자에게 상담실에 어떻게 방문하게 되었는지를 확인한다(〈사례 3-18〉 참조). 의뢰인이 보내온 비자발적인 내담자인 경우 상담자는 의뢰인을 통해 내담자에 대한 상황과 경위를 알고 있더라도 내담자에게 오게 된 경위를 직접 확인하는 것이 필요하다. 내담자는 자신을 상담실로 보낸 의뢰인에게 어떤 이야기를 들었는지 매우 궁금해한다. 상담자는 내담자에게 상담실에 오게 된 경위에 대해 먼저 물어봐 주는 것이 중요하다. 상담자가 내담자에게 직접 묻지 않고 의뢰인에게 들은 이야기를 내담자에게 전달하게 되면 내담자는 상담에 소극적인 입장을 취할 수밖에 없다. 내담자를 상담에 적극적으로 참여시키기 위해서는 내담자가 상담의 주인공이 될 수 있도록 한다.

사례 3-18 **상담실에 방문한 이유 듣기**

상담자 1: 상담을 신청한 이유를 이야기해 주세요.

내담자 1: 담임 선생님이 가라고 하셨어요. 담임 선생님이 이야기하신다고 했는데요. 담임 선생님이 저에 대해 뭐라고 이야기하셨어요? 제가 문제아라고 이야기하셨죠?

상담자 2: 나는 담임 선생님 이야기보다 수영이의 이야기를 듣고 싶네요. 수영이가 직접 이야기를 해 주면 내가 수영이를 더 잘 이해할 수 있고 더 잘 도와줄 수 있을 것 같아요. 담임 선생님이 수영이를 상담실에 가라고 한 이유가 무엇일까요?"

둘째, 비자발적으로 의뢰되어 방문한 내담자가 자신의 억울함, 속상함을 호소할 때 상담자는 가치중립적인 입장을 취한다(〈사례 3-19〉 참조). 내담자가 잘못한 부분을 찾아서 수정하거나 교정하려는 입장보다는 내담자가 자신이 억울하다고 생각하는 이유가 무엇인지를 경청하고 가치평가적인 입장보다는 가치중립적인 자세를 취해야 한다. 상담자는 내담자의 이야기를 들으며 내담자가 잘못한 부분이 있는데, 인정하지 못하고 남 탓을 하거나 남을 비난하는 이야기를 통해 잘못되었음을 직면하고 싶은 생각이 들 수 있다. 하지만 상담 초기에는 상담자와 내담자의 신뢰관계 형성이 매우 중요하므로 상담자는 내담자에게 직면하기보다는 이야기 속에서 내담자가 느끼는 감정을 읽어 주며 가치중립적인 입장을 취해야 내담자가 자신의 이야기를 솔직하게 표현할 수 있다.

사례 3-19 **상담자의 가치중립적 태도**

내담자 2: 그 친구도 저를 놀려서 참다가 너무 화가 나서 때렸어요. 걔도 잘못했는데 왜 저한테만 잘못했다고 하는지 억울해요.

상담자 3: (때린 행동이 잘못된 행동이라고 생각되는 가치평가를 하지 않고, 가치중립적인 자세로 임함) 그랬군요. 무슨 일이 있었던 건지 이야기해 줄 수 있나요?

셋째, 비자발적 내담자라고 확인되면 내담자가 느끼는 감정이 무엇인지를 탐색한다(〈사례 3-20〉 참조). 의뢰되어 상담실에 온 비자발적 내담자들의 의뢰자가 가라고 해서 올 수밖에 없는 현실에 대한 '억울함, 속상함, 화, 두려움, 당황, 의심'과 관련된 감정에 공감해 준다. 학교에서 친구들과 다 같이 잘못했음에도 자신만 상담을 받으라는 징계에 대한 억울함을 호소하는 내담자에게 "그래, 친구들 모두 잘못했는데 너만 상담을 받으라고 해서 속상하겠구나."라고 내담자 감정에 공감해 줄 수 있다. 이렇게 하면 내담자는 상담자가 의뢰자와는 다르게 자신을 비난하지 않는다고 생각하여 솔직하게 자신의 이야기를 표현한다.

사례 3-20 내담자 경험 탐색

내담자 3: 친구들하고 같이 잘못했는데 왜 저만 상담을 받으라고 하는지 모르겠어요. 정말 억울하고 화가 나요.
상담자 4: 그래요. 친구들과 같이 잘못했는데 수영이만 상담을 받으러 가라고 해서 화가 났군요.
내담자 4: 맞아요. 너무 화가 나요.
상담자 5: 그래요. 수영이만 상담받으라고 해서 속상하군요.
내담자 5: 네…….
상담자 6: 그런데 친구들하고 같이 무엇을 잘못한 걸까요?
내담자 6: 그게 어떻게 되었나면요…….

넷째, 비자발적인 내담자는 본인의 의지와 상관없이 상담에 의뢰되었지만, 상담에는 내담자의 선택이 중요함을 설명한다(〈사례 3-21〉 참조). 상담에 참여할 것인지 상담에 참여하지 않을 것인지 자신이 선택할 수 있음을 알려 주어야 한다. 내담자에게 상담을 받지 않을 자유가 있음을 인정해 주는 것은 내담자를 자발적인 상담으로 이끄는 신뢰감 형성의 첫 단계가 되기도 한다. 의뢰인이 상담을 의뢰한 이유가 있을 것이며, 내담자 본인은 이 부분에 대해 어떻게 생각하는지를 확인한 후 이번 기회에 상담을 받아 볼 수 있도록 제안해 볼 수 있다. 하지만 선택은 내담자가 하도록 하는 것이 중요하다.

사례 3-21 내담자의 선택 존중하기

내담자 1: 선생님이 상담을 받으면 좋다고 하셔서 왔는데…… 사실 저는 상담받고 싶지 않아요.
상담자 1: 그렇군요. 선생님이 가라고 해서 어쩔 수 없이 상담에 왔으니 상담을 받고 싶지 않은 마음이 크겠네요. 선생님이 어떤 이유 때문에 상담을 받으면 좋다고 이야기하셨을까요?
내담자 2: 요즘 제가 집중을 못하고 성적이 자꾸 떨어지는 것에 대해 걱정을 하시더라구요.
상담자 2: 그렇군요. 상담을 받을지 안 받을지는 민지가 선택할 수 있어요. 하지만 선생님이 성적에 대해 걱정하셨다면 민지에게 어떤 어려움이 있을 거라는 생각이 드네요. 이 기회에 민지가 고민하는 부분을 같이 이야기할 수 있는 기회가 되면 좋을 것 같아요.

상담에 대한 결정은 민지가 할 수 있어요. 어떻게 하고 싶은가요?

내담자 3: …… 선생님이 가라고 해서 억지로 왔지만 한번 상담받아 보고 싶어요.

다섯째, 법원이나 학교 상벌위원회 명령으로 반드시 상담을 받아야 하는 내담자에게는 상담을 받음으로써 내담자가 얻을 수 있는 이익에 대해 설명한다(〈사례 3-22〉 참조). 벌에 대한 상쇄에 대한 부분도 있으나 자신의 성장을 위해 상담이 많은 도움이 될 수 있음을 설명해 준다.

사례 3-22 상담의 의미 설명

상담자 1: 학교폭력위원회에서 상담을 받으라는 결정으로 상담실에 오게 되었군요.

내담자 1: 네……. 상담을 열 번 받아야 한다고 하더라고요…….

상담자 2: 그래요. 상담을 10회기 받아야 학교에 복귀할 수 있군요.

내담자 2: 네……. 상담을 반드시 받아야 한다고 하셨어요.

상담자 3: 상담을 빠지지 않고 받아야 하지요. 학교에 복귀하기 위해 상담을 받는 측면도 있지만 이번 기회에 수영이가 상담을 통해 성장할 수 있는 기회가 되면 좋겠네요.

여섯째, 내담자에게 가능한 것과 불가능한 것에 대한 정확한 경계를 설명해 주는 단호함이 필요하다(〈사례 3-23〉 참조). 초심상담자의 경우 내담자를 존중해 주는 마음을 갖고 상담에 임하지만, 비자발적 내담자는 초심상담자를 조종하려 하기도 한다. 예를 들면, 학교폭력위원회 명령으로 일정 부분 상담을 반드시 받아야 하는 내담자는 지각한 후 상담자에게 시간에 대한 부분을 인정해 달라며 초심상담자를 조종하려 할 수 있다. 이때 초심상담자는 내담자에게 명확한 설명을 해 주며 시간에 대한 구조화를 다시 하도록 한다.

사례 3-23 상담의 명확한 경계 설명

상담자 1: 오늘 30분 지각을 했네요. 무슨 일이 있었나요?

내담자 1: 아니, 시간을 착각했어요.

상담자 2: 다음부터는 시간을 꼭 지켜서 와 주세요.

내담자 2: 선생님, 그래도 저 결석하지 않고 상담에 왔잖아요. 30분 지각했으니 20분만 상담해 주세요. (당당하게 이야기함)

상담자 3: 학교에는 50분씩 상담을 진행했다고 보고해야 해요. 30분 지각을 한 부분에 대해서는 인정해 줄 수 없네요. 오늘은 20분만 상담을 했다고 기록할게요. 지각을 하면 상담한 시간만 인정을 하니 시간을 잘 지켜 주세요.

일곱째, 비자발적 내담자가 침묵할 때는 상담자도 침묵으로 기다려 주어야 한다(〈사례 3-24〉 참조). 비자발적 내담자의 침묵은 상담 진행을 어렵게 한다. 침묵 후 내담자가 이야기를 꺼내 주면 좋지만, 내담자가 이야기를 전혀 하지 않을 때는 상담자가 내담자가 의뢰된 이유를 조심스럽게 설명하면서 현재 내담자가 힘든 상황을 이야기해 주면 상담을 통해 도움을 받을 수 있음을 전달한다. 상담자가 내담자에게 관심이 있음을 표현해 준다.

사례 3-24 내담자 침묵

내담자 1: (침묵) …….

상담자 1: 그래요. 이야기하고 싶지 않은가 보군요. 선생님에게 하고 싶은 이야기가 있으면 그때 이야기하세요. 선생님이 기다려 줄게요…….

내담자 2: (침묵) …….

상담자 2: (침묵) ……. 담임 선생님이 희원이가 점심시간에 점심도 먹지 않고 친구들하고 이야기도 하지 않는다고 많이 걱정하시더군요. 요즘 힘든 일이나 고민되는 일이 있다면 상담실에서 희원이의 마음속 고민을 이야기하면 좋을 것 같아요. 상담 시간에 같이 이야기하면서 희원이가 고민하는 부분을 도움을 받으면 좋을 것 같아요. 선생님이 도와주고 싶어도 희원이가 자신의 이야기를 해 줘야 도와줄 수 있어요. 요즘 가장 고민하고 있는 부분은 무엇인지 궁금하네요…….

생각해 보기

1. 접수면접 과정은 어떻게 되나요?
2. 접수면접 진행 시 상담자의 태도는 무엇이라고 생각하나요?

상담실습

1. 둘씩 짝을 지어 1:1로 상담자 역할과 내담자 역할을 맡고, 접수면접지를 준비하여 상담자는 내담자에게 접수면접을 진행하세요. 내담자는 직접 접수면접지 작성을 해 보며 상담자는 내담자에게 접수면접을 진행하고, 상담자는 개방형 질문을 통해 내담자가 자신의 이야기를 할 수 있도록 하세요. 15분 정도 접수면접을 진행한 후 소감을 나누고 역할을 바꾸어 연습해 보세요.

1) 접수면접을 진행하면서 접수면접자로서 잘한 부분은 어떤 부분인가요?

2) 접수면접을 진행하면서 접수면접자로서 아쉬운 부분은 어떤 부분인가요?

3) 내담자 역할을 하면서 자신의 이야기를 잘할 수 있었나요? 이유는 무엇인가요? 상담자가 어떤 태도와 반응이어야 이야기하기 편했나요?

4) 내담자 역할을 하면서 자신의 이야기를 하기가 어려웠나요? 이유는 무엇인가요? 상담자의 어떤 태도와 어떤 반응이 이야기하기 어렵게 했나요?

5) 접수면접 시 상담자는 어떤 태도와 역할이 필요할까요?

2. 내가 좋아하는 사람의 특성과 내가 싫어하는 사람의 특성을 생각해 보세요.

1) 내가 좋아하는 사람이 가지고 있는 특성을 적어 보세요. 어떤 특성을 가지고 있나요?

2) 내가 싫어하는 사람이 가지고 있는 특성을 적어 보세요. 어떤 특성을 가지고 있나요?

3) 내가 좋아하는 특성을 가진 내담자를 만나면 어떨 것 같나요?

4) 내가 싫어하는 특성을 가진 내담자를 만나면 어떨 것 같나요?

5) 내가 상담자라면 내담자를 만날 때 어떤 부분을 유의해서 만날 건가요? 1)~4)의 내용과 관련지어 작성해 보세요.

부록 1

개인상담 신청서

신청일: 20○○년 월 일

접수면접자:

*성명		나이	세	성별	남 , 여
*소속	학과(전공) 학년		*학번		
현 주소			연락처		
*신청 동기	1. 자진 ( ) 2. 교수님 추천 ( ) 3. 상담센터 홈페이지 ( ) 4. 선배, 친구 소개 ( ) 5. 기타( )				
(1) 받고 싶은 심리검사					
1) 성격 검사: ① MBTI ( ) ② 표준화 성격 진단 ( ) ③ 성격 5요인 ( ) ④ 학습 유형 ( ) 2) 진로 검사: ① 홀랜드 적성 탐색 ( ) ② U&I 진로탐색 ( ) ③ 스트롱직업흥미검사 ( ) 3) 기타 검사: ① MMPI-2 ( ) ② 학습전략 ( ) ③ 정서-행동검사 ( )					
(2) 상담 여부					
• 전에 상담이나 심리치료 또는 검사를 받은 적이 있습니까? 예( ), 아니요( ) • 언제: • 어디에서: • 어떤 내용으로:					

개인상담 가능한 모든 시간을 V표 해 주십시오.

요일/시간	10시	11시	1시	2시	3시	4시	5시
월							
화							
수							
목							
금							

가족사항

관계	연령	친밀도 매우 나쁨 보통 매우 좋음				
		1	2	3	4	5
		1	2	3	4	5
		1	2	3	4	5
		1	2	3	4	5
		1	2	3	4	5

* 부분은 반드시 기입해 주시기 바랍니다. 뒷장으로 →

* 다음 중 어떤 문제에 대해 상담받기를 원하십니까? 자신에게 해당되는 부분에 V표 해 주십시오.

적응	학교에 대한 적응		학업 · 진로	성적 문제	
	동아리에 대한 적응			진로 문제	
	학교환경에 대한 적응			적성 문제	
	기타			기타	
교우	친구와의 관계		이성 · 성	이성과의 관계	
	선후배와의 관계			성 문제	
	기타 대인관계			기타	
가정	가족과의 마찰 및 분화		성격	자신의 성격에 대한 불만과 회의	
	가족들 간의 갈등			타인과의 마찰	
	기타			기타	
정서	우울		실존	삶의 의미에 대한 문제	
	불안			가치관의 혼란	
	공포			죽음에 대한 문제	
	자살 충동			영적 · 신앙적 문제	
	기타			기타	
정신건강 · 행동 · 습관	주의집중 곤란		경제	학비	
	강박적 행동			주거환경	
	환청 · 망상 등과 같은 정신과적 증상			생활비	
	음주 문제			학교환경	
	기타			기타	
◎ 기타(도움받고 싶은 부분을 구체적으로 아래 칸에 적어 주세요.)					

* 현재 자신의 문제가 어느 정도라고 생각합니까?

힘들지 않다		보통		매우 힘들다
1	2	3	4	5

* 상담을 통해서 문제가 어느 정도 해결될 것을 기대합니까?

전혀 기대되지 않는다		보통		매우 기대된다
1	2	3	4	5

부록 2

초기상담 기록지

상담원:

성명		지도전문가	
성별/연령	남 □ 여 □ / 만 세	전공/학기	/
상담 일시		회기	
주 호소			
상담 요약			
상황적 스트레스 요인			
전반적 내담자 상태	• 심리상태 간략 기술: • 자살관련: 자살사고( ), 계획( ), 위험( ) • 자살 가능성 지수: '1~10' 중 ______, 자살실행 경험: 무( ), 유 ______회		
내담자의 강점 및 자원			
검사 추천			
관찰 내용			
상담자 선정			
비고			

※ 자살 실행 경험이 있거나 가능성 지수가 6 이상일 때 삶의 계약서/자살 금지 서약서 작성

제4장

상담 구조화

학습목표

1. 상담 구조화 조건에 대해 학습한다.
2. 상담 구조화를 위한 적절한 방법에 대해 학습한다.

내담자는 상담실에 오기 전에 수백 번 고민하고, 긴장과 두려움을 느끼며 상담실 문을 조심스럽게 열고 들어온다. 내담자는 상담이 어떻게 진행되는지 궁금증을 갖고 있지만, 먼저 질문하기가 쉽지 않다. 이때 상담자는 내담자에게 상담이 어떻게 진행되는지 자세하고 친절하게 설명해 주는 것이 필요하다. 이와 같이 상담을 신청한 내담자에게 상담에 대한 안내와 설명을 하는 과정을 '**상담 구조화**'라고 한다. 상담 효과를 높이기 위해서 상담자는 상담에 관련한 과정을 내담자에게 친절하게 설명해 주어야 한다.

상담실에 내방한 내담자는 상담에 관련하여 잘못된 정보를 갖고 있거나 상담에 대한 부정적인 선입견을 가질 수 있다. 내담자가 상담에 대한 정확한 내용을 알고 있어야 상담에 잘 참여할 수 있다. 상담자는 내담자에게 상담에 관한 정확하고 충분한 정보를 제공하여 내담자가 상담참여 여부를 선택하도록 한다. 상담자는 내담자에게 상담 과정, 상담진행 방법, 상담을 통해 얻을 수 있는 긍정적인 측면 등을 설명해 주어 내담자가 긍정적인 희망과 기대를 갖도록 한다. 내담자가 상담자의 설명을 듣고 상담에 참여할지 참여하지 않을지를 선택하고, 상담에 동의해야 상담이 진행된다.

내담자는 상담자가 상담을 신청한 자신을 어떻게 생각할지 염려한다. 상담자는 내담자를 존중하는 태도를 전달한다. 상담자는 편안한 미소로 내담자를 안내한다. 초심상담자들은 첫 회기 상담에서 상담자가 긴장하고 불안한 나머지 긴장하는 모습을 보일 수 있다. 상담자가 불안한 모습을 보이면 내담자도 같이 불안감을 느끼며 불편할 수 있다. 상담자는 내담자가 자리에 앉은 후 방문하는 데 어려움이 없었는지 확인하고 간단히 자신을 소개한다. 그리고 내담자에게 호칭을 어떻게 부를지 물어보고 내담자에게 존댓말을 사용하여 상담을 진행한다. 내담자가 반말로 상담을 해 달라고 요청하더라도 내담자를 존중하는 태도를 상담자가 보여 주는 것이 중요하므로 나이가 아주 어린 내담자가 아니라면 내담자에게 존댓말 사용이 바람직하다. 상담자가 내담자에게 존댓말을 사용하여 존중하는 태도를 전달하면 내담자는 존중받는 긍정적 경험을 한다. 내담자는 자신보다 나이 많은 상담 선생님의 존댓말 사용이 처음에는 낯설고 어색하지만, 점차 익숙해지며 존중받는 경험을 통해 긍정적인 상담관계를 형성한다(〈사례 4-1〉 참조).

사례 4-1 내담자와 첫 만남 시 상담자 소개 및 내담자 호칭 정하기

상담자 1: (편안한 자세와 편안한 미소를 띠며) 안녕하세요. 여기에 앉으세요. 찾아오시는 데 어렵지는 않으셨는지요.

내담자 1: 네. 괜찮았어요.

상담자 2: 괜찮았다니 다행이네요. 저는 상담자 김수정입니다. 저는 대학원 박사과정(석사, 학부)에서 상담을 전공했고 상담관련 자격증으로 전문상담사 1급, 상담심리사 1급 자격증을 가지고 있습니다. 상담 경력은 10년입니다. 성함이 이하늘인데 하늘 씨라고 불러도 될까요?

내담자 2: 네. 그런데 그냥 저에게 '하늘아.'라고 반말로 해 주시면 편할 것 같은데요.

상담자 3: 존댓말이 불편하신가 봐요.

내담자 3: 네. 반말이 편할 것 같아요. 너무 어색해요.

상담자 4: 존댓말이 많이 어색한 것 충분히 이해됩니다. 하지만 상담은 하늘 씨를 위한 시간이고 상담은 상담자인 저와 하늘 씨가 동등한 관계에서 진행됩니다. 저는 하늘 씨를 존중하는 태도로 상담을 진행하고 싶습니다. 처음에는 많이 어색하겠지만 상담 효과를 높이기 위해서는 존댓말을 사용하는 게 좋을 것 같습니다. 어떠신지요?

내담자 4: 상담을 위해서라면 그렇게 해 주세요.

상담자가 내담자에게 상담 과정을 설명해 주면 내담자는 긴장과 불안이 낮아진다. 하지만 상담자가 상담 구조화를 진행하지 않고 상담을 시작하게 되면 상담자도 상담의 방향을 잡기 어렵고 내담자도 어떻게 이야기해야 할지 당황스럽다. 또한 구조화가 되지 않으면 방향성 없는 대화가 되어 잡담으로 흘러 버릴 수 있다. 내담자는 첫 회기 상담이 만족스럽지 않다면 상담을 중단해 버릴 수 있다. 상담자는 상담 구조화를 통해 내담자와 신뢰관계를 형성하고 상담에 대한 기대감을 갖게 해 주도록 한다. 다음의 〈사례 4-2〉는 구조화를 하지 않고 상담을 진행한 예이다.

사례 4-2 **상담 초기에 구조화를 하지 않은 예**

상담자 1: 어떻게 지내셨나요?

내담자 1: 일주일 동안 정신없이 지냈어요. 어떻게 지냈는지 기억도 안 나요. 학교 과제랑 시험이랑 너무 많아서 정신이 없었어요. 일주일이 금방 지나가 버렸어요.

상담자 2: 그랬군요. 지난주에 시험은 어떻게 잘 봤는지요?

내담자 2: 열심히 한다고 했는데 생각만큼 나오지 않아서 속상했어요. 시험은 저하고 안 맞는 것 같아요. 공부해도 공부한 곳에서 안 나왔어요. 선생님들은 시험 문제를 이상한 곳에서 내는 것 같아요. 이제는 아예 공부를 하지 말아야 할 것 같아요.

〈사례 4-2〉에서 상담자는 내담자에게 어떻게 지냈는지 질문하고 내담자는 어떻게 지냈는지 상담자에게 이야기하고 있다(상담자 1, 내담자 1). 상담자는 궁금한 질문(상담자 2)을 내담자에게 하여 대화 주제를 시험으로 정해서 진행하고 있다. 상담에서는 내담자가 하고 싶은 이야기를 할 수 있도록 하는 것이 중요하다. 상담자가 궁금한 질문(상담자 2)을 하면 내담자는 상담자 질문에 답변(내담자 2)하게 된다. 상담자 질문에 답변하다 보면 내담자는 자신이 원하는 이야기를 할 수 없게 되어 답답함을 느낄 수 있다.

1. 상담 구조화 작업하기

상담 구조화는 내담자에게 안전감을 줄 뿐만 아니라 상담자의 윤리적 의무로서 처음부터 상담의 본질을 알려 주는 역할을 한다(American Counseling Association, 1995). 상담 구조화 작업에서는, 첫째, 상담 과정 설명, 둘째, 비밀보장, 셋째, 상담의 조건을 설명한다.

1) 상담 과정 설명하기

상담자는 신뢰감 형성을 위해 개방적인 자세를 갖는다. 상담을 촉진하기 위해서는 상담자의 경청 자세가 중요하다. 상담은 내담자가 자신의 모습을 잘 발견하도록 도와주는 과정이다. 내담자는 자신이 보고 싶은 방식으로 세상을 바라보며 왜곡된 시선으로 세상을 바라볼 수 있다. 내담자가 왜곡된 시선을 가지고 있다고 인식이 되더라도 상담자는 상담 초기에 내담자의 왜곡된 시선을 교정하지 않도록 한다. 상담 초기에는 내담자의 이야기를 들으며 비판하지 않고 개방적인 자세로 경청하는 것이 중요하다. 내담자는 자신이 가진 문제로 인해 왜곡된 시선과 편견을 가지고 세상과 자신을 바라볼 수 있다. 그렇더라도 상담자는 내담자의 관점이 잘못되었으니 교정해 주어야 한다는 자세보다는 내담자의 관점이 어떻게 생성된 것인지 내담자를 이해하고자 하는 태도를 취하며 무비판적인 자세로 듣는 것이 필요하다.

(1) 상담자와 내담자 역할에 대한 설명

상담자는 내담자에게 상담자와 내담자 역할을 설명해 준다(〈사례 4-3〉 참조). 상담자는 내담자의 호소 문제를 듣고 내담자가 상담을 통해 원하는 바가 무엇인지를 확인하며 상담목표를 구체화한다. 내담자가 상담에 온 이유, 현재 고민하고 있는 문제와 관련하여 이야기해 주어야 상담자가 내담자를 이해하고 상담의 방향을 설정할 수 있다. 그러나 내담자들은 상담은 문제해결 방법을 알려 주거나 상담자가 조언해 주는 과정이라고 생각한다. 상담자는 상담 시작 전에 내담자에게 상담자 역할에 대해 명확하게 설명해 주어야 한다. 상담이란 상담자가 문제를 해결해 주거나 조언해 주는 작업이 아니며, 상담자는 내담자가 문제를 해결할 수 있도록 옆에서 함께 지지해 주고 도와주는 역할을 한다고 설명한다.

사례 4-3 상담자 역할 설명

내담자 1: 상담을 하면 선생님이 해결책을 알려 주시고 조언을 해 주시는 거 아닌가요? 제 이야기를 듣고 조언을 해 주셨으면 좋겠어요. 어떻게 해야 될지 고민이라서요.

상담자 1: 상담은 상담자인 제가 문제를 해결해 주는 것이 아니라 희성 씨가 어려움을 해결할 수 있도록 옆에서 함께하는 역할을 합니다. 문제를 해결하는 열쇠는 희성 씨가 가지고 있습니다. 희성 씨가 문제를 잘 해결할 수 있도록 저는 옆에서 희성 씨를 지지하고 도와주는 역할을 할 겁니다.

구조화는 상담에 대해 내담자를 준비시키고 전문가인 상담자와 내담자가 협력을 통해 문제를 극복해 나가겠다는 **작업 동맹적인 계약관계**를 다지는 작업이다(신경진, 2010). 구조화를 하지 않고 상담을 진행하게 되면 목적을 가진 치료작업이 아닌 잡담이 되기 쉽다.

(2) 내담자 호소 문제 듣기

상담자는 내담자가 호소한 문제를 요약·정리하고 내담자가 상담을 통해 원하는 바, 즉 상담목표를 합의해서 결정하도록 한다. 내담자 호소 문제를 듣고 상담목표를 합의하는 과정은 내담자의 바람을 이야기하는 과정이다. 이러한 과정을 통해 내담자는 자신이 존중받는다는 느낌을 받게 되어 신뢰할 수 있는 상담관계가 형성된다(〈사례 4-4〉 참조).

사례 4-4 내담자 호소 문제 듣기

상담자 1: 상담을 하려고 전화한 직접적인 이유는 무엇일까요?

내담자 1: 전화한 이유요?

상담자 2: 네. 상담을 받아야겠다고 생각한 결정적인 이유를 이야기해 주세요.

내담자 2: 이성친구랑 계속 갈등관계로 힘들기는 했는데 이성친구랑 헤어지게 되었어요. 그래서 너무 힘들어서 상담을 신청했어요.

상담자 3: 이성친구랑 헤어져서 많이 힘드셨군요.

내담자 3: 네……. (침묵)

(3) 내담자에게 상담 기대와 희망 묻기

상담자는 내담자가 상담을 통해 어떤 기대와 희망을 갖는지를 질문한다. 내담자들은 상담에 대한 기대와 희망을 생각할 수도 있지만, 다른 내담자들은 지금 현재 상황이 너무 힘들어 기대와 희망을 생각하지 못할 수도 있다. 상담자의 질문은 내담자가 희망을 가질 수 있게 한다(〈사례 4-5〉 참조).

사례 4-5 내담자에게 상담 기대 듣기

상담자 1: 상담에 대한 기대나 희망을 듣고 싶은데요.

내담자 1: 상담을 통해 마음이 편안해졌으면 좋겠어요. 지금은 불면증으로 너무 힘들고 눈물만 나서 사는 게 너무 힘들어요.

상담자 2: 상담을 통해 불면증이 없어지고 눈물이 안 나고 마음이 편안하기를 기대하는군요.

내담자 2: 네. 그렇게 되었으면 좋겠어요.

(4) 기적질문을 사용하여 기대와 희망 듣기

상담자가 질문을 해도 내담자의 고통이 클 때는 자신이 원하는 것을 이야기하기 어려울 수 있다. 이럴 경우 상담자는 기적질문을 통해 내담자의 기대와 희망을 확인하도록 한다(〈사례 4-6〉 참조).

사례 4-6 기적질문 사용하기

상담자 1: 상담을 통해 기대하는 바를 듣고 싶은데요.

내담자 1: 잘 모르겠어요. 지금 너무 힘들어서 생각이 안나요.

상담자 2: 그렇군요. 지금 많이 힘드니 그럴 수 있지요. 내일 아침에 일어났는데 기적이 일어났다면 어떤 기적이 일어났으면 하나요?

내담자 2: 기적이요?

상담자 3: 네. 어떤 기적을 기대하세요?

내담자 3: 불면증 없이 잠을 잘 자고 일어나고 눈물도 안 나고 마음이 편안했으면 좋겠어요.

(5) 내담자 호소 문제 들은 후 상담목표 합의하기

내담자는 상담에 와서 고민하고 있는 이야기를 호소한다. 상담자는 내담자의 호소 문제를 들으면서 내담자가 상담을 통해 기대하고 바라는 바가 무엇인지를 물어본 후에 상담목표를 설정하고 내담자와 합의하는 과정을 갖는 것이 필요하다(〈사례 4-7〉 참조).

사례 4-7 상담목표 합의하기

상담자 1: 학교에서 친구들과의 관계가 어렵다고 했는데 구체적으로 어떻게 어려운 걸까요?

내담자 1: 학교에서 같이 밥 먹고 이야기할 친구가 없어요.

상담자 2: 그렇군요. 지금 학교에서 함께할 친구가 없어 많이 힘들겠네요.

내담자 2: 네.

상담자 3: 친구관계에 대해 상담을 받고 싶으신 거군요. 그럼 상담을 통해 원하는 바는 무엇일까요?

내담자 3: 친구가 생겼으면 좋겠어요. 이야기도 하고 밥도 같이 먹을 수 있는 친구를 바라요.

상담자 4: 상담을 통해 기대하는 바는 친구를 사귀고 싶다는 거군요. 그럼 상담을 통해서 '친구를 사귀고 싶다'를 상담에서 이루고 싶은 목표로 하면 될까요?

내담자 4: 네. 그렇게 되면 좋을 것 같아요.

2) 비밀보장 설명하기

상담전문가 윤리원칙에 따르면, 상담자는 내담자와의 대화 내용에 대하여 비밀을 보장할 의무가 있다. 상담자는 내담자와의 상담 내용을 제3자와 공유하지 않는다는 사실을 설명한다. 이러한 비밀보장에 대해서는 상담 초기에 반드시 설명한다. 내담자들은 비밀보장에 대해 매우 궁금해한다. 자신의 이야기가 혹시 타인에게 누설되지는 않을지 고민한다. 비밀보장에 대한 설명을 들은 내담자는 상담자에게 자신의 이야기를 솔직하게 이야기할 수 있다. 상담자는 내담자에게 상담의 비밀보장에 대한 정보를 솔직히 전달해 주고, 비밀보장 조건에서 상담이 진행된다는 사실을 알려 준다(〈사례 4-8〉 참조).

사례 4-8 비밀보장 설명

상담자 1: 희영 씨가 상담실에 와서 하는 모든 내용에 대해 비밀이 보장됩니다. 비밀을 보장해 드릴 테니 걱정 마시고 이야기해 주세요. 혹시 다른 사람에게 알려야 할 사항이 있다면 사전에 희영 씨의 허락을 받고 진행합니다.

내담자 1: 상담실에서 말하는 부분은 비밀이 보장된다는 거지요?

상담자 2: 네. 상담에서 한 이야기에 대해 비밀을 지켜 드리니 걱정하지 마세요.

(1) 녹음과 관련된 비밀보장

상담자는 내담자에게 녹음에 대해 설명하고 녹음에 대한 동의를 구해야 한다. 많은 내담자는 녹음을 하는 것에 대해 불편한 마음을 갖는다. 의심이 많고 남을 잘 믿지 못하는 내담자는 끝까지 상담 녹음에 대해 동의를 하지 않는 경우도 있다(〈사례 4-9〉 참조). 이는 내담자가 사람에 대한 의심과 불신이 크다는 것을 이해하는 단서가 될 수 있다. 상담 녹음을 동의하지 않을 경우 내담자에게 다음 회기까지 생각해 보도록 시간을 제공한다. 끝까지 내담자가 상담 녹음에 대해 동의하지 않으면 녹음을 할 수 없다. 상담의 첫 회기에 녹음에 대한 설명을 하고 동의를 구하려 하면 대부분의 내담자는 불편함을 느낄 수 있다. 상담 첫 회기에 신뢰감을 형성한 후에 2회기 때 내담자에게 비밀보장을 다시 설명하면서 상담 녹음을 이야기하면 동의하는 비율이 높다. 녹음을 하는 이유는 상담자가 상담에서 놓친 부분이 있는지를 확인하고 상담에 대해 깊이 생각해 보기 위함이라고 설명한다. 내담자도 원하면 언제든지 들을 수 있다는 선택권에 대해 설명하며 비밀보장의 원칙을 철저하게 지켜 내담자를 보호해 준다고 설명한다.

사례 4-9 녹음에 대한 설명

상담자 1: 상담실에서 희영 씨가 이야기한 부분에 대해 비밀을 보장하는 게 상담자인 저의 의무입니다. 희영 씨와 상담을 진행하면서 상담이 잘 진행되고 있는지 제가 상담에서 놓친 부분은 없는지를 확인하기 위해 상담 때 녹음을 진행합니다. 녹음에 대한 부담감을 느끼시겠지만 상담 과정을 제가 다시 들어 보고 상담을 더 잘 진행해서 희영 씨를 더 잘 돕기 위해 녹음을 하고자 합니다. 혹시 원하시면 녹음한 내용을 희영 씨도 들어 보실 수 있습니다. 녹음에 관련한 비밀보장은 철저하게 유지하니 걱정하지 않으셔도 됩니다.

내담자 1: 근데……. 녹음을 한다는 게 부담스러워요.

상담자 2: 녹음이 많이 부담스러우신가 봐요.

내담자 2: 좀…… 그런 것 같아요.

상담자 3: 그럼 생각할 수 있는 시간을 드릴 테니 생각해 보시고 다음 회기 때 원하는 바를 이야기해 주세요. 상담에서는 희영 씨의 의견이 소중하므로 희영 씨가 동의하지 않으면 하지 않습니다.

내담자 3: 그럼…… 녹음을 해도 비밀보장이 확실히 되는 건가요? 그것만 지켜 주시면 녹음해도 될 것 같아요.

상담자 4: 비밀보장은 상담에서 매우 중요한 부분이므로 확실하게 지켜 드립니다.

(2) 슈퍼비전과 관련된 비밀보장 안내와 동의 구하기

초심상담자는 내담자에게 슈퍼비전을 받는 것에 대해 설명하고 동의받는 과정을 어려워한다. 우선, 상담자는 비밀보장 원칙을 내담자에게 충분히 설명하여 슈퍼비전을 받게 되더라도 내담자의 개인적인 정보를 보호하며 내담자의 신원이 드러날 수 있는 내용은 모두 비밀로 한다는 것을 구체적으로 설명한다. 또한 슈퍼비전을 받는 이유는 상담전문가인 슈퍼바이저에게 상담 지도를 받아 상담에 도움을 받기 위함이므로 결국 내담자를 위한 과정임을 설명하도록 한다. 내담자 입장에서 슈퍼비전을 받을 때 비밀보장이 이해되지 않는다면 쉽게 동의하기 어렵다. 상담자는 내담자에게 비밀보장과 관련하여 재구조화를 하거나 확실하게 설명해 줄 필요가 있다(〈사례 4-10〉 참조).

사례 4-10 **슈퍼비전 동의 구하기**

상담자 1: 희영 씨를 더 잘 도와드리기 위해 상담 분야에서 저보다 더 전문성을 갖춘 슈퍼바이저에게 상담 자문을 받고자 합니다. 이때 희영 씨에 관련된 개인정보나 희영 씨를 알 수 있는 모든 정보는 삭제하여 비밀을 철저하게 지키며 지도를 받습니다. 어떤 사람도 희영 씨가 누구인지 알 수 없도록 비밀을 보장하며 진행합니다.

내담자 1: 상담이 잘 진행되기 위해 지도를 받는다는 건 좋은데, 혹시 제가 누구인지 알게 될까 봐 부담이 되는 것 같아요.

상담자 2: 그러시지요. 당연히 그렇게 생각하실 수 있습니다. 슈퍼비전은 희영 씨를 더 잘 돕기 위해 진행하는 과정이지만, 희영 씨가 불안한 마음이 느껴진다면 슈퍼비전을 받기 전에 자료를 보여 드릴 수 있습니다. 보시면 개인적인 사항은 다 삭제했기에 누구인지 알 수 없습니다.

내담자 2: 네. 그렇군요. 알겠습니다. 그렇게 하세요.

상담자 3: 비밀보장 원칙은 상담에서 매우 중요한 부분이므로 걱정하지 않으셔도 됩니다.

(3) 비밀보장 예외의 경우

비밀보장 예외의 경우가 있다(American Counseling Association, 1995). 내담자가 자신 또는 다른 사람들에게 해를 끼칠 수 있다고 판단되면 부분적으로 내담자의 정보를 제공할 수 있다. 자해, 자살, 자신에 대한 폭력, 타인에 대한 폭력 및 범죄 등의 위험이 의심되는 내담자에게는 비밀보장 예외를 설명한다(〈사례 4-11〉 참조).

사례 4-11 비밀보장 예외 설명

상담자 1: 그러나 혹시 희영 씨가 자해나 자살을 계획하여 생명에 위험이 발생하거나 도움이 필요하다는 생각이 들면 보호자나 가족에게 일부 내용을 이야기할 수 있습니다. (자해나 자살이 의심될 때) 이렇게 이야기를 하는 이유는 희영 씨를 보호하기 위함입니다. 또한 다른 사람을 위험한 상황에 빠지게 되어 도움이 필요하게 되면 다른 사람에게 이야기할 수 있습니다. 이 또한 희영 씨와 상대방을 보호하기 위함입니다. (폭력이나 범죄가 의심될 때)

하지만 내담자는 자살, 자해, 폭력에 대한 생각이 전혀 없는데 이런 설명을 들으면 당황스럽고 이상하게 들릴 수 있다. 그러므로 상담자는 상황에 따라 비밀보장 예외의 경우를 설명하도록 한다.

3) 상담 조건 설명하기

상담자는 내담자에게 상담 장소, 상담 시간, 상담 비용을 설명하고 합의하도록 한다.

첫째, 상담 장소는 상담자가 근무하는 상담실에서 진행한다. 내담자가 상담실로 찾아오게 하여 진행하도록 한다. 청소년 상담에서 특수한 경우 상담자가 내담자의 집에 방문하여 상담을 진행하는 경우도 있다.

둘째, 상담 시간은 몇 분 진행할지 설명한다. 1회 상담 시간은 초등학생은 40분, 중학생 이상 성인은 50분을 진행하고, 한 번에 끝나는 것이 아니라 여러 번 만난다는 것을 설명한다. 지각을 하더라도 정해진 시간 안에 상담을 끝내야 함도 말한다.

셋째, 기관마다 정해져 있는 상담 비용을 안내한다. 내담자가 부담스러워 유료 상담을 못 받는 경우는 무료 상담으로 연계될 수 있도록 안내한다. 무료 상담일 경우 기관마다 만날 수 있는 회기가 정해져 있다. 그러므로 상담자는 기관 특성에 따라 제한된 회기 수를 설명하고 더 원할 경우는 유료 상담실을 안내한다. 유료 상담일 경우 회기 수는 내담자와 협의하여 결정하도록 한다. 내담자가 무료 상담을 원할 경우 청소년이라면 청소년상담복지센터를, 성인이라면 건강가족지원센터를 소개해 줄 수 있다.

2. 적절한 구조화 방법

1) 구조화 설명은 간략하게 한다

구조화는 상담 초기 작업으로 설명해야 될 과정이 많다. 상담 초기에 모든 내용을 다 구조화하기가 쉽지 않다. 초심상담자일수록 상담 초기에 내담자를 만나면 구조화에 대한 부담감이 강해 내담자에게 구조화에 관하여 일방적인 설명을 하게 될 수 있다. 상담자가 내담자에게 상담 구조화에 관한 내용을 상담 초기에 모두 알려 줘야 한다는 책임감이 강할수록 설명만을 늘어놓을 수 있다. 내담자 입장에서는 상담자에게 전달받는 구조화 내용을 전부 기억하지 못할 수 있다. 상담 초기 과정에는 상담자와 내담자의 신뢰관계 형성이 매우 중요하다. 그런데 상담자가 일방적으로 전달하는 구조화 설명은 상담관계 형성에 바람직하지 못하다. 상담자는 내담자에게 설명하는 구조화 내용을 축어록으로 작성하여 검토하는 과정을 갖도록 한다. 내담자에게 혼자 긴 설명을 하고 있지는 않은지 확인해 보고 설명을 짧고 간략하게 하도록 한다.

2) 구조화 때 내담자가 상담자와 함께 있는지 확인한다

구조화할 때 상담자는 내담자가 설명을 충분히 이해하였는지 확인하는 과정을 갖도록 한다. 상담 초기에 상담자의 일방적인 구조화 설명이 진행되면 내담자는 이해가 안 되어도 질문하기 어려울 수 있고, 이해가 안 되면 상담자에게 집중하기보다는 딴 생각에 빠질 수 있다. 상담자는 내담자와 한 걸음 한 걸음 함께한다는 생각을 가지고 내담자가 잘 이해하면서 상담 과정에 참여하고 있는지를 확인한다. 상담자는 내담자가 내용을 잘 이해했는지 확인하기 위해 질문하고, 혹시라도 이해가 안 된 부분이 있다면 상담자에게 질문하게 하여 상담자는 내담자와 함께 있도록 한다(〈사례 4-12〉 참조).

사례 4-12 내담자 이해 확인

상담자 1: 비밀보장에 대해 설명을 했는데, 이 부분에 대해 이해하셨는지요?

내담자 1: 네. 이해되었어요.

상담자 2: 상담을 할 때는 희성 씨가 하고 싶은 이야기를 하시면 됩니다. 어떤 이야기라도 가능합니다. 혹시 이 부분과 관련하여 질문이 있으신가요?

내담자 2: 네. 제가 진로 문제로 상담을 받으러 왔는데, 혹시 나중에 다른 고민을 이야기해도 되는 건가요?

상담자 3: 네. 가능합니다. 어떤 이야기라도 모두 가능합니다.

내담자 3: 네. 알겠습니다.

3) 구조화는 필요할 때마다 재구조화를 할 수 있다

(1) 연락 없이 결석한 경우 재구조화

상담자가 내담자에게 구체적으로 구조화 설명을 해 주고 내담자와 합의를 하였더라도 내담자는 구조화 내용을 잊어버리거나 약속을 어기는 경우가 발생한다. 상담을 진행하면서 내담자가 연락 없이 상담에 자주 지각하는 경우, 연락 없이 상담에 결석한 경우, 내담자의 호소 문제가 변경되어 상담목표를 변경해야 하는 경우는 다시 상담 구조화를 해 주어야 한다. 내담자가 지각하는 경우 어떤 이유로 지각했는지 확인할 필요가 있으며, 지각을 하더라도 끝나는 시간에 끝난다는 것을 알려 주고, 연락 없이 결석한 경우 내담자가 다음 주에 왔을 때 어떤 일로 결석하게 되었는지를 먼저 확인한 후 재구조화를 통해 미리 연락을 해야 한다고 설명한다(〈사례 4-13〉 참조).

사례 4-13 연락 없이 결석한 내담자

상담자 1: 지난주에 어떤 일로 상담실에 못 오게 되었는지 궁금하네요.

내담자 1: 네. 지난주에 갑자기 집안에 일이 생겨 못 오게 되었어요.

상담자 2: 그랬군요. 급한 일이었나 봐요. 저는 희성 씨랑 연락도 안 돼서 걱정도 되고 안 와서 무슨 일이었는지 무척 궁금했어요. 다음부터는 못 오시게 될 경우 하루 전에 미리 연락을 꼭 주시면 좋을 것 같아요.

내담자 2: 네. 다음부터는 꼭 미리 연락을 드릴게요.

(2) 호소 문제 변경 시 상담목표 변경을 위한 재구조화

상담 초기 호소 문제가 진로상담이었던 내담자가 상담을 진행하다가 문제가 해결되었다고 이야기한 후 다른 호소 문제를 이야기하는 경우가 있다. 이럴 경우 바로 다른 호소 문제로 변경하기보다 이전의 호소 문제가 어떻게 해결되었는지 상담목표의 달성 여부를 확인한다. 상담목표 점검을 통해 달성되었다고 합의하면 내담자가 이야기 나누고 싶어 하는 주제로 변경될 수 있다. 사례에서 내담자는 진로상담이 아닌 이성관계 갈등으로 상담을 진행하고 싶다고 이야기하는 경우 상담의 방향과 상담목표가 변경되어야 하므로 상담자는 상담 재구조화를 진행한다(〈사례 4-14〉 참조).

사례 4-14 상담목표 변경 내담자

내담자 1: 제가 진로 결정을 위해 상담을 받았는데요. 진로는 어느 정도 해결이 된 것 같아요. 요즘 이성친구 문제로 상담을 받고 싶은데 가능할까요?

상담자 1: 그렇군요. 진로는 상담을 통해 어떻게 해결이 된 것 같으세요?

내담자 2: 상담 전에는 어떤 진로를 결정해야 할지 몰라 고민했는데 상담을 통해 제가 원하는 바가 무엇인지 알게 되었어요. 그래서 대학원에 진학하기로 결정을 했어요.

상담자 2: 대학원으로 진로 결정을 하셨군요. 그럼 진로 문제가 해결되었고 이성친구 문제를 상담받고 싶다면 상담목표, 상담 회기, 상담 방향을 다시 정하고 가야 할 것 같아요.

내담자 3: 네.

상담자 3: 그럼, 이성친구 문제에 관한 상담을 통해 무엇을 기대하세요?

내담자 4: 계속 만나야 할지 헤어져야 할지 결정하고 싶어요.

3. 상담자의 태도

1) 침묵 다루기

초심상담자들은 상담장면에서 침묵이 발생하면 매우 당혹스러워한다. 초심상담자들은 내담자가 침묵할 때 침묵이 유지되지 않도록 하기 위해 무엇이라도 말하려는 경향이 있다. 상담자는 내담자의 침묵 발생 시 질문을 사용하여 침묵 상황을 피해 간다. 하지만 이러한 질문은 상담자가 신중하게 생각해서 제시한 질문이 아니기 때문에 상담에 도움이 되지 않는다. 카라스(Karasu, 1992)가 "치료자들은 경청의 힘을 과소평가하고 말하는 것의 힘을 과대평가하는 경향이 있다."라고 한 것처럼 침묵의 중요성이 간과되는 경향이 있다.

상담장면에서는 침묵을 같은 의미로 살펴보기보다는 상담 초기와 상담 중기 이후로 나누어 살펴보아야 한다. 상담 초기에 내담자가 침묵을 보이는 이유를 살펴보면, 첫째, 무슨 말을 어떻게 설명해야 하는지 몰라서, 둘째, 어디서부터 어디까지 이야기해야 할지 몰라서, 셋째, 비밀보장이 될지 확신이 없어서, 넷째, 상담자가 자신을 이상하게 생각할까 봐 염려되고 고민되어서 등이 있다.

내담자가 침묵할 경우 상담자는 내담자를 관찰하도록 한다. 내담자가 침묵하면서 상담자를 빤히 바라보거나 눈동자가 많이 움직이며 불안한 모습을 보이는 경우가 있다. 이러한 모습의 내담자는 상담에서 어떤 이야기를 어떻게 해야 할지 몰라 침묵하는 경우이다. 이런 경우 상담자가 긴 침묵을 허용하면 내담자가 더 당황스러울 수 있다. 그러므로 상담자는 내담자에게 5초 정도로 잠시 기다려 준 후 상담자의 질문을 통해 내담자가 이야기할 수 있게 한다(〈사례 4-15〉 참조).

사례 4-15 상담 초기 내담자 침묵 다루기

내담자 1: (침묵. 상담자를 빤히 쳐다보며 말을 하지 않음) …….

상담자 1: (5초 기다려 줌) 혹시 하고 싶은 이야기가 있나요?

내담자 2: 어떤 이야기를 해야 하는지요?

상담자 2: 상담실에 방문하고 싶은 이유가 무엇인지요?

내담자 3: 아~. 네. 요즘 이성친구와의 갈등으로 너무 힘들어서 상담을 받고 싶어서 상담실에 왔어요.

상담 초기에 내담자가 침묵을 보일 때 상담실에 방문한 이유, 고민하고 있는 부분을 질문하면 내담자는 자연스럽게 이야기할 수 있다.

2) 바람직하지 않은 빠른 공감

상담자는 내담자의 고민을 들으면서 상담 구체화 작업을 실시하며 상담을 진행한다. 상담자는 내담자 이야기를 충분히 들은 후 이해되었을 때 공감해야 한다. 〈사례 4-16〉에서 내담자 1은 자신의 속마음을 상담자에게 표현하고 있다. 이때 상담자는 내담자가 자신의 속마음을 좀 더 표현할 수 있도록 질문해야 한다. 하지만 상담자는 너무 빨리 내담자의 마음을 읽어 친구에게 배신을 받았다고 반응해 주고 있다.

(1) 상담자의 섣부른 빠른 공감

상담 초기 상담자는 내담자 이야기를 경청하며 공감해 줘야 한다는 생각이 지배적이다. 내담자 이야기를 무비판적으로 경청하며 개방적인 자세로 임하는 것은 필요하다. 하지만 내담자 이야기를 듣고 공감이 안 되었는데 공감을 하거나 섣부르게 공감하는 것은 상담에 도움이 되지 않는다. 상담자가 내담자에게 너무 빨리 공감하면 내담자는 자신이 충분히 이야기하지 않아도 상담자가 다 알고 반응한다고 생각한다. 이후 상담이 진행되면서 상담자가 내담자에게 즉시적으로 공감해 주지 않으면 상담자에게 섭섭한 마음이 들 수 있다.

사례 4-16 섣부른 빠른 공감

내담자 1: 그래서 이를 계기로, 사람을 겉으로 사귀어야겠다라는 생각을 했어요. 겉으로 사귀려고 하는데 제 본성이 안 그러는 거예요. (웃음) 좀 친해지면 다 퍼 주거든요. 다 퍼 주고 시간이 지나면 또 상처를 받아요. 이게 수레바퀴처럼 똑같이 일어나니까…… 그래서 사람에게 마음을 주면 안 되나? 그런 마음을 갖게 되는 것 같아요.

상담자 1: 이 단어가 적절한지 모르겠지만, 친구에게 배신?

내담자 2: 그런 것 같기도 한데…….

상담자 2: 그 배신이 너무 감당할 수 없고, 좌절감이 크기 때문에…… 그래서 그 근저리에만 가도 혹시나 이런 일이 발생하지 않을까 하는 두려움…… 그것을 방어하고자 적절하게 거리를 유지하려고 하는 것 같아요.

내담자 3: 네. 그런 것 같아요. 그래서 사람들한테도 적절히 거리를 유지해요.

상담자 3: 근데 기능적으로 일상생활을 보면 적응적인 생활을 하고 있거든요. (네.) 보기에는 적응적으로 생활을 하는데…….

(2) 상담자의 적절한 반응

〈사례 4-17〉은 내담자의 반응에 상담자가 빠르게 공감해 주기보다는 내담자에게 구체적으로 질문하여 내담자가 자신의 생각을 표현하도록 하는 사례이다.

사례 4-17 적절한 반응

내담자 1: 그래서 이것을 계기로, 사람을 겉으로 사귀어야겠다는 생각을 했어요. 겉으로 사귀려고 하는데 제 본성이 안 그러는 거예요. (웃음) 좀 친해지면 다 퍼 주거든요. 다 퍼 주면 시간이 지나면 또 상처를 받아요. 이게 수레바퀴처럼 똑같이 일어나니까…… 그래서 사람에게 마음을 주면 안 되나? 그런 마음을 갖게 되는 것 같아요.

상담자 1: 사람을 겉으로 사귄다는 것이 어떤 의미인지요.

내담자 2: 제 마음을 친구에게 주지 않고 사귀는 거예요. 저는 사귀면 진짜 다 퍼 주거든요.

상담자 2: 그렇군요. 그럼 친구에게 어떻게 다 퍼 주었을까요?

내담자 3: 친구에게 퍼 준다는 의미는…… (침묵 20초) …… 친구가 원하는 것을 다 해 주었어요.

상담자 3: 구체적으로 친구에게 원하는 것을 어떻게 해 주었는지 궁금하네요.

내담자가 자신의 이야기를 좀 더 구체적으로 표현할 수 있도록 상담자는 적절하게 반응을 하고 있다. '사람을 겉으로 사귄다'는 의미는 무엇인지 '친구에게 퍼 준다'는 것은 무엇인지, '친구에게 어떻게 퍼 주었는지'를 질문하고 있다. 이러한 상담자의 반응은 내담자가 자신의 이야기를 할 수 있도록 하는 촉진적인 반응이다.

생각해 보기

1. 상담 구조화를 위한 조건은 무엇이라고 생각하나요?
2. 상담 구조화를 위한 적절한 방법은 무엇이라고 생각하나요?

상담실습

1. 상담 구조화에 포함되어야 할 내용이 무엇인지 작성해 보세요. 1:1로 짝을 지어 상담자와 내담자 역할을 맡고, 상담자 역할을 담당한 사람은 내담자에게 10분 정도 상담 구조화를 설명하세요. 상담자 역할을 해 본 후 느낀 점은 무엇이며, 내담자 역할을 하며 느낀 점은 무엇인지 작성하고 소감을 나누어 보세요. 서로 역할을 바꾸어 다시 연습해 보세요.

1) 상담 구조화에 포함되어야 할 내용은 무엇인가요?

2) 상담자의 말로 구조화 설명 작성해 보세요.

3) 상담자와 내담자 역할로 나누어 구조화를 설명해 보세요.

4) 상담자 역할 후 느낀 점을 설명해 보세요.

5) 상담자가 잘한 부분은 무엇인가요?

6) 상담자가 보완할 부분은 무엇인가요?

2. 1:1로 짝을 지어 상담자와 내담자 역할을 맡고 상담자는 비밀보장과 비밀보장 예외 경우를 설명해 보세요. 비밀보장과 비밀보장 예외 경우 설명을 들은 후 내담자로서 어떤 생각이 들었는지 적어 보고 서로 역할을 바꾸어 다시 연습해 보세요.

1) 상담자가 비밀보장과 비밀보장 예외 경우 설명 후 느낀 점을 쓰세요.

2) 내담자가 비밀보장과 비밀보장의 예외에 대한 설명을 들은 후 느낀 점을 쓰세요.

3. 상담자 역할을 하면서 구조화 설명이 어떠했는지, 어떤 부분을 보완하면 좋겠는지, 내담자가 원하는 부분은 무엇인지 생각해 보세요. 보완할 점을 점검하면서 상담자와 내담자 역할을 1:1로 나누어 상담 구조화를 다시 설명해 보세요.

제5장

사례개념화

학습목표

1. 사례개념화를 위한 요소에 대해 학습한다.
2. 사례개념화에 대한 오해에 대해 학습한다.

사례개념화(case conceptualization)는 "내담자의 주 호소 문제와 관련 있는 정보를 파악하여 내담자 문제가 유지되는 원인과 경로를 가설적으로 검토하여 내담자 호소 문제를 해결하기 위해 상담 전략을 수립하는 과정(이명우, 박정임, 이문희, 임영선, 2005)"이다. 사례개념화는 퍼즐 맞추기로 비유할 수 있다. 퍼즐작업은 작은 조각을 통해 단서를 파악하여 전체 큰 그림을 맞춰 가는 과정이다. 이와 같이 사례개념화는 내담자의 호소 문제, 성장과정, 가족관계, 대인관계, 행동, 생각, 감정 등의 퍼즐 조각을 맞춰 가며 내담자의 전반적인 모습을 추론하면서 내담자를 이해하는 과정이라고 할 수 있다. 사례개념화는 상담자가 내담자 이해를 기초로 상담목표를 달성하기 위해 상담 개입을 계획하고 상담 전략을 세울 수 있도록 한다.

많은 상담자가 사례개념화의 중요성을 알고 있지만 어떻게 해야 하는지 매우 어려워한다. 만약 자신보다 100배 큰 동물을 처음 보았다면 어떻게 설명할 수 있을까? 한 번 관찰로는 어떻게 생겼는지 설명할 수 없을 것이다. 동서남북, 아래, 위 등 다양한 방향에서 동물을 관찰해야 전체적으로 어떻게 생겼는지 설명할 수 있다. 한쪽 방향에서만 살펴본 모습으로 정확하게 설명할 수 없다. 가장 잘 설명하기 위해서는 가까이에서 관찰하고 멀리서도 관찰하면서 동물에 대해 전체적인 관점에서 종합해야 한다.

이와 같이 사례개념화는 내담자에 대한 이해를 기초로 진행되어야 한다. 내담자의 한 가지 모습만을 보고 단정 짓고 판단하는 것이 아니라 내담자의 호소 문제, 과거의 성장배경, 부모와의 관계, 대인관계 패턴, 문화 배경 등을 듣고 종합하여 내담자를 이해하여 내담자 호소 문제에 대한 잠정적인 가설을 세우는 과정이다. 사례개념화를 하는 목적은 '내담자의 상태'를 명료하게 설명하고 '내담자가 왜 그런지'에 대한 가정을 제공하기 위함이다(Berman, 2007).

사례개념화는 가설의 생성과 검증을 요구하는 역동적이며 유동적인 과정이다(Beck, 2011; Persons & Tomkins, 2007). 상담자는 치료 과정을 통해 자신이 세운 내담자에 대한 가설을 끊임없이 수정하고 다듬어야 한다. 사례개념화와 진단은 다르며, 진단은 내담자의 증상을 보편적 용어로 요약해 주지만 사례개념화는 내담자에 대한 가설적 개념이다(Rober & Jessica, 2018).

> **사례개념화**
>
> 상담자가 내담자의 문제를 탐색하며 내담자 호소 문제, 호소 문제 발생 이유, 호소 문제 발전, 호소 문제 유지, 호소 문제 보호에 기여하는 변인관계를 통합적으로 이해하여 내담자에 대한 잠정적 가설을 세우는 과정

1. 사례개념화

1) 사례개념화의 기술

사례개념화를 효과적으로 진행하기 위해서는 다음과 같은 기술이 필요하다(Friedberg & McClure, 2018).

첫째, 사례개념화는 단순하게 하는 것이 좋다(Persons & Tomkins, 2007). 상담자들은 내담자에 관련한 다양한 변인 중에서 어떤 것이 더 중요한지 고민하다가 상담자 자신도 충분히 이해되지 않은 복잡한 사례개념화를 작성한다. 상담자 자신이 이해되지 않는 복잡한 사례개념화는 상담자를 혼란에 빠뜨릴 수 있다. 상담자는 내담자 이야기를 들으면서 내담자에 대해 이해된 모습을 하나하나 발견하며 상담자가 이해한 부분을 단순하게 작성한다. 단순하게 작성한다는 의미는 짧게 작성한다는 의미라기보다 상담자가 이해된 부분을 간단명료하게 작성한다는 의미이다. 복잡하게 작성한 사례개념화가 좋은 사례개념화라는 생각에서 벗어나야 한다.

둘째, 개방적인 마음과 태도는 효과적인 사례개념화를 촉진한다. 한 가지 관점에 얽매이기보다 '수집된 자료에 근거하여 내담자를 다르게 설명할 수는 없는가?'를 끊임없이 생각해 보도록 한다. 사례개념화는 내담자 이해에 근거하여 내담자에 대한 잠정적인 가설을 상담자가 설정하는 것이다. 가설은 언제든지 변경될 수 있다. 상담자가 내담자의 단면만 보고 내담자의 모습을 확신하기보다는 지지되지 않는 가설은 기꺼이 변경하는 자세를 취한다. 상담자가 처음에 본 내담자의 모습이 진정한 내담자의 모습이 아닐 수 있다. 그렇다면 상담자는 내담자에 대한 가설을 변경해야 한다. 상담자는 내담자의 이야기를 들으면서 유연하고 개방적인 마음과 태도를 지녀야 하며, 상담자의 유연한 태도는 효과적인 사례개념화를 하도록 도와준다.

2) 사례개념화의 과정

사례개념화는 내담자에게 얻은 정보를 기초로 하여 수립한 내담자 문제에 대한 잠정적인 가설이다. 사례개념화는 상담 초기에 내담자에게서 얻은 정보로 확정되는 것이 아니라 상담을 진행하면서 내담자에게 새로운 정보를 얻어 계속 수정되고 보완된다. 그러므로 가장 완성도가 높은 사례개념화는 상담이 성공적으로 종결될 때 이루어진 것이라고 볼 수 있다.

사례 5-1 사례개념화에 기초한 가설 전달

내담자 1: 사람들이 제가 예민하다고 해요. 그래서 제가 문제가 많은 것 같아요. 부모님 싸움에 너무 신경 쓰이고, 자꾸 예민해지고…… 정말 제가 이상한 것 같아요. 엄마는 맨날 저 보고 엄청 예민하다고 그래요. 저도 그런 것 같다고 생각해요.

상담자 1: 선생님이 민이 이야기를 들어 보니 민이가 이상한 게 아니고 부모님이 오랫동안 싸우셔서 마음이 불편해서 예민해졌다는 생각이 드네요. 이에 대해 민이는 어떻게 생각하나요?

내담자 2: 그런가요? 그런 것 같기도 해요……. 부모님이 많이 싸우셔서…… 제가 많이 신경 썼던 것 같기도 해요.

〈사례 5-1〉을 살펴보면, 상담자가 내담자를 제대로 이해하지 않고 사례개념화를 했다면 상담자도 내담자가 예민하고 이상한 사람이라고 생각했을 것이다. 하지만 상담자는 상담 시간에 내담자 고민을 들으며 가족관계를 탐색하고 부모님 간의 갈등을 들으면서 부모님의 지속적이고 장기적인 싸움으로 내담자가 많은 스트레스를 경험하고 있음을 발견하였다. 상담자는 내담자가 부모님의 잦은 싸움으로 불안감과 우울감을 겪으며 예민해지게 된 것이라고 생각하였다. 그렇기에 상담자는 내담자에게 성격이 이상해서 예민한 것이 아니라 부모님 갈등 상황 속에서 예민하게 된 것 같다는 가설을 설정하고, 이를 내담자에게 이야기해 주었다(상담자 1). 상담자가 내담자에 대한 이해를 기초로 파악한 내용을 내담자에게 전달하지 않았다면, 내담자는 자신은 이상하고 예민한 사람이라고 생각하며 모든 잘못이 자기에게 있다고 생각했을 것이다.

● 〈굿 윌 헌팅(Good Will Hunting)〉 영화 속의 주인공 윌 ●

주인공 윌은 수학 천재이지만 열악한 환경 속에서 자신의 천재성을 잃어버리고 방황하고 살아간다. 영화 속에서 윌의 겉모습만 보면 자신을 드러내지 않고 다른 사람을 공격하는 방식으로 자신을 보호하는 행동을 하며, 사람과의 관계에서 마음의 문을 닫고 사랑하는 여자친구에게 버림받을까 봐 두려워 먼저 상처 주는 말을 하고 떠나 버린다. 주인공 윌이 보여 주는 행동만을 보면 매우 이상한 사람이라고 생각할 수 있다. 하지만 윌은 학력이 낮고 가난하다는 현실적인 상황 속에 있으며, 어릴 때 입양과 파양을 경험하고 아버지에게 학대까지 당하였다.

이러한 학대 경험과 입양과 파양을 통해 윌은 사람에게 버림받을까 두려워하는 마음을 느끼고, 마음의 문을 열지 못하고 있다. 윌의 과거 경험과 현재 상황을 이해하지 않고 윌의 현재 모습만을 본다면 모든 잘못이 윌에게 있다고 생각할 수 있다. 하지만 윌이 살아온 환경과 과거 경험을 이해한다면, 윌이 과거에 받은 상처로 버림받는 두려움을 느끼고 있어 마음을 문을 닫아 버리게 되었다는 것을 알 수 있다.

영화 속에서 상담자 숀은 윌에게 "네 잘못이 아니야."라는 말을 전달하였다. 주인공 윌은 상담자 숀의 말을 통해 '내 잘못이 아니구나'를 깨닫게 된다. 상담자가 내담자를 편견 없이 진실되게 만나는 과정을 통해 윌은 어릴 때 받았던 아픔과 상처를 치유되는 경험을 하였다.

사례개념화를 하기 위해서 상담자는 내담자에게 많은 정보를 얻어야 한다. 그러므로 상담자는 편안한 상담 분위기를 조성하여 내담자가 편안하게 자신의 이야기를 할 수 있도록 한다. 내담자는 상담실에 와서 상담자에게 현재 고민하고 힘들어하는 부분에 대해 이야기보따리를 풀어놓는다. 하지만 내담자는 자신의 문제와 감정에 몰입되어 있고 혼란스러운 마음에 의미 있는 정보를 표현하지 못할 수 있다. 또한 내담자는 왜곡된 시각에 함몰되어 잘못을 무조건 남 탓으로 돌리거나, 아니면 잘못을 무조건 자기 탓이라고 믿기도 한다. 또한 내담자는 어떻게 이야기해야 하고 어떤 정보를 설명해야 할지 모르기 때문에 중요한 정보를 이야기하지 않거나 중요하지 않은 정보를 상세하게 설명할 수도 있다. 내담자들이 이런 모습을 보이는 것은 당연하다. 그러므로 상담자는 내담자의 이야기를 들으면서 사례개념화에 필요한 정보를 수집해야 한다. 상담자는 내담자의 이야기를 들으면서 구체적인 정보를 탐색한다. 상담자는 내담자의 문제를 탐색하며 내담자 문제 발생, 발전, 유지, 보호하는 데 기여하는 변인 간 관계를 통합적으로 이해하도록 한다.

사례개념화

내담자의 주 호소 문제와 관련 있는 정보를 파악하여 내담자 문제가 유지되는 원인과 경로를 가설적으로 검토하여 내담자 호소 문제를 해결하기 위해 상담 전략을 수립하는 과정

3) 사례개념화의 요소

상담 초기에 탐색해야 할 정보

(1) 호소 문제 파악하기
- ① 촉발 요인 파악하기
- ② 유지 요인 파악하기
- ③ 호소 문제 역사: 내담자는 왜 지금 왔는가
- ④ 호소 문제 구체화

(2) 과거 경험 및 성장과정
- ① 가족관계(형제관계)
- ② 중요한 과거 경험
- ③ 학창시절 경험
- ④ 과거 상담 경험

(3) 대인관계 패턴
- ① 행동패턴
- ② 사고패턴
- ③ 정서패턴

(4) 적응적 기능
- ① 강점 찾기
- ② 긍정적 경험 찾기

(1) 호소 문제 파악하기

상담자의 첫 번째 과제는 내담자가 '지금 왜 상담받기를 결심'하고 왔는지 호소 문제를 이해하는 것이다(Heaton, 2006). 상담자는 내담자가 지금 겪고 있는 어려움이 무엇인지를 파악한다. 이는 내담자 머릿속에 반복적으로 자리 잡고 있는 것이 무엇인지, 마음을 지배하는 감정이 무엇이며, 어떤 감정이 반복적으로 자극되고 있는지 찾아내는 것을 의미한다. 이러한 것들을 찾아낼 수 있는 가장 좋은 작업 방법은 상담자가 내담자에게 물어보고 내담자가 말해 주는 것이다. 상담자는 내담자가 자신의 이야기를 편안하게 할 수 있는 신뢰할 만한 분위기를 만들어 주고, 적절한 질문을 통해 경청하며 내담자 이야기에 초점을 맞추며 도와준다.

① 촉발 요인 파악하기

내담자는 스트레스 상황을 억압하며 참을 수 있다고 생각하며 살아왔으나 참을 수 없는 순간이 발생하면 상담실에 방문한다. 내담자가 상담실에 찾아온 것은 더 이상 참을 수 없다는 임계치에 도달했기 때문이다. 그러므로 상담자는 내담자에게 현재 가장 힘든 것은 무엇인지, 즉 호소 문제를 파악함과 동시에 촉발 요인을 파악한다. 스트레스 상황을 억압하며 지내 온 내담자가 참을 수 없도록 가중시킨 사건이 있을 것이다. 이것을 촉발 요인이라고 한다. 상담자가 촉발 요인을 파악하는 이유는 어떤 스트레스 요인이 내담자에게 영향을 주었는지 확인하여 내담자를 이해하기 위함이다.

② 유지 요인 파악하기

내담자 패턴을 지속적으로 활성화하여 호소 문제를 경험하게 하는 자극이 유지 요인이다. 즉, 유지 요인은 내담자가 경험하는 문제를 지속적으로 유지되도록 하는 요인으로 문제를 계속 유지하도록 만드는 내담자의 행동패턴이다. 예를 들어, 친구가 없다고 호소하는 내담자이지만 내담자의 대인관계 패턴을 자세히 살펴보면 내담자는 다른 사람의 이야기를 듣지 않고 자기주장만 하고 있다. 상담을 받기 전에 내담자는 자신의 행동패턴을 정확히 알지 못했다. 따라서 내담자는 자신의 행동패턴 파악으로 대인관계에서 사람들이 자기 주변에 있지 않다는 것을 인식하게 되었다. 내담자는 사회적 기술과 자기표현 기술, 친밀한 관계 형성 방법, 갈등 해결 방법, 경청하는 태도 등을 배워 본 적이 없었다.

내담자는 상담을 받기 전까지는 자신의 어떤 행동패턴이 잘못되었는지 알지 못했고 남들이 자신을 싫어한다고만 생각했다. 상담자는 상담을 진행하면서 내담자 문제를 유지하는 요인이 자기중심적인 행동패턴이라는 것을 파악하였다. 이러한 과정을 통해 유지 요인이 파악되었다면 내담자 호소 문제를 일으키는 유지 요인을 수정할 필요가 있다.

③ 호소 문제 역사: 내담자는 왜 지금 왔는가

상담자는 내담자의 호소 문제를 파악하기 위해 '내담자가 지금 상담실에 온 이유는 무엇인가?'라는 궁금증을 가져야 한다. 내담자가 가지고 있는 호소 문제는 살아오는 동안 지속적이고 반복적으로 발생했을 것이다. 자신에게 발생한 문제와 함께 살아왔던 내담자가 지금 이 시점에서 상담실에 방문한 이유는 무엇일까? 사이먼 버드맨(Simon Budman)과 알란 걸만(Alan Gurmm)은 『단기 상담의 이론과 실제(Theory and practice of brief Therapy)』를 보면 '상담실에 왜 지금 왔는가?'라는 질문이 내담자를 평가하기 위한 가장 핵심적인 질문이라고 하였다.

'상담실에 지금 오신 이유가 무엇일까요?'라는 상담자의 질문은 내담자에게 상담에 대한 동기를 높여 줄 수 있다. 가장 고민하고 있는 부분을 상담자가 물어봐 주기 때문이다. 또한 상담자의 질문은 상담에서 핵심 주제로 연결시킬 수 있다. 어떤 주제로 어떤 이야기를 시작할지 막막할 때, 상담자는 내담자의 호소 문제에 초점화할 수 있고 내담자는 자신의 답답함을 토로하며 주제를 초점화할 수 있다.

상담자는 호소 문제를 탐색하기 위해 내담자에게 다음과 같은 질문을 할 수 있다(〈사례 5-2〉 참조).

사례 5-2 호소 문제 탐색

상담자 1: 많은 고민을 하고 상담실에 오셨을 텐데, 상담실에 지금 방문하신 이유가 궁금하네요. 언제부터 어려움 때문에 고민하셨나요? (간접질문)

상담자 2: 상담실에 온다는 게 쉽지 않은 결정이었을 것 같은데, 상담실에서 지금 상담받고 싶은 부분은 어떤 것일까요? 언제부터 어려움을 경험하셨나요? (직접질문)

상담자는 간접질문과 직접질문을 사용하여 내담자에게 질문을 할 수 있다(〈사례 5-2〉 참조). 상담 초기에는 상담자가 내담자에게 확인할 사항이 많아서 질문을 많이 하게 된다. 상담자가 내담자에게 계속 직접질문을 하면 내담자는 부담감을 느낄 수 있다. 그러므로 상담자는 자신이 직접질문을 많이 사용한다고 인식되면 간접질문으로 바꾸어서 질문하도록 한다. 상담자는 상담장면에서 직접질문과 간접질문을 적절하게 사용하도록 한다.

상담자가 직접질문만을 사용하여 질문하면 내담자 입장에서 취조받는다는 느낌을 받을 수 있다. 내담자가 취조받는 느낌을 갖게 되면 다음과 같은 상황이 발생할 수 있다.

첫째, 존중받는 느낌을 갖지 못한다. 둘째, 질문에 대한 답변만을 하게 되면 상담의 주체자라는 생각을 갖지 못하게 된다. 셋째, 내담자는 '상담이란 상담자가 질문하고 나는 답변만 하면 되는구나.'라는 잘못된 생각을 가질 수 있다. 넷째, 내담자는 자신이 하고 싶은 이야기가 있더라도 상담자가 물어봐 주지 않기 때문에 이야기를 못하게 된다. 내담자는 자신이 원하는 이야기를 하지 못하기 때문에 상담에 대한 동기가 저하될 수 있다.

내담자는 상담자가 자신을 어떻게 생각할지를 고민한다. 그리고 내담자는 '내가 가지고 온 문제가 이상한 것은 아닐까?' '너무 사소한 문제를 가지고 온 것은 아닐까?' '상담자가 나를 이상한 사람으로 보지 않을까?' '상담자는 나를 문제가 있는 사람으로 볼까?'라고 고민한다. 이런 고민을 하고 있는 내담자에게 상담자가 '지금 어떤 문제가 있는 걸까요?'라고 질문하면 내담자는 '상담자가 나를 문제 있는 사람이라고 단정 짓고 있구나.'라고 생각한다. 문제라는 단어를 사용하기보다는 '어려움' '힘든 부분' '고민'으로 바꾸어서 표현해 주면 내담자가 자신의 이야기를 편안하게 할 수 있다.

직접질문과 간접질문

- "지금 어떤 어려움이 있는 걸까요?" (직접질문)
- "지금 어떤 어려움이 있는지 이야기해 주세요." (간접질문)
- "지금 어떤 부분이 힘든 걸까요?" (직접질문)
- "지금 어떤 부분이 힘든지 이야기해 주세요." (간접질문)
- "지금 가장 고민하고 있는 부분이 무엇인지요?" (직접질문)
- "지금 가장 고민하고 있는 부분을 이야기해 주세요." (간접질문)

내담자들은 다음과 같은 답변을 한다.

내담자들의 호소 문제

- "친구관계가 힘들어요."
- "엄마와의 관계가 어려워요."

- "이성친구랑 어떻게 지내야 하는지 모르겠어요."
- "앞으로 어떻게 진로를 결정해야 하는지 고민이에요."
- "자녀가 이야기를 하지 않으려고 해서 힘들어요."
- "배우자와의 관계가 너무 힘들어요."

내담자들이 호소 문제를 이야기했지만 추상적이고 구체적이지는 않다. 이럴 때 상담자는 호소 문제를 구체적으로 물어봐 주어야 한다.

④ 호소 문제 구체화

호소 문제 구체화 질문

- "친구관계가 힘들다고 했는데 구체적으로 어떻게 힘든 건가요?"
- "엄마와는 구체적으로 어떤 부분이 어려운가요?"
- "이성친구랑 잘 지내는 방법을 알고 싶으신 건가요? 아니면 갈등을 해결하고 싶으신 건가요? 구체적으로 이야기해 주세요."
- "진로에 대한 고민을 좀 더 구체적으로 이야기해 주세요."
- "자녀가 이야기를 하지 않은 때는 언제였는지 이야기해 주세요."
- "배우자하고 어떤 부분이 구체적으로 힘든지 이야기해 주세요."

상담자는 내담자가 힘들다고 전달하는 이야기를 통해 내담자의 호소 문제를 정확하게 파악한다. 하지만 내담자도 자신의 마음을 정확하게 정리해서 이야기하기가 어렵다. 때로는 내담자 이야기가 애매모호하고 정리가 안 되어 이해할 수 없는 경우도 있다. 내담자들도 자신의 생각이 정리가 안 되고 혼란스러운 상태라 표현하기가 어렵다. 그러므로 상담자는 내담자에게 구체적으로 질문하는 과정을 통해 내담자가 자신의 생각과 마음을 구체적으로 표현할 수 있도록 도와주어야 한다. 구체적인 질문 과정을 통해 상담자는 내담자의 호소 문제를 파악할 수 있고 내담자는 자신의 이야기를 할 수 있게 된다. 다음은 상담자가 내담자의 호소 문제를 구체화하는 작업 과정이다(〈사례 5-3〉 참조).

사례 5-3 내담자 호소 문제 구체화 과정

상담자 1: 많이 고민하고 상담실에 오셨을 텐데 지금 어떤 어려움이 있으신지요?
내담자 1: 저는 대인관계가 어려워요.
상담자 2: 대인관계가 어렵다고 하는 부분을 구체적으로 이야기해 주세요.
내담자 2: 대인관계가 어렵다는 것은…… 사람들과의 관계가 어렵다는 건데요…….
상담자 3: 그렇군요. 사람들과의 관계가 어렵다고 느낀 최근에 어떤 일이 있었는지요?
내담자 3: 최근에…… 어떤 일이 있었는데 제가 하고 싶은 말을 못하고 상처만 받고 있는 저를 발견했어요.
상담자 4: 최근에 상처받은 일로 대인관계가 어렵다고 느꼈나 봐요.
내담자 4: 맞아요. 관계에서 상처를 많이 받았어요. 그래서 상담을 통해 상처를 덜 받았으면 좋겠어요.
상담자 5: 그렇군요. 대인관계에서 상처를 받아 상처를 덜 받았으면 좋겠다. 상처를 덜 받는다는 의미는 무엇일까요?
내담자 5: 대인관계에서 좀 무덤덤해지는 사람이 되는 거예요.
상담자 6: 좀 더 구체적으로 이야기해 주세요…….
내담자 7: 이 사람이 저한테 상처를 주더라도, 저 사람은 그냥 그런 사람인가보다 하고 지나갈 수 있을 정도가 되고 싶어요.

내담자는 대인관계의 어려움을 호소 문제로 이야기하고 있다. 상담자는 내담자의 호소 문제를 구체화하는 질문(상담자 2, 상담자 3, 상담자 4, 상담자 5, 상담자 6)을 통해 내담자가 자신의 이야기를 표현할 수 있도록 진행하고 있다. 내담자의 호소 문제 어려움이 구체적으로 무엇인지를 명확히 파악해야 상담자는 상담의 방향성을 가지고 진행할 수 있다.

(2) 과거 경험 및 성장과정

① 가족관계(형제관계)

가족 구성원에 대해 탐색할 부분은 누구와 함께 사는지, 내담자와 가족들 간의 친밀도는 어느 정도인지, 가족 안에서 친밀한 사람은 누구이고, 가족 안에서 갈등을 경험하고 있는 사람은 누구인지, 엄마와의 관계를 어떻게 느끼고 있는지를 탐색한다. 내담자 이야기를 들으면서 가족과 관련된 이야기가 나올 때 다음과 같은 질문을 통해 가족과 관련된 정보를 탐색할 수 있다.

가족관계 탐색 질문

- "현재 같이 살고 있는 사람은 누구인가요?"
- "엄마, 아빠, 동생과 함께 살고 있는데 친밀도는 5점 만점 중에 몇 점인가요?"
- "가족 안에서 가장 친밀한 사람은 누구인가요?"
- "가족 안에서 갈등을 경험하고 있는 사람은 누구인가요?"
- "엄마와의 친밀도는 5점 만점 중에 몇 점이고 관계는 어떠한가요?"
- "부모님과의 관계는 어떠한가요? 형제들과의 관계는 어떠한가요?"
- "가정 분위기는 어떠한가요? 갈등이 심한가요, 따뜻한가요, 허용적인가요?"
- "부모님 간의 관계는 어떠한가요?"

② 중요한 과거 경험

내담자가 기억하는 과거의 중요한 경험들이 있다면 탐색할 필요가 있다. 과거의 일이지만 생생하게 기억되는 사건들이 머릿속에 남아 있다면 탐색한다. 그 경험이 긍정적이든 부정적이든 내담자 기억에 생생하게 남아 있다면 내담자에게 영향을 주는 사건이라고 볼 수 있다(〈사례 5-4〉 참조).

사례 5-4 과거 경험 탐색

상담자 1: (부모의 이혼에 대한 경험에 대해 탐색) 혹시 아빠와의 관계 속에서 기억에 남는 부분이 있나요?

내담자 1: 7살 때 일인데 20년이 지나도 아직도 생생하게 기억에 남아 있어요.

상담자 2: 어떤 기억이 남아 있을까요?

내담자 2: 어릴 때, 그때는 그게 이별이라는 것이라는 것도 몰랐어요. 엄마랑 저랑 트럭에 타고 아빠는 혼자 서 있었는데 어릴 때였지만 왠지 모를 슬픔이 밀려왔어요. 지금도 그때가 생생하게 기억이 나고 아련하게 슬픔이 밀려와요.

③ 학창시절 경험

내담자 과거 학교생활 혹은 학창시절은 어땠는지, 교우관계는 어땠는지를 알아보는 것 역시 중요한 과제이다. 왜냐하면 학교는 친구들과 선생님과 상호작용하는 장소이다. 내담자는 학교 안에서 어떻게 상호작용하며 지냈고, 학업 수행은 어떠했으며, 교우관계는 어땠는지, 선생님의 지시에 어떻게 반응하고, 징계를 받은 경험이 있는지를 확인한다.

내담자에게 학창시절의 경험이 긍정적인 기억으로 남았다면 상담에서 내담자에게 긍정적인 경험을 이야기할 수 있도록 한다. 내담자는 긍정적인 경험을 이야기하면서 자신감이나 자존감이 향상될 수 있다. 상담자는 내담자의 긍정적 경험을 경청하면서 강점과 자원을 찾아본다. 만약 내담자의 학창시절 경험이 부정적인 기억으로 남았다면 어떤 상황에서 어려웠고 힘들었는지 구체적으로 파악하도록 한다. 부정적으로 기억되는 순간의 상황에서 발생한 일이 무엇이었고, 누구와 관련된 일이었고, 내담자가 힘들어하는 부분은 무엇이었는지 확인하고, 이러한 어려움이 현재에도 발생하고 있는지를 확인한다. 학창시절의 부정적 경험이 내담자에게 트라우마로 남아 있다면 이 부분을 다루어 주는 것도 필요하다. 이 경험이 현재까지 내담자에게 영향을 줄 수 있기 때문이다.

학창시절 경험 탐색 질문

- "학교 출석은 어땠나요?"
- "선생님과의 관계는 어땠나요? 선생님의 지시에 어떻게 반응했나요?"
- "학교에서 정학, 퇴학 등 징계 여부가 있었나요."
- "성적은 어느 정도였나요?"
- "친구들과의 관계는 어떠했나요?"
- "혼자 노는 것을 좋아했나요? 함께 어울려 노는 것을 좋아했나요?"
- "학창시절 친한 친구들은 누구인가요? 친한 친구들은 언제 만났나요?"
- "교우관계가 힘들었다면 언제부터 어려웠나요?"
- "친구관계에서 어떤 부분이 어려웠나요?"
- "친구관계가 어려웠다면 어떤 일이 있었나요?"

④ 과거 상담 경험

상담자는 내담자가 과거에 상담을 받은 경험이 있는지를 확인한다. 내담자가 언제 상담을 받았는지, 몇 회기 상담을 받았는지, 어떤 호소 문제로 상담을 받았는지, 상담을 받은 경험을 어떻게 느끼고 있는지를 확인한다. 앞으로 상담 진행 시 상담 지속 기간, 상담 유형, 상담에 대한 내담자의 반응 등을 위한 유용한 자료가 된다. 내담자가 상담 경험을 긍정적으로 인식하고 있다면 상담 진행 시 내담자는 상담에 대해 긍정적인 기대를 갖는다고 예상할 수 있다. 하지만 내담자가 상담 경험을 부정적으로 인식하고 있다면 내담자는 상담에 대한 기대가 낮을 수 있다.

그러므로 상담자는 내담자가 어떤 이유로 상담 경험을 부정적으로 인식하고 있는지 확인한다. 지난번 상담자가 약속을 잘 지키지 않았거나, 상담자가 너무 강하게 직면하였거나, 이야기를 하도록 강요받았거나, 존중받지 못한 경험 등으로 내담자는 상담을 부정적으로 기억할 수 있다. 상담자는 내담자가 상담을 부정적으로 인식하는 이유를 확인한 후 관련된 부분에 주의하도록 한다. 또한 상담자는 내담자에게 이번 상담에서는 불편한 마음이 들지 않도록 상담을 진행하겠다는 이야기를 전달하고, 상담에서 불편함을 느낀다면 언제든지 이야기해 달라고 전달하여 내담자가 상담자에게 신뢰감을 가지고 상담에 임할 수 있도록 한다.

상담 경험 탐색 질문

- "상담을 받은 경험이 있나요?"
- "상담은 얼마나 받았나요?"
- "어떤 주제로 상담을 받았나요?"
- "경험이 있다면 그 경험은 어땠나요?"
- "상담 경험이 긍정적이었다면 어떤 부분에서 긍정적이었을까요?"
- "상담 경험이 부정적이었다면 어떤 부분에서 부정적이었을까요?"

(3) 대인관계 패턴

① 행동패턴

내담자에게 나타나는 부적절한 반응과 문제가 되는 행동이나 습관이 반복적으로 나타나는 패턴을 파악하도록 한다.

② 사고패턴

내담자가 문제해결을 방해하는 혹은 문제가 되는 데 기여하는 사고패턴을 가지고 있는지를 파악한다. 내담자가 보이는 비합리적 사고나 왜곡된 사고가 있는지 파악한다.

③ 정서패턴

내담자에게 반복적으로 나타나는 정서패턴이 있는지 파악하도록 한다. 반복적으로 사용하는 정서단어가 있는지, 반복적으로 표현하는 감정이 있는지 파악해 본다.

연습하기

옆사람과 짝을 지어 오늘 있었던 일에 대해 5분 정도 이야기를 하며 상호작용을 해 보세요. 상호작용을 하면서 상대방을 관찰하며 작성해 보세요.

– 당신에게서 관찰된 행동패턴은 ______________________________입니다.
– 당신에게서 관찰된 사고패턴은 ______________________________입니다.
– 당신에게서 관찰된 정서패턴은 ______________________________입니다.

(4) 적응적 기능

① 강점 찾기

상담자는 내담자가 호소하는 문제만을 경청하다 보면 내담자가 굉장히 문제가 많은 사람으로 여긴다. 내담자는 많은 문제 속에서 살아가지만 상담실을 떠나 일상생활 속에서는 노력하며 살아가는 모습도 있다. 내담자가 호소하는 문제에만 함몰되어 있는 상담자는 내담자가 문제가 많고 역기능적인 삶을 살 것이라고 생각하기도 한다. 자신의 호소 문제로 너무 힘들어 삶을 제대로 살지 못하는 내담자도 있지만, 문제가 있음에도 열심히 고군분투하면서 살아가는 내담자도 있다. 상담자는 내담자의 문제만을 바라보지 말고 내담자가 지니고 있는 적응적 기제와 강점을 발견하도록 한다.

상담에서 내담자의 강점을 발견하면 내담자에게 피드백을 통해 알려 주어야 한다. 상담자들은 내담자의 강점을 발견하고도 혼자만 알고 내담자에게 전달해 주지 않는 경우도 있다. 내담자들은 누구에게도 자신의 강점을 들어 본 적이 없기 때문에 자신의 강점이 무엇인지 모르고 살아왔다. 상담자가 이야기해 주지 않으면 내담자들은 자신의 강점을 알기 어렵다. 예를 들어, 이혼 문제로 고민하는 내담자에게는 마음이 복잡하고 힘들지만, 사회생활을 잘하며 승진도 하면서 직장생활을 하고 있다는 강점이 있을 수 있다. 친구관계로 고민하면서도 학교에 결석하지 않고 학교를 다니고 있다면 이 또한 내담자의 강점이라고 볼 수 있다.

내담자의 강점 전달하기

- "지금 배우자와의 갈등과 이혼으로 많이 힘들 텐데도 직장생활을 성실히 하는 모습에서 ○○ 씨의 힘이 느껴지네요."
- "지금 학교에서 친구들과의 관계가 어려워서 힘들텐데 학교를 결석하지 않고 다니고 있네요. ○○ 씨의 강점인 것 같네요."

내담자들은 자신이 몰랐던 모습을 발견하고, 상담자에게 긍정적인 피드백을 받게 되면 자신감을 갖게 되어 상담 효과에 긍정적인 역할을 한다. 내담자가 상담관계에서 상담자에게 자신의 행동에 대해 인정을 받는다면 자신감을 갖게 되어 자신을 통찰할 수 있는 힘을 갖는다.

② 긍정적 경험 찾기

상담자는 내담자의 어려움과 고민을 들으며 내담자의 문제에만 초점을 두게 된다. 내담자의 문제에만 초점을 두어 내담자를 바라본다면 문제해결에 어려움을 느낄 수 있다. 내담자가 호소하는 문제에 초점을 두어 이야기를 들으면서 내담자에게 문제가 없었던 적은 언제였는지, 내담자가 문제없이 긍정적 경험을 한 때는 언제였으며, 어떤 경험을 했는지를 탐색하도록 한다. 내담자의 긍정적 경험 찾기를 통해 내담자에게 문제가 발생하지 않았던 때 어떤 이유로 발생하지 않았는지, 이때는 내담자가 어떻게 했는지를 파악해 본다. 내담자도 잊고 있던 자신의 긍정적 경험 찾기를 통해 자신감을 느낄 수 있고 상담실에 오는 것이 즐거워질 수 있다.

내담자의 긍정적 경험 찾기

- "친구들과 갈등 없이 잘 지냈던 경험이 있다고 했는데 그때 상황을 이야기해 주세요."
- "성적이 좋았던 때가 있었다고 했는데 그때는 어떻게 좋은 성적을 받을 수 있었을까요?"

2. 사례개념화에 대한 오해

다음은 레나와 조나단(Len & Jonathan, 2015)이 사례개념화에 대한 오해에 관해 설명한 내용이다.

1) 오해 1: 사례개념화는 사례 요약과 같다

사례개념화와 사례 요약은 같지 않다. 두 개념이 약간 비슷한 점이 있기는 하지만 매우 다르다. 사례 요약은 사례의 객관적 사실인 호소 문제, 발달사, 사회적 배경, 정신상태 검사를 종합적으로 정리 · 요약한 것이다. 사례 요약은 객관적인 자료에 근거한 요약일 뿐이다. 반면, 사례개념화는 객관적 사실에 근거하여 내담자의 삶의 스토리를 통해 내담자를 생활패턴 맥락에서 파악하여, 높은 수준의 추상적 개념을 수반하는 과정이다. 그 결과, 내담자에 대한 이해를 토대로 내담자에게 적합한 상담 개입을 적용하게 된다. 그러므로 사례개념화에 기초하여 내담자에게 적절한 상담 개입을 적용하도록 한다.

2) 오해 2: 사례개념화는 배우기 어렵고 시간을 많이 소모한다

상담수련생들과 초심상담자들은 사례개념화가 너무 복잡하고 시간을 많이 소모하여, 학습하는 데 어렵고 오랜 시간이 걸린다고 생각한다. 하지만 연구는 이러한 생각이 오해임을 증명하고 있다. 연구에 따르면, 두 시간 정도의 짧은 훈련에 참여한 상담수련생과 초심상담자는 그렇지 못한 초심상담자들에 비해 보다 정확하고 정밀하며, 복합적이고 종합적인 사례개념화를 작성할 수 있고 능력이 증가한 것으로 나타났다(Kendjelic & Eells, 2007). 단기간 훈련에서도 유의미한 차이가 나타났다. 하지만 높은 수준의 사례개념화를 하려면 시간을 들여 교육을 받고 실습을 해야 한다.

3) 오해 3: 사례개념화는 임상적으로 유용하지 않다

몇몇 상담수련생과 초심상담자는 사례개념화가 임상적으로 유용하지 않다고 주장한다. 사실 사례개념화의 활용이 임상적으로 유용하며, 긍정적인 상담 성과와 관련되어 있다는 것을 보여 주는 연구는 시작 단계이다(Kuyken, Padesdky, & Dudley, 2009). 점차적으로 사례개념화는 증거기반 실천과 관련되어 임상적 유용성의 명백한 지표가 되고 있다. 2005년 미국심리학회(American Psychological Association)의 증거기반 실천 특별전문위원회는 이 관련성을 인정하였다(APA Presidential Task Force on Evidence-Based Practice, 2006). "사례개념화는 인지행동상담 실천의 사례에서 상담실제, 상담이론, 상담연구 간의 다리 역할을 한다. 사례개념화는 주어진 사례에 대한 개인적 특성, 관련 상담 이론, 상담연구를 통합하여 인지행동상담 이론 안에서 내담자의 호소 문제를 이해하고 구체적인 상담 개입을 알려 주는 틀이다."(Kuyken, Fothergilla, Musaa, & Chadwick, 2005, p. 1188)

4) 오해 4: 오직 한 가지의 사례개념화만 있으며, 모든 내담자에게 활용되어야 한다

사례개념화는 잠정형, 간편형, 종합형 세 가지 형태로 구분하는 것이 필요하다.

(1) 잠정형 사례개념화

잠정형 사례개념화는 내담자를 초기 평가하는 동안에 형성된다. 잠정형 사례개념화라고 하는 이유는 내담자를 향해 관찰하고 질문하며 내담자에 대한 추론을 하고 있지만 아직 미완성 추론으로 충분히 검증되지 않았기 때문이다. 잠정형 사례개념화는 추가 정보와 면밀한 탐색에 따라 바뀌게 된다.

(2) 간편형 사례개념화

종합형 사례개념화보다 더 짧고 간단하게 작성한다. 내담자들의 증상은 일시적이고 문제와 갈등을 경험하는 것이지만 기능 수준이 높고, 회복탄력성, 대처 자원, 변화에 대한 동기와 준비도가 높은 경우이다. 하지만 간편형 사례개념화라고 해서 간단한 사례 요약은 아니다. 과거 경험에 대한 탐색보다는 현재 증상에 초점을 두어 사례개념화를 하도록 한다.

(3) 종합형 사례개념화

처음에는 잠정형 사례개념화로 시작해서 정교하게 내담자 삶의 스토리와 삶의 패턴에 근거하여 내담자를 종합적으로 이해한 후 이를 토대로 내담자에 대한 종합형 사례개념화를 완성한다.

생각해 보기

1. 사례개념화를 위한 요소는 무엇이라고 생각하나요?
2. 사례개념화에 대한 오해는 무엇이라고 생각하나요?

상담실습

1. 사례개념화가 무엇이며, 어떤 요소를 포함해야 한다고 생각하는지 작성해 보세요.

2. 사례개념화와 관련하여 질문이 있으면 질문을 작성해 보고 토론해 보세요.

3. 〈굿 윌 헌팅(Good will hunting)〉 영화를 보고 주인공 윌에 대해 사례개념화를 해 보세요.

4. 자기 자신에 대해 사례개념화를 해 보세요. 자신의 호소 문제를 생각해 보고 과거 경험과 성장과정이 나에게 미친 영향을 작성하고, 대인관계 패턴과 적응 기능을 작성해 보세요.

1) 호소 문제 파악하기

2) 과거 경험 및 성장과정

3) 대인관계 패턴

4) 적응적 기능

제6장

상담 목표와 전략

학습목표

1. 상담목표 설정 방법에 대해 학습한다.
2. 상담 전략 설정에 대해 학습한다.

내담자가 상담실에 오는 이유는 무엇일까? 내담자는 혼자 고민하고 시도해 보다 혼자 문제를 해결할 수 없다고 생각될 때 상담실을 방문한다. 내담자는 문제를 해결할 길이 보이지 않아 머릿속이 복잡하고, 무거운 마음을 가지고 상담실에 찾아온다. 내담자가 혼란스러움과 막막함을 많이 느낄 때 초심상담자는 내담자와 같이 혼란스러움을 느끼며 상담의 방향성을 상실하기 싶다.

사람들은 등산할 때 각자의 이정표를 정해 놓는다. 정상을 향해 등산을 할지 아니면 중간 지점까지만 등산을 할지 계획하고 길을 떠난다. 등산 지점을 정해 놓지 않고 등산을 한다면 어떻게 될까? 산속에서 길을 잃거나 위험한 상황에 처할 수 있다.

[그림 6-1] 등산 이정표 정하기

이와 같이 상담도 상담의 방향인 이정표를 정해 두어야 한다. 상담에서는 이와 같은 역할을 '상담목표'가 한다고 할 수 있다. 내담자는 상담실에 찾아와 호소 문제를 다양하게 이야기한다. 내담자의 호소 문제는 매주 변경될 수도 있다. 상담자는 상담을 받으러 온 내담자의 호소 문제를 경청해야 한다는 책임감을 느낀다. 내담자 이야기를 듣는 데만 급급하여 상담목표를 정하지 않고 상담을 진행하면 상담의 방향성을 상실할 수 있다. 상담자는 내담자의 호소 문제를 경청하며 상담의 목표나 방향성을 설정해야 한다. 즉, 내담자가 상담에서 원하는 욕구가 무엇인지를 확인하며 상담 방향을 세워야 한다. 상담방향 설정을 상담목표 설정이라고 할 수 있다.

[그림 6-2] 상담목표

1. 상담목표의 종류

상담목표는 과정목표, 회기목표와 결과목표로 살펴볼 수 있다.

첫째, 과정목표는 내담자 변화를 위한 치료적인 조건을 수립하는 것이다. 과정목표는 상담이 성공적으로 진행되기 위해 상담 과정에서 준비되어야 할 목표이다. 내담자와 상담자의 원만한 상담관계 형성을 위해서는 신뢰관계 형성, 진실된 공감, 무조건적 존중이 반드시 필요하다. 과정목표는 상담관계에서 모든 내담자에게 치료적인 조건을 위해 성취되어야 할 목표이다. 상담자는 상담 과정에서 상담관계 형성을 위해 과정목표가 잘 이루어지는지 확인한다. 과정목표가 잘 이루어졌다면 내담자는 지각, 결석을 하지 않고 성실하게 상담 약속을 잘 지키며 진실된 대화를 진행한다. 내담자가 빈번하게 지각하거나 결석을 한다면 내담자의 요인도 있겠지만, 상담자가 상담관계 형성을 위한 과정목표에 부족한 측면은 무엇이 있는지 확인해 본다.

둘째, 회기목표는 결과목표를 성취하기 위해 회기별로 목표를 수립하는 것이다. 상담이 결과목표만을 향해 진행한다면 내담자 입장에서는 상담에 대한 참여도가 떨어질 수 있다. 상담은 결과목표를 향해 나아가지만 상담자는 내담자 호소 문제를 회기별로 탐색하며 내담자가 호소한 문제가 해소되도록 한다. 회기목표는 내담자가 회기별 호소하는 문제가 해소되는 경험을 통해 상담에 대한 자발성이 증진될 수 있다. 이때 상담자는 회기목표와 결과목표가 연결될 수 있도록 한다. 내담자는 회기별로 다른 주제를 가지고 와서 상담을 요청할 수 있다. 이때 상담자는 내담자가 원하는 회기별 호소 문제를 들으며 회기별 목표를 수립하고 최종 목표와 연결성을 점검해 본다(〈사례 6-1〉 참조).

사례 6-1 회기목표 설정

내담자 1: (2회기 상담) 지난번 상담에서 부모님과의 갈등에 대해 이야기하고 싶다고 말씀드렸는데 다른 고민을 이야기하고 싶어요. 그렇게 해도 될까요?

상담자 1: 네. 부모님과의 갈등으로 상담에 왔지만 다른 주제를 이야기하고 싶다면 이야기하셔도 됩니다.

내담자 2: 그래도 되나요?

상담자 2: 네. 상담에서는 하고 싶은 이야기를 자유롭게 할 수 있어요. 어떤 고민을 이야기하고 싶나요?

내담자 3: 친구와 갈등이 있어서요.

상담자 3: 친구 갈등에 대해 이야기를 하고 싶군요. 그럼 상담을 통해 기대하는 바는 무엇일까요?

내담자 4: 상담을 통해 내 마음을 정리하고 친구관계도 어떻게 해야 할지 생각해 보고 싶어요.

상담자 4: 상담을 통해 마음도 정리하고 친구관계도 생각해 보고 싶은 거군요.

내담자 5: 네. 맞아요.

셋째, 결과목표는 내담자가 상담을 통해 최종적으로 변화하고 싶은 모습과 관련된다. 그러므로 결과목표는 내담자마다 차이가 있다. 결과목표는 내담자가 상담을 통해 자신이 변화하고 싶은 욕구와 관련이 있기 때문에 상담자는 내담자의 이야기를 경청하면서 내담자 호소 문제를 확인한다. 내담자 호소 문제를 들으면서 내담자가 원하는 모습, 변화하고 싶은 모습이 무엇인지 질문하고 확인한다. 내담자가 기대하는 자신의 모습, 변화하고 싶은 자신의 모습이 상담의 결과목표가 될 수 있다. 이때 결과목표 설정 시 상담자는 내담자와 합의해서 결정한다(〈사례 6-2〉 참조).

사례 6-2 결과목표 설정

상담자 1: 상담에서 어떤 부분을 상담받고 싶으세요?

내담자 1: 진로도 고민이고, 이성관계도 고민이고, 친구관계도 고민이고, 부모님과 사이도 좋지 않아서 다 고민이에요.

상담자 2: 이 중에 순위를 정한다면, 상담에서 어떤 고민을 가장 먼저 다루고 싶나요?

내담자 2: 이성관계요. 너무 힘들어요. 맨날 싸우고 화해하고 또 싸우고 후회하고. 이렇게 힘들게 만나야 할지 헤어져야 할지 고민이에요.

상담자 3: 그렇군요. 그럼 상담을 통해 기대하는 부분은 무엇일까요?

내담자 3: 음…… 이성친구랑 관계를 어떻게 할지 고민이에요. 저도 무엇을 기대하는지 모르겠어요.

상담자 4: 그럼 내일 아침에 일어났는데 기적이 일어났어요. 어떤 기적이 일어났으면 하고 기대하나요?

내담자 4: 기적이 일어난다면 이성친구랑 싸우지 않고 좋은 관계를 유지하고 싶어요.

상담자 5: 그렇군요. 이성친구랑 잘 지내는 관계를 원하시는 거군요.

내담자 5: 네. 그런 것 같아요.

상담자 6: 그럼 상담을 통해 기대하는 바는 '이성친구와 잘 지내고 싶다'네요. 상담목표를 '이성친구와 잘 지내고 싶다'로 정해도 될까요?

내담자 6: 그러면 좋을 것 같아요. 그렇게 되었으면 좋겠어요.

상담자 7: 네. 그러면 '이성친구와 잘 지내고 싶다'는 상담목표를 가지고 상담을 진행하도록 하지요.

상담자는 내담자의 다양한 호소 문제를 듣고 우선순위를 정하였다(상담자 1). 그리고 상담에서 기대하는 것을 찾기 위해 '기적질문'을 사용하였다(상담자 4). '기적질문'을 통해 내담자의 기대와 욕구를 확인한 후 결과목표를 점검하고 내담자와 합의하는 과정을 진행하였다(상담자 7).

2. 상담목표 설정

1) 내담자가 설정한 상담목표

상담의 주인공은 내담자이다. 상담자는 내담자에게 상담에 온 목적, 상담에 도움을 청하고 싶은 이유 등 자유롭게 이야기할 수 있는 분위기를 조성한다. 상담에서는 내담자가 마음속의 이야기를 자유롭게 표현하는 과정이 중요하다. 상담자가 제시하는 질문을 통해 상담을 이끌어 가면 내담자의 입장에서는 상담에 참여하고 싶은 마음이 없어져 상담에 소극적으로 참여하게 된다. 상담자는 내담자에게 상담에서 이야기하고 싶은 주제는 무엇이며, 상담에서 변화하고 싶은 부분은 무엇인지, 상담을 통해 기대하는 것은 무엇인지 탐색한다. 상담자는 내담자가 원하는 바가 무엇인지를 지속적으로 탐색하고 확인한다. 또한 내담자가 변화하고 싶은 모습을 탐색하며 상담목표를 설정할 수 있다. 내담자의 상담목표는 일차적으로 내담자의 문제를 해결하고 고통을 감소시키며 내담자의 건강한 욕구를 충족하도록 돕는 일이다. 상담자는 내담자가 원하는 목표가 현실적이고 합리적일 수 있도록 상담목표를 수립한다(〈사례 6-3〉 참조).

사례 6-3 상담목표 합의하기

상담자 1: 그래요. 친구관계가 힘들다고 했는데 상담을 통해 기대하는 바는 무엇일까요?

내담자 1: 제 친구들은 정말 이상해요. 선생님이 친구들을 상담해서 변화시켜 주세요.

상담자 2: 그래요. 친구들이 변화했으면 좋겠군요.

내담자 2: 네. 맞아요. 친구들이 변화하면 문제가 없을 것 같아요.

상담자 3: 친구들이 변화하기를 원하는데 지금 선생님은 지수를 만나고 있어요. 선생님이 친구들을 만날 수 없어서 그 친구들을 변화시킬 수는 없을 것 같네요. 그런데 친구들이 어떻게 이상한지 이야기해 주세요.

내담자 3: 맨날 자기들 원하는 대로만 하고, 제가 이야기하는 건 듣지도 않고…….

상담자 4: 많이 힘들겠네요. 지수가 상담에 왔는데 상담을 통해 바라는 점은 무엇일까요?

내담자 4: 잘 모르겠어요……. 내가 무엇을 원하는지…… 생각해 본 적이 없어요.

상담자 5: 그게요. 그럴 수 있지요. 만일 내일 아침에 잠을 자고 일어났는데 기적이 일어났다면, 어떤 기적이 일어나면 좋을까요?

내담자 5: 기적이 일어난다면……. 친구들이랑 그만 싸우면 좋겠어요. 지금 너무 힘들어요.

상담자 6: 그래요. 상담을 통해 바라는 것은 친구들이랑 사이좋게 지냈으면 하는 것이군요.

내담자 6: 네. 그랬으면 좋겠어요.

상담자 7: 그래요. 그럼 지금은 어떻게 지내요? 그럼 우리 상담목표는 '친구들이랑 싸우지 않기'로 정해도 될까요?

내담자 7: 네. 그렇게 되면 좋겠어요. 지금은 너무 많이 싸워요.

〈사례 6-3〉에서 내담자는 상담실에 없는 다른 친구들을 변화시켜 주기를 기대하고 있다. 내담자들은 마음이 너무 답답한 경우 상담자가 자신과 갈등을 경험하고 있는 사람을 변화시켜 주기를 기대한다. 하지만 상담자는 상담실에 오지 않은 사람을 변화시킬 수 없다. 그러므로 상담자는 내담자에게 상담실에 오지 않은 사람을 변화시킬 수 없음을 설명해야 한다(상담자 3). 하지만 상담자가 내담자에게 상담에 오지 않은 사람을 변화시킬 수 없다고 강하게 이야기하면 내담자는 마음에 상처를 받을 수 있다. 상담자는 내담자에게 변화되어야 할 사람이 누구인지, 어떤 면이 변화되어야 하는지를 이야기해 달라고 요청한 후 내담자 이야기를 듣도록 한다. 내담자는 자신의 답답한 마음속 이야기를 상담자에게 표현하는 과정을 통해 후련함을 느낄 수 있다.

내담자의 마음속 답답한 이야기를 듣고 난 후 상담자는 내담자에게 관계 속에서 원하는 것이 무엇인지 질문한다. 상담자의 질문에 내담자가 즉시 대답하기는 쉽지 않다. 상담자는 내담자가 생각해 볼 수 있도록 시간을 주고 기다려 주거나 기적질문을 사용하여 내담자가 상담에서 원하는 바를 이야기하도록 유도한다(상담자 5). 자신이 원하는 것이 무엇인지 생각해 본 적이 없는 내담자를 위해 곰곰이 생각한 후 이야기하도록 기다려 주어야 한다. 내담자가 상담을 통해 자신의 욕구, 즉 원하는 바를 이야기하는 과정을 통해 상담목표를 설정할 수 있다.

2) 상담자가 설정한 상담목표

상담자는 내담자와의 만남 속에서 내담자가 원하는 바를 듣고 내담자와 협의하여 상담목표를 설정한다. 내담자와 협의한 상담목표를 설정하여 상담을 진행하지만, 상담자는 상담자가 설정한 사례개념화에 근거하여 내담자에 대한 상담목표를

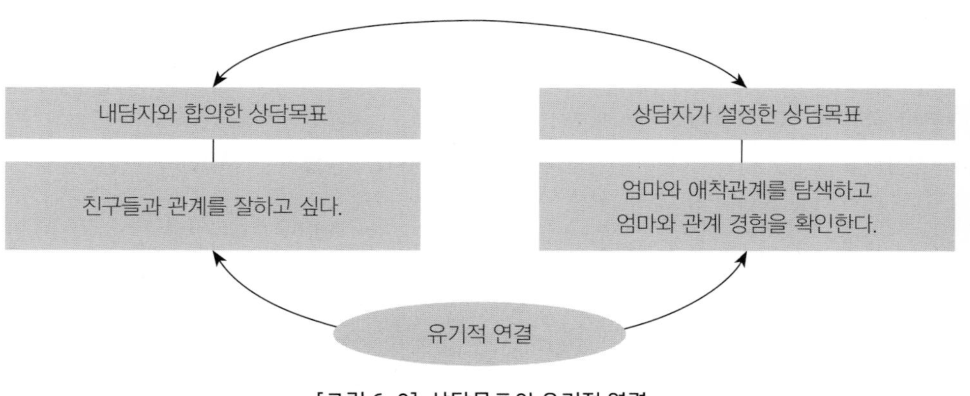

[그림 6-3] 상담목표의 유기적 연결

설정할 수 있다. 우선, 상담 진행에서 가장 중요한 상담목표는 내담자와 상담자가 합의한 것이며 여기에 부가적으로 상담자의 상담목표를 설정할 수 있다. 이때 내담자에게 상담자가 설정한 상담목표를 설명하고 전달하면 내담자가 수용하기 어려워할 수 있다. 예를 들어, 학교에서 대인관계로 갈등을 경험하는 내담자가 원하는 상담목표는 '친구들과 관계를 잘하고 싶다'이다. 상담자는 내담자의 이야기를 들으며 내담자에 대해 구성한 사례개념화는 '대인관계 속에서 갈등이 발생하는 이유는 어릴 때 엄마와 안정적인 애착관계가 형성되지 않았기 때문'이라는 가설을 세웠다. 상담자는 엄마와의 관계를 탐색할 필요성을 느껴서 상담자의 상담목표를 '엄마와의 애착관계를 탐색하고 엄마와의 관계경험을 확인한다'로 설정하였다. 이를 통해 상담자는 내담자가 현재 친구들과의 관계에서 발생하는 갈등은 엄마와의 불안정 애착으로 파생된 부분이라는 것을 통찰할 수 있도록 하고자 한다([그림 6-3] 참조).

상담자는 내담자와 엄마의 관계를 먼저 탐색하고 싶지만, 내담자는 엄마와 관련된 이야기보다 현재 친구관계에서 발생하는 갈등을 이야기하고 싶어 한다. 이때 내담자와 합의한 상담목표가 우선이 되어야 하므로 상담자는 내담자가 원하는 친구관계 주제를 이야기하도록 한다. 내담자가 친구와 관련된 호소 문제를 이야기하다 어느 순간 엄마와 관련된 어려움을 이야기할 때 상담자는 상담자가 탐색하고 싶은 내담자와 엄마와의 관계를 탐색할 수 있다. 하지만 최종 목표는 친구관계라는 것을 잊지 말아야 한다.

3) 상담목표를 설정하는 방법

(1) 내담자의 호소 문제를 무비판적으로 경청한다

내담자는 수십 번, 수백 번, 수천 번 고민하고 상담실에 내방한다. 내담자는 상담실에 와서 누구에게도 이야기하지 못했던 마음속 이야기를 털어놓고 싶어 한다. 하지만 내담자는 마음속에 담아 두었던 이야기를 꺼내 놓기가 어려워 힘들어한다. 이때 상담자는 내담자의 이야기를 들으면서 상담자 자신이 세운 상담 방향을 내담자에게 설명하고 싶은 마음이 생길 수 있다. 그래서 내담자가 이야기하는 호소 문제에 집중해서 듣는 것을 놓칠 수 있다.

좋은 상담이 되기 위해서는 내담자가 자신의 이야기를 충분히 표현할 수 있는 분위기를 조성하는 것이 필요하다. 상담자는 내담자 이야기를 들으면서 내담자가 잘못 행동하고 잘못 생각하고 있다고 판단할 수 있다. 예를 들어, 이성친구와의 갈등으로 힘들어하는 내담자의 이야기를 들어 보니 내담자가 상대에게 잘못 행동하고 있는 것이 파악되었다. 이럴 경우, 초심상담자는 내담자에게 잘못된 행동에 대한 부분을 전달하고 싶은 마음이 들 수 있다. 하지만 이때 상담자는 내담자가 어떤 이유로 잘못된 행동을 하고, 어떤 가족 환경으로 성장하여 이런 모습을 보이는지 이해하고 파악하고자 하는 태도로 내담자 행동을 판단하지 않고 경청한다.

(2) 내담자가 상담을 통해 원하는 것이 무엇인지를 탐색한다

내담자 이야기를 듣고 난 후 **상담자는 내담자에게 상담을 통해 원하는 것이 무엇인지 탐색한다.** 하지만 내담자는 자신이 상담에서 원하는 것이 무엇인지를 이야기하는 것이 어렵다. 문제 속에 빠져 있는 내담자는 자신이 경험하는 문제에 압도되어 문제만을 생각하고 있는 경우가 많다. 그러므로 내담자는 자신이 원하는 것을 생각해 본 적이 많지 않아 자신이 원하는 것을 말하기가 어렵다. 내담자가 상담을 통해 원하는 것이 없거나 모른다고 할 때, 상담자는 내담자에게 여러 번 질문하는 과정을 거치고 기적질문을 활용해 내담자가 원하는 것이 무엇인지를 탐색해야 한다(〈사례 6-4〉 참조).

사례 6-4 내담자와 상담목표 합의하기

상담자 1: 상담을 받으러 오셨는데 상담을 통해 기대하는 바는 무엇일까요?

내담자 1: 기대하는 거요?

상담자 2: 네. 상담을 받고 나서 나의 모습이 어떻게 변화되었으면 하는지에 대한 기대요.

내담자 2: 저는 제 인생에서 더 좋아질 거라는 기대를 해 본 적이 없어요. 계속 안 좋은 일들만 일어났어요. 상담을 받는다고 뭐가 더 좋아질까요? 가능할까요?

상담자 3: 그러시군요. 힘든 일이 많으셨나 봐요. 많이 낙심되고 절망감이 느껴지네요.

내담자 3: 제 인생은 그래요. 좋은 일이 하나도 없었어요. 상담실에 오기는 했지만 기대는 별로 없어요.

상담자 4: 그러실 수 있지요. 힘든 일을 많이 겪으셨나 봐요. 질문 하나 할게요. 내일 아침에 일어났는데 기적이 일어났어요. 어떤 기적이 일어났으면 하고 바라세요?

내담자 4: 기적이요? 내일 아침에요? 기적이라는 게 있을까요? 기적이 일어난다면 배우자랑 행복한 결혼생활을 하고 있었으면 좋겠어요. 그런 기적이 일어날까요?

상담자 5: 배우자랑 행복한 결혼생활을 기대하시는군요.

내담자 5: 네. 그렇게만 될 수 있다면 좋겠어요.

상담자 6: 배우자와의 행복한 결혼생활이란 구체적으로 어떤 걸까요?

내담자 6: 매일이 전쟁이에요. 매일 싸우고 얼굴도 안 보고 산 지도 몇 년인지 모르겠어요.

상담자 7: 매일이 전쟁이었다니 많이 힘드셨겠어요.

내담자 7: 네.

상담자 8: 어떤 결혼생활을 기대하세요?

내담자 8: 결혼생활이 행복했으면 좋겠어요.

상담자 9: 어떻게 하면 결혼생활이 행복할 수 있을까요?

내담자 9: 싸움이 줄어들고 소통했으면 좋겠어요.

상담자 10: 배우자와 싸움을 줄이고 의사소통을 하고 싶으시군요.

내담자 10: 그렇게만 된다면 너무 좋을 것 같아요.

상담자 11: 싸움의 횟수는 어느 정도로 줄이고 싶나요?

내담자 11: 지금은 보기만 하면 매일 싸우니 하루에 한 번이라도 싸우지 않고 의사소통을 했으면 좋겠어요.

상담자 12: 그럼 '배우자와 하루에 한 번이라도 싸우지 않고 의사소통을 한다'로 상담목표를 설정해도 될까요?

내담자 12: 네. 그랬으면 너무 좋겠네요.

상담자 13: 그럼 지금은 배우자와의 결혼생활 점수를 10점 만점 중에 몇 점을 줄 수 있을까요?

내담자 13: 지금은 0점이요. 아니요. 마이너스예요.

상담자 14: 그렇다면 상담을 통해 결혼생활이 좋아질 거라고 기대하는 점수는 몇 점 정도일까요?

내담자 14: 3점만 되도 좋겠고 5점이 된다면 너무 좋을 것 같아요.

내담자가 자신이 원하는 것을 이야기하기 어려워할 때는 기적질문을 활용하도록 한다(상담자 4). 그런 후에 내담자가 원하는 것을 이야기하였지만 원하는 것이 너무 추상적이거나 너무 큰 주제라면 상담자는 좀 더 구체적으로 질문하는 과정을 갖는다(상담자 6).

(3) 상담목표는 현재 호소 문제에 초점을 두어 설정한다

내담자는 현재 시점에서 자신을 힘들게 하는 고민을 해결하고 싶어 상담실에 방문한다. 상담자는 내담자의 호소 문제를 듣다 보면 내담자 문제가 과거 상처, 과거 경험, 어릴 때 주 양육자와의 관계와 연관이 있음을 발견한다. 이때 상담자는 내담자의 이야기를 들으면서 과거 경험을 다루어야 할 필요성을 느낀다. 정신분석적 상담에 기초하여 상담을 진행하거나 내담자에게 필요하다면 상담 초기 내담자의 과거 경험에 초점을 두어 상담을 진행할 수 있다. 하지만 단기상담으로 진행되는 경우에는 내담자의 과거보다는 내담자가 현재 어려워하는 것에 초점을 두어 상담을 진행한다.

친구관계에서 친밀감을 느끼는 것이 어려워 찾아온 내담자의 경우 엄마와의 애착관계 문제, 엄마와의 친밀감 경험 부재 등이 친구관계에서 친밀감 문제와 관련이 있을 수 있다. 상담자 입장에서는 내담자 과거를 탐색하고 다루어서 과거 문제를 해결한 후 현재 문제를 다루어야 한다고 생각할 수 있다. 그래서 상담자는 내담자에게 엄마와의 관계에 초점을 두어 상담을 진행하고 싶은 생각이 들지만, 그렇게 하면 내담자는 상담에 참여하는 자발적인 동기가 저하될 수 있다. 내담자의 현재 고민은 친구관계이므로 친구관계의 어려움을 이야기하고 고민을 해결하기 원한다. 하지만 상담자가 엄마와의 관계라는 주제를 정해 버리면 상담에 대한 동기가 저하되고 상담에 오고 싶은 마음이 사라지게 된다(〈사례 6-5〉 참조).

사례 6-5 상담자가 주제를 정한 경우

상담자 1: 상담에서 원하는 바는 무엇일까요?

내담자 1: 친구관계에서 친밀감을 느끼는 것이 어려워요. 그래서 항상 친구관계가 고민이 돼요. 가까이 다가와도 부담스럽고 주변에 친구가 없으니 외롭고 그래서 힘들어요.

상담자 2: 그럼 혹시 부모님하고 친밀감을 느끼는 게 불편한지요?

내담자 2: 네……. 부모님하고도 친밀감을 느끼는 게 어렵고 불편해요.

상담자 3: 그렇군요. 아마 친구관계에서 느끼는 친밀감에 대한 불편함은 부모님과의 관계에서 경험과 관련된 것 같아요. 그럼 우선 부모님 이야기를 먼저 해 볼까요?

내담자 3: 네? 부모님하고 떨어져 지낸 지가 너무 오래되어 이야기하기가…… 어려운데요…… 저는 친구관계가 고민인데요…….

내담자는 친구관계가 고민이어서 상담을 받으러 왔지만, 현재 내담자가 경험하는 친구관계 문제는 부모관계와 관련성이 있으므로 이 부분을 탐색할 필요가 있다. 하지만 상담 주제가 '부모와의 관계'가 되어 버리면, 이는 내담자가 원하는 상담 주제가 아니기 때문에 내담자는 상담 참여에 대한 자발성이 떨어지게 된다. 또한 부모님에 대한 이야기를 하고 싶지 않은 내담자의 경우에는 더욱 그러하다. 그러므로 내담자가 상담에서 하고 싶은 이야기가 무엇이며, 상담에서 원하는 바가 무엇인지를 탐색하고 목표를 설정하도록 하며, 과거의 경험에 초점을 두기보다는 **지금 현재 내담자가 호소하는 어려움에 초점**을 두어 상담목표를 설정한다.

(4) 상담목표는 실천 가능하고 종결 때 확인할 수 있도록 구체적으로 설정한다

내담자들은 상담을 통해 자신의 고민이 사라지기를 기대한다. 내담자들은 상담자가 문제를 해결해 주는 만능 해결사라고 생각할 수 있다. 그래서 내담자들은 상담에서 원하는 바를 이야기하면서 실현 가능 여부, 실천 가능 여부를 고려하지 않는다. 내담자가 원하는 상담목표가 때로는 추상적이고 비현실적이고 실천 불가능할 수 있다. 상담자는 내담자가 원하는 상담목표라고 해서 무조건 그대로 진행해서는 안 된다. 상담목표가 구체적이지 않고 현실 가능한 목표가 아니라면 상담자가 상담의 방향을 놓칠 수 있어 결국 내담자도 상담에 대한 만족도가 떨어질 수 있다. 내담자에게 상담목표가 잘못되었다거나 틀렸다고 이야기하는 것이 아니라 **내담자가 이야기한 목표를 실천 가능한 목표로 수정하고 구체적인 목표로 수정한다.**

발표 불안으로 상담실에 방문한 내담자는 상담에서 원하는 상담목표 '자신감 생기기' '자존감 향상하기' '불안 없애기' '합리적 신념을 형성하기' '좋은 성격 갖기' '감정 정화하기'라고 한다. 이러한 상담목표는 추상적이라 상담 종결 시에 달성 여부를 확인하기 어렵다. 상담 종결 시에 자신감이 어떻게 생겼는지, 자존감이 얼마나 향상되었는지, 불안이 없어졌는지를 점검하기란 어려운 일이다. 이에 대해 상담자는 발표 불안으로 힘들어하는 내담자의 이야기를 들으면서 내담자가 원하는 바를 구체적으로 찾아보도록 한다(〈사례 6-6〉 참조).

사례 6-6 구체적 목표 설정하기

상담자 1: 상담에서 원하는 바가 무엇일까요?

내담자 1: 자존감이 향상되었으면 좋겠어요. 저는 자존감이 너무 낮은 것 같아요.

상담자 2: 그렇군요. 자존감을 올리고 싶군요.

내담자 2: 네. 맞아요.

상담자 3: 우리가 상담목표를 '자존감 향상하기'로 하면 상담이 끝났을 때 확인하기가 어려워요. 무엇을 보면 내가 자존감이 향상되었다라고 생각할 수 있을까요?

내담자 3: 사람들 말에 너무 많이 휘둘려요. 제 의견보다는 다른 사람들 의견에 너무 신경을 쓰는 것 같아요. 제 의견을 당당하게 이야기하고 싶어요.

상담자 4: 그럼 상담을 통해 기대하는 모습은 '내 의견을 당당하게 이야기하고 싶다'네요.

내담자 4: 네. 그렇게 되었으면 좋겠어요.

상담자 5: 내 의견을 당당하게 이야기하면 자존감이 향상되었다고 생각할 수 있겠네요.

내담자 5: 네. 그럴 것 같아요.

상담자 6: 그럼 상담목표는 '사람들 눈치 보지 않고 내 의견을 당당하게 이야기한다'로 하면 될까요?

내담자 6: 네. 그러면 좋을 것 같아요.

(5) 내담자가 원하는 상담목표와 상담자의 역량에 기초하여 상담목표를 합의한다

합의목표란, 내담자 호소 문제 중에서 내담자가 다루고자 하는 마음의 준비가 되어 있고, 상담자가 내담자의 문제를 다룰 수 있는 전문적인 역량이 있어 상담자와 내담자가 상호 계약적인 관계에서 해당 문제를 선정하고 상담에서 다루고자 합의한 목표를 의미한다(이명우, 2017). 상담자는 내담자 호소 문제에 대해 들으면서 내담자의 문제를 다룰 수 있는 자신의 상담 역량과 한계점을 인식하는 것이 중요하다. 내담자의 호소 문제를 듣고 상담자의 능력을 넘어서는 문제를 다루고자 내담자와 목표를 합의해서는 안 된다. 상담자가 진행하기에 버겁거나 다루기에 어려운 상담 영역일 경우 같은 기관이나 다른 기관의 적합한 상담자에게 상담을 의뢰하도록 한다. 한편, 비자발적인 내담자인 경우 상담목표를 설정하는 것보다 상담에 함께할 수 있도록 마음을 공감해 주고 동기화하는 과정이 더 중요하다. 내담자의 준비도와 동기화 수준에 따라 상담목표를 설정하는 것이 중요하다.

(6) 상담목표는 우선순위를 정하고 호소 문제들의 연결성을 고려한다

내담자들은 상담에서 한 가지 호소 문제만을 이야기하지 않는다. 내담자는 한 가지 이상의 호소 문제를 이야기하며 모든 문제를 상담받고 싶어 한다. 한 가지 주제만을 이야기하는 내담자는 별로 없고, 회기마다 이야기 주제가 바뀌는 내담자도 있다. 이럴 때 상담자는 내담자에게 어떻게 반응해야 하는지 매우 혼란스럽고 고민된다.

상담자는 우선 내담자가 고민하는 호소 문제가 여러 가지라면 모두 이야기하도록 한 후 내담자에게 호소 문제를 요약해 준다. 내담자는 상담자가 요약해 주는 호소 문제를 들으며 자신의 호소 문제를 재확인한다. 상담자는 내담자에게 호소 문제 중 어떤 문제를 가장 먼저 상담받고 싶은지 우선순위를 정하도록 한 후, 나머지 문제에도 순서를 정하게 한다(상담자 2). 상담자는 내담자가 첫 번째 우선순위로 정한 호소 문제에 초점을 두어 상담목표를 설정하도록 한다(〈사례 6-7〉 참조).

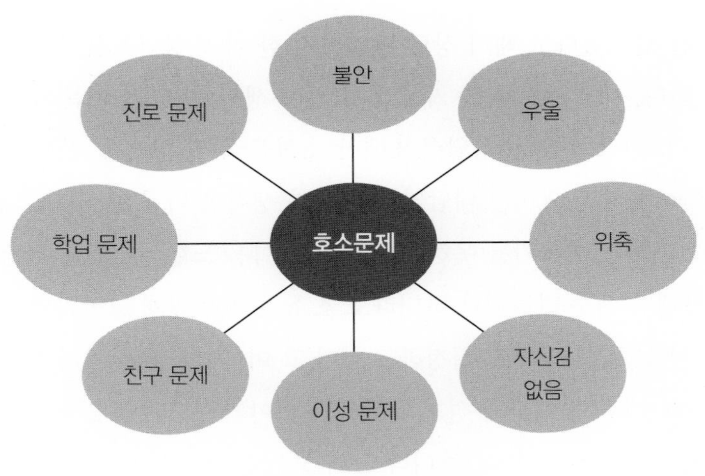

[그림 6-4] 호소 문제 연결

사례 6-7 상담목표 우선순위 정하기

상담자 1: 상담을 통해 기대하는 바는 무엇일까요?

내담자 1: 우울도 없어졌으면 좋겠고, 불안도 그렇고, 위축이 안 되었으면 좋겠고, 자신감도 생겼으면 하고, 사람들 눈치도 안 보고 제 결정도 했으면 해요. 친구관계도 고민이고 이성친구 관계도 고민이고요. 성적도 잘 나왔으면 하고 진로도 선택했으면 해요.

상담자 2: 상담을 통해 기대하는 바가 많이 있네요. 우울과 불안에서 벗어나고 싶고, 위축이 안 되었으면 하고, 자신감이 생겼으면 하고, 사람들 눈치 보지 않고 결정하고 싶네요. 성적도 잘 나오고 진로도 결정되었으면 하고요. 이 중에서 우선순위를 정한다면 가장 첫 번째로 기대하는 것은 무엇일까요?

내담자 2: …… (침묵) …… 사람들 눈치 보지 않고 결정하고 싶어요.

상담자 3: 상담을 통해 '사람들 눈치 보지 않고 결정하고 싶다.'를 기대하는군요.

내담자 3: 네. 그렇게 되었으면 해요.

상담자 4: 그럼 상담목표를 '사람들 눈치 보지 않고 결정하고 싶다'로 결정해도 될까요?

내담자 4: 네.

상담자 5: 상담목표를 정했지만 상담을 진행하다가 꼭 이 주제가 아닌 어떤 이야기를 하셔도 좋아요. 상담에 오셔서 그때마다 하고 싶은 이야기, 고민되는 부분을 이야기하셔도 됩니다.

상담목표를 설정했다고 해서 상담 종결까지 한 가지 상담목표만을 가지고 상담을 할 수는 없다. 내담자는 매주 새로운 고민이 생길 수 있기 때문이다. 내담자가 말하고 싶은 고민을 합의한 상담목표에만 초점을 두어 상담을 진행하면, 즉시성(here and now)에서 느껴지는 내담자의 감정과 생각을 다룰 수 없다. 내담자도 자신이 현재 고민하는 이야기를 못하게 되어 답답함을 느낄 수 있다. 상담자는 내담자의 호소 문제가 매주 변경된다 하더라도 호소 문제와 현재 고민과의 연계성을 찾도록 한다. '남 눈치 보지 않고 결정하고 싶다'고 이야기한 내담자가 이성친구 문제로 이야기하고, 다음 주에는 동성친구 문제를 이야기하고 우울을 이야기하고 불안을 이야기하고 위축감을 이야기하더라도 이 모든 문제는 각각 분리된 것이 아니라 연계되어 있다고 볼 수 있다. 상담자는 각각의 호소 문제를 연계하여 살펴보며 다루어야 한다. '남 눈치로 불편함'이라는 호소 문제는 이성친구 문제, 동성친구 문제, 우울, 불안과 연결될 수 있다.

3. 상담에서 변화의 3단계

- 1단계: 내담자가 상담을 받게 되는 초기 단계는 내담자의 호소 문제에 초점을 두어 진행하게 된다. 내담자는 상담자에게 꺼내 놓기 어려운 이야기와 고민을 이야기하면서 힘들어한다. 이러한 과정은 내담자에게 부정적인 영향을 줄 수 있다. 상담 초기 과정이므로 상담과 변화가 일어나기는 어렵다.
- 2단계: 내담자가 상담을 통해 아주 작은 변화라도 경험할 수 있도록 한다. 또한 내담자가 호소한 호소 문제에 관심을 갖고 내담자에게 나타나는 증상을 감소시킬 수 있도록 한다.
- 3단계: 상담 과정을 통해 내담자의 행동패턴, 사고패턴, 정서패턴을 파악하고 적절하지 못한 패턴을 수정할 수 있도록 한다.

4. 상담 전략

상담 전략이란, 상담목표를 성취하기 위해 상담이론에 기초하여 상담기법을 설정하는 것이다. 전략(戰略)은 '전쟁을 전반적으로 이끌어 가는 방법이나 책략'을 말한다. 전쟁을 진행할 때 이끌어 가는 방법이나 책략이 필요한 것처럼 상담에서도 효과적으로 상담을 진행하고 상담목표를 달성하기 위한 방법이 필요하다. 상담목표를 달성하기 위해 상담자는 사례개념화에 기초하여 상담의 방향을 생각한다. 상담자는 내담자의 문제를 어떻게 해결하고 어떤 방식으로 진행해야 하는지 고민하며 상담 전략을 구성한다. 상담 전략은 타당하고 구체적이며 융통성이 있어야 한다. 상담 전력을 세우기 위한 방법은 다음과 같다.

첫째, 상담 전략은 상담목표를 고려하여 설정한다. 상담 전략의 가장 중요한 목적은 상담목표를 달성하는 것이다. 그러므로 상담목표를 달성하기 위한 최상의 방법이 무엇인지를 고민하며 상담 전략을 세운다.

둘째, 상담 전략은 상담이론에 기초하여 설정한다. 상담자는 상담을 진행하면서 내담자에게 적합한 상담이론을 고려해 보도록 한다. 내담자에 대한 사례개념화에 기초하여 상담이론을 설정했다면 상담 전략도 상담이론에 근거하여 설정하도록 한다. 꼭 한 가지 상담이론만을 활용하지 않고 몇 가지 상담이론을 활용하더라도 상담 전략은 상담이론에 근거하여 설정하도록 한다. 상담자는 자신이 어떤 상담이론에 근거하여 상담 전략을 구상하고 있는지를 확인하도록 한다.

셋째, 상담 전략은 구체적이어야 한다. 상담 전략은 상담에서 실행될 수 있도록 구체적이어야 한다. 예를 들어, '내담자의 자존감을 높이기 위해서 진행한다'는 목표에서는 구체적인 상담 방법이 제시되지 않았다. 그러므로 구체적으로 상담 전략을 작성하도록 한다.

넷째, 상담 전략은 융통성이 있어야 한다. 상담자가 구상한 상담 전략이 모든 내담자에게 적용되지 않을 수 있다. 상담자는 내담자에 맞는 상담 전략을 유연하게 적용해 보도록 한다.

5. 이론별 상담목표 및 상담 전략

다음의 사례를 중심으로 상담이론별 상담목표와 상담 전략을 살펴보고자 한다.

내담자 A는 어릴 때 부모님이 정서적 지지를 해 주지 않았고 지금도 부모님은 A를 계속 비난한다. 부모님 관계가 좋지 않아 어릴 때부터 항상 싸워 항상 부모님 눈치를 보았다. 아빠는 A가 엄마를 닮았다고 비난하였으며, 엄마는 A가 아빠를 닮았다고 비난하였다. 내담자는 최근에 엄마와 아빠가 심하게 다툰 후 이혼하겠다고 이야기해서 불안하다. 부모와 친밀감을 느껴보지 못해 친구관계에서도 친밀해지게 되면 불편하다. 교우관계가 가까워지려 하면 먼저 관계를 단절하거나 차단해 버렸다. 그래서 주변에 친한 친구들이 없다. 주변에 사람들이 없어 외롭지만 사람들이 가까이에 있는 것도 불편하다. 사람들이 자신을 알게 되면 "나를 비난할 것 같고 가까워지면 나를 싫어할 것 같다."라고 하였다. 하지만 지속적으로 외로움을 느끼고 혼자 고립된 것 같아 우울하고 힘들다.

1) 정신분석 상담

정신분석 상담의 상담목표는 무의식을 의식화함으로 성격구조를 수정하고 본능의 충동에 따르지 않고 현실에 맞게 행동하도록 자아를 강화시키는 것이다. 내담자가 의식적으로 알지 못해도 마음속에 잠재되어 있는 갈등이 해소되지 않으면 심리적 긴장 상태, 불안 상태로 유지되거나 심한 경우에는 증상으로 발현된다. 상담 전략은 내담자로 하여금 무의식적 갈등이나 불안을 표현하게 하고 심리적 긴장과 불안을 억압하지 않고 내담자 자아가 강화하도록 한다.

- 호소 문제: 사회적 고립감과 외로움으로 우울함
- 촉발 요인: 최근 부모님이 심하게 다툰 후 이혼 이야기가 나오고 이혼이 진행됨
- 유지 요인: 혼자만의 세계가 편안함. 일반화된 사회적 고립을 유지함

① 상담목표
- 부모님 눈치를 보지 않고 내가 원하는 삶을 살고 싶다.

② 상담 전략
- 과거 어릴 적 부모님 싸움에 관련한 기억 탐색을 통해 내담자가 받았던 상처를 탐색하고 표현하도록 한다.
- 부모에게 인정받기 위해 억압했던 자신의 욕구를 깊이 탐색한다.
- 현재 문제와 관련된 과거의 억압된 갈등을 탐색한다.

2) 인간중심 상담

인간중심 상담의 상담목표는 내담자가 충분히 기능하는 사람이 되도록 돕는 것이다. 이 목표를 달성하기 위해 상담자는 내담자가 긴장과 불안을 내려놓을 수 있도록 신뢰할 만한 분위기를 조성하여 내담자가 자유롭게 자기를 표현하도록 한다. 상담 전략은 내담자가 표현하는 어떠한 감정도 평가하지 않고 있는 그대로 수용하는 상담자의 태도가 요구된다. 또한 내담자가 자기답게 살지 못하고 왜곡하고 부정했던 자신의 감정, 생각, 요구 등을 새로운 각도에서 이해해 볼 수 있도록 한다.

- 호소 문제: 사회적 고립감과 외로움으로 우울함
- 촉발 요인: 최근 부모님이 심하게 다툰 후 이혼 이야기가 나오고 이혼이 진행됨
- 유지 요인: 혼자만의 세계가 편안함. 일반화된 사회적 고립을 유지함

① 상담목표

- 부모님 싸움에 관여하지 않고 내 삶을 살고 인생 진로를 설계하고 싶다.

② 상담 전략

- 인간중심 상담에 기초하여 상담자는 진솔성을 갖고 내담자를 있는 그대로 수용한다.
- 상담자는 내담자를 무조건적으로 존중하고 어떤 평가나 판단도 하지 않는다.
- 상담자는 내담자의 경험을 민감하게 느끼며 불편한 마음을 공감한다.

3) 인지행동 상담

인지행동의 상담목표는 자동적 사고를 변화시키고, 왜곡된 인지 도식을 재구성하여 인지적 오류를 제거하는 것이다. 상담 전략은 인지적 오류를 제거하기 위해 자동적 사고를 확인하고, 역기능적 인지 도식 확인, 인지적 오류를 확인하고 제거하는 것이다.

- 호소 문제: 사회적 고립감과 외로움으로 우울함
- 촉발 요인: 최근 부모님이 심하게 다툰 후 이혼 이야기가 나오고 이혼이 진행됨
- 유지 요인: 혼자만의 세계가 편안함. 일반화된 사회적 고립을 유지함

① 상담목표

- 부적응적 신념과 행동을 줄이고 적응적인 신념과 행동으로 변화하고 싶다.

② 상담 전략

- 인지치료기법에 근거하여 자동적 사고 기록을 통해 자동적 사고를 확인한다.
- 인지치료기법에 근거하여 역기능적 인지 도식을 확인한다.
- 부모님 싸움과 관련한 인지적 오류를 확인하고 수정한다.

4) 현실치료 상담

현실치료의 상담목표는 내담자가 자신의 행동과 선택에 책임을 지고, 심리적 욕구인 사랑, 힘, 자유, 재미, 생존을 충족하도록 하는 것이다. 글래서(Glasser, 1998)는 내담자들이 자신의 기본적인 욕구를 충족할 수 없기 때문에 고통을 받는다고 하였다. 상담 전략은 상담환경을 조성하기 위한 방안으로, 상담자는 따뜻하고 친근한 행동을 통해 내담자와 협동적인 관계를 형성하며 지지적인 상담환경을 조성하기 위해 판단을 보류하고 진실한 모습으로 내담자를 대하도록 한다. 또한 행동 변화를 위한 상담 과정으로 R–W–D–E–P(Relationship-Want-Doing-Evaluation-Planning)를 진행한다.

- 호소 문제: 사회적 고립감과 외로움으로 우울함
- 촉발 요인: 최근 부모님이 심하게 다툰 후 이혼 이야기가 나오고 이혼이 진행됨
- 유지 요인: 혼자만의 세계가 편안함. 일반화된 사회적 고립을 유지함

① 상담목표
- 부모님 싸움에 관여하지 않고 내 삶을 살고 인생 진로를 설계하고 싶다.

② 상담 전략
- 현실치료의 R–W–D–E–P에 기초하여 내담자가 원하는 욕구를 탐색한다.
- 현실치료의 R–W–D–E–P에 근거하여 내담자가 구체화하도록 돕는다.

5) 게슈탈트 상담

게슈탈트 상담목표는 내담자 성장, 실존적 삶, 자립, 통합이다. 즉, 내담자가 성장할 수 있도록 돕고 내담자 스스로 자기 자신의 모습을 살아갈 수 있도록 하며, 내담자가 자신의 힘으로 자립할 수 있도록 하여 자기와 세상에 대해 통합할 수 있도록 하는 것이다. 상담 전략은 내담자가 자신의 욕구와 감정, 자신이 느끼는 신체 감각을 자각하도록 하며, 빈의자 기법을 활용하여 내면의 소리를 듣거나, 자기 부분과의 대화를 통해 분열된 자기 부분을 통합시킬 수 있도록 하는 것이다.

- 호소 문제: 사회적 고립감과 외로움으로 우울함
- 촉발 요인: 최근 부모님이 심하게 다툰 후 이혼 이야기가 나오고 이혼이 진행됨
- 유지 요인: 혼자만의 세계가 편안함. 일반화된 사회적 고립을 유지함

① 상담목표

- 부모님 싸움에 관여하지 않고 내 삶을 살고 인생 진로를 설계하고 싶다.

② 상담 전략

- 내담자가 지금-여기에서 느껴지는 감정과 요구를 탐색하고 자각한다.
- 내담자가 신체적으로 느껴지는 감각에 대해 탐색하고 자각한다.
- 빈의자 기법을 활용하여 내담자의 내면의 소리를 표현하도록 한다.
- 착한 딸로 살아가는 자기 모습과 진정한 자기 모습 간의 대화를 통해 자신의 모습을 통합한다.

6) 해결중심 상담

해결중심 상담은 내담자가 삶의 전문가이고 문제를 해결하기 위한 강점과 자원을 내담자가 충분히 가지고 있다고 본다. 따라서 효과적인 상담이란 목표를 명료화하고 내담자가 이미 갖고 있는 해결책을 강화할 수 있도록 내담자를 지원하는 것이라고 본다(de Shazer, 1985). 해결중심 상담은 사람들은 특별하며 그들의 문제와 증상도 특별하다고 본다. 따라서 이러한 '강점 기반' 관점은 공식적인 진단을 내려서 사람을 병리적으로 다루는 것을 거부한다. 해결중심 상담은 내담자가 해결 방안을 찾아 실행하도록 격려하는 역할을 한다. 상담자는 내담자의 기능을 높이기 위해 예외를 확인하고 확장하고 향상시키는 작업을 함께한다. 내담자 고유의 강점과 자원에 대한 강조가 해결중심 상담이 다른 상담들과 구분되는 특징이다.

- 호소 문제: 사회적 고립감과 외로움으로 우울함
- 촉발 요인: 최근 부모님이 심하게 다툰 후 이혼 이야기가 나오고 이혼이 진행됨
- 유지 요인: 혼자만의 세계가 편안함. 일반화된 사회적 고립을 유지함

① 상담목표

- 친한 친구와 대화 늘리며 관계를 유지하고 싶다.

② 상담 전략

- 해결중심 상담에 기초하여 우울한 기분이 들 때 예외 상황을 찾고 해결 방안을 구체화한다.
- 해결중심 상담에 기초하여 고립감이 들 때 기적질문을 사용한다.
- 해결중심 상담에 기초하여 우울감, 고립감이 들 때 척도질문을 사용한다.

생각해 보기

1. 상담목표 설정 방법은 무엇이라고 생각하나요?
2. 상담이론별 상담목표 설정 및 상담 전략의 설정 방법은 무엇인가요?

상담실습

1. 상담목표 정하기에서 배운 내용을 정리해 보세요.

2. 상담목표 정하기에서 가장 중요한 부분은 무엇이라고 생각하나요?

3. 다음 사례를 읽고 상담목표를 설정하고 상담이론에 기초한 상담 전략을 작성해 보세요.

내담자는 현재 중 3 여학생이다. 부모님은 8세 때 이혼하여 할머니와 살고 있다. 어릴 때 부모님 싸움으로 집에서 눈치 보며 살아왔다. 동생을 잘 돌봐야 인정받을 수 있다고 생각하여 모든 걸 참았다. 현재 친구관계에서 문제가 발생하여 왕따를 경험하고 있다. 내담자는 친구들에게 자기 마음대로 하려다가 원하는 대로 되지 않으면 소리를 지르는 모습을 보이고 있지만, 억울함을 호소하고 있다.

1) 내담자 호소 문제

2) 상담목표

3) 상담 전략(상담이론에 기초하여 작성)

제7장

상담기법

학습목표

1. 다양한 상담기법에 대해 학습한다.
2. 상담기법이 사용되어야 할 상황에 대해 학습한다.

1. 상담기법

1) 반영

반영(reflection)기법은 내담자 이야기를 들으며 내담자 감정을 상담자가 자신의 말로 되돌려 주는 상담기술이다. 반영이란 거울이나 물 위에 비친 모습을 의미한다. 내담자는 자신이 어떤 모습인지 모르며 자신이 어떤 감정을 느끼는지 정확히 알지 못하고 살아간다. 상담자는 내담자의 거울 역할을 하여 내담자가 거울 속에 비친 자신의 모습을 볼 수 있도록 돕는다.

많은 내담자는 심리적 어려움과 고민으로 자신이 어떤 감정을 느끼는지 모르거나 자신이 느끼는 감정을 억압하며 살아왔다. 상담자는 내담자가 호소하는 어려움을 듣고 내담자에게 상담자의 말로 전달한다. 내담자는 상담자에게 충분히 이해받고 있다고 느끼면, 자신의 감정을 인식하고자 노력한다. 내담자는 상담자 반영을 통해 자신의 감정을 명확하게 파악하며 자신의 감정을 정확하게 인식할 수 있다.

반영의 효과는 다음과 같다.

첫째, 내담자는 이해받는 느낌을 경험한다. 상담자 반영을 통해 내담자는 상담자가 자신의 마음을 잘 알아주고 이해해 준다고 느낀다. 상담자가 자신의 마음을 알아주고 감정을 이해해 주는 내 편이라고 생각이 들면 내담자는 상담자와 더 소통하고 싶은 마음이 생긴다. 누군가 내 편이라는 확신이 들면 내담자는 심리적으로 안정감을 느끼며 상담자에 대해 신뢰감을 갖게 된다.

〈사례 7-1〉에서 내담자는 화가 나서 왔지만 자신이 왜 그렇게 화가 났는지 몰랐다. 상담자가 내담자에게 감정 반영을 해 주자 이해받는 느낌을 경험하고 있다.

사례 7-1 상담자에게 이해받은 내담자

내담자 1: 친구에게 너무너무 화가 났어요. 어떻게 나한테 그럴 수가 있는지…… 나는 항상 배려해 주고 했는데…… 자기 멋대로 자기 원하는 대로만 했어요.

상담자 1: 친구에게 무시를 당해서 많이 속상했나 봐요. 속상한 마음이 크게 느껴지네요.

내담자 2: 네. 맞아요. 나를 무시하는 행동에 화도 났지만…… 사실은 너무 속상했어요.

둘째, 내담자는 자신의 행동이 잘못했다고 인식될 때 감정 표현을 주저한다. 내담자는 잘못한 행동으로 죄책감을 느끼는 경우 감정 표현을 어려워한다. 상담자가 내담자의 잘못된 행동을 먼저 다루면 내담자는 변명과 회피적 태도로 자신의 문제를 보려 하지 않는다. 그러므로 상담자는 내담자의 행동을 먼저 다루기보다는 내담자 행동에 관련한 감정을 반영해야 한다. 상담자 반영은 내담자가 합리화나 방어를 하지 않고 편안하게 표현할 수 있도록 돕는다. 내담자는 상담자에게 감정을 이해받았다고 느끼면 방어를 풀고 편안하게 표현하며 상담자와 신뢰관계를 구축할 수 있다.

〈사례 7-2〉에서 내담자는 자신의 후회스러운 행동과 감정을 조심스럽게 표현하였다. 상담자는 내담자가 친구들 사이를 이간질하는 잘못된 행동을 직면하기보다는 내담자의 마음을 반영해 주고 있다. 상담자가 감정반영을 해 주자 내담자는 편안하게 자신의 감정과 잘못한 행동에 대해 표현하기 시작하였다.

사례 7-2 내담자 감정에 반영

내담자 1: 친구들이 얼굴을 찡그리거나 무표정만 해도 너무 무서워요……. 그냥 무섭고 스트레스를 받아요. 제가 친구들 사이를 이간질하고 잘못했으니 친구들이 그러는 것도 이해해요. 제가 잘못했지요. 하지만 친구들 주변에 가기가 너무 무서워요…….

상담자 1: 친구들에게 잘못한 부분이 있어서 친구들 반응을 이해하지만 친구들 반응이 무서워 많은 스트레스를 받고 있군요. (내용반영, 감정반영)

내담자 2: 네. 맞아요. 친구들이 너무 무서워요. 어떻게 해야 하는지 잘 모르겠어요.

상담자 2: 친구들에게 다가가기가 너무 무섭군요.

내담자 3: 네. 그래서 사과하기도 무섭고 두려워요. 어떻게 사과해야 할지 모르겠어요.

반영은 **내용반영**과 **감정반영**으로 나누어 볼 수 있다. **내용반영**은 내담자가 말한 정보를 새로운 방식으로 간략하게 요약하는 것이다. **감정반영**은 내담자 감정 이면에 말로 표현하지 않은 메시지에 초점을 둔다. 앞의 예에서 상담자는 내담자의 이야기에 대해 "친구들에게 잘못한 부분이 있어 친구들 반응을 이해하는군요."라고 내용반영을 하고, "친구들 반응이 무서워 많은 스트레스를 받고 있군요."라고 감정반영을 해 주었다(상담자 1). 상담자의 반영이 잘되었는지는 내담자의 반응을 확인하면 알 수 있다. 내담자가 '네. 맞아요.'라고 했다면 상담자가 반영을 잘 진행했다고 평가할 수 있다. 하지만 내담자가 '어…… 그러기는 한데요…… 그게 아니라…….'라는 반응으로 좀 더 다른 표현을 하고 싶어 한다면, 상담자의 반영이 정확히 전달되지 않은 것이다.

(1) 반영 방법

효과적인 감정반영은 내담자가 말하고 표현한 메시지에서 감정의 의미를 발견하여 전달하는 것이다. 내담자에게 반영을 전달할 때는 간결하게 하는 것이 효과적이다. 또한 반영은 가설적인 형태로 감정을 읽어 주고 표현해 준다. 상담자가 단정적으로 내담자 감정을 표현하면 내담자는 상담자의 반영이 확실하다고 생각되어 자신의 감정을 더 탐색할 필요가 없다고 느낄 수 있다.

반영 형태

- (상황, 사건, 사람) "~해서 ~한 느낌(감정, 기분)이 드셨군요."
- (상황, 사건, 사람) "~때문에 ~한 느낌(감정, 기분)이 드셨군요."
- (상황, 사건, 사람) "~해서 ~을 표현하는 것 같습니다."
- (상황, 사건, 사람) "~해서 ~을 느끼는지 궁금하네요."
- (상황, 사건, 사람) "~한 것 같습니다."

내담자 반응에 대한 상담자 반영은 다음과 같다.

① 상황에 대한 반영

사례 7-3 상황에 대한 반영

내담자 1: (성적을 걱정하는 중학생) 솔직히 열심히 하고 있다고 생각하는데 성적이 안 나와요. 같이 공부하는 친구들은 성적이 많이 올랐는데 저는 성적이 오르지도 않고 떨어지고……. 공부를 해야 하나라는 생각이 들어요.

상담자 1: 공부를 열심히 해도 성적이 안 올라 공부해 봐야 소용이 없다고 느끼고 있군요.

〈사례 7-3〉에서 내담자는 성적이 오르지 않고 떨어지는 상황에 대한 답답함을 이야기하고 있으며, 상담자는 내담자의 고민 상황에 대해 반영해 주고 있다.

② 사람에 대한 반영

사례 7-4 사람에 대한 반영

내담자 1: (연애 중인 남성) 여자친구는 이 세상에서 자기가 가장 중요해요. 처음에는 자신감으로 보였지만 점점 너무 이기적인 모습으로 보여요. 저한테 모든 걸 다 해 달라고 하고 당연하게 생각해요. 나를 배려하는 생각은 전혀 없어요.

상담자 1: 여자친구의 이기적인 모습을 보고 실망감을 느끼는군요.

〈사례 7-4〉에서는 내담자가 이성친구에게 느끼는 실망감을 상담자가 반영해 주고 있다.

③ 사건에 대한 반영

사례 7-5 사건에 대한 반영

내담자 1: (직장에서 승진에서 떨어진 40대 남자) 승진을 위해 얼마나 노력을 많이 했는지 모르실 거예요. 가족과의 시간도 다 희생하면서 오로지 회사 일에만 매달렸는데…… 결과가 이렇게 나오다니…….

상담자 1: 직장에서 승진이 안 되어 매우 절망적이고 허무하시겠어요. 모든 것을 희생하고 일에만 매달렸는데요.

〈사례 7-5〉에서는 회사 승진만을 위해 달려온 내담자가 느끼는 절망감과 허무함을 상담자가 반영해 주고 있다.

내담자가 호소하는 이야기를 들으면서 상담자는 내담자의 감정, 느낌을 읽어 준다. 그렇지만 상담자는 획일적인 형식에 맞추기보다는 자유롭게 변형해 사용하도록 한다. 상담자들이 내담자를 반영해 주면 내담자들은 이해받는 경험을 갖는다.

(2) 반영 효과

내담자들은 자신의 감정이나 자신의 느낌을 표현하면서도 자신이 없다. 내담자는 자신이 느끼는 감정이 이상한 것은 아닌지 상담자가 자신을 이상하다고 생각하는 것은 아닐지 혼란스럽다. 이때 내담자가 표현하는 감정을 상담자가 무비판적으로 수용해 주면, 내담자는 상담자에게 이해받는 경험을 통해 자신에 대한 방어가 사라지게 되어 새로운 관점으로 자신을 바라볼 수 있게 된다.

반영 효과는 다음과 같다.

- 첫째, 상담자의 무비판적 수용은 내담자에게는 이해받는 경험이 된다.
- 둘째, 상담자의 무비판적 수용은 내담자의 방어를 사라지게 하여 솔직한 감정을 인식하고 표출하게 한다.
- 셋째, 내담자의 정서 표출 과정은 내담자의 억압된 감정을 확인하게 한다.
- 넷째, 내담자는 방어를 내려놓고 자신을 솔직히 인식하는 과정을 통해 자신을 새로운 관점으로 바라본다.

상담자의 정확한 반영은 내담자에게 상담자는 내편이라는 생각을 하게 하며 상담에 적극적으로 참여시키게 한다. 이와 같은 반영을 통해 내담자는 자기 이해를 확장하고 자기통찰을 촉진한다.

2) 명료화

명료화(clarification)란 내담자의 호소 문제를 탐색하면서 내담자가 진술한 모호한 의미를 명확하게 확인하기 위해 질문하는 상담기법이다. 내담자는 자신이 경험하는 어려움과 고민으로 문제를 정확하게 진술하거나 자신의 이야기를 정확하게 설명하기 어렵다. 그래서 자신들의 이야기를 추상적이고 핵심 내용을 생략한 채 불명확하게 표현한다. 내담자는 '그 사람' '그때' '그 일' '그곳'이라는 모호한 대명사를 사용해서 이야기하거나 감정이 고조되어 핵심 내용을 설명하지 않고 생략하며 자신의 입장에서만 이야기할 수 있다. 이럴 경우 상담자는 내담자 이야기를 이해하기가 어렵다.

사례 7-6 상담자의 명료화 과정

내담자 1: 그때 그 사람을 거기서 만났어요. 그게 제 인생에서 엄청난 실수인 거 같아요.

상담자 1: 그랬군요. 그런데 그때라는 건 언제인가요?

내담자 2: 아, 제가 졸업하고 나서 엄청 힘들 때요.

상담자 2: 그렇군요. 졸업하고 나서 힘들 때 그 사람을 만났다고 했는데, 그 사람은 누구를 말하는 걸까요?

내담자 3: 네. 지금 만나고 있는 이성친구요. 만나지 말았어야 했는데 말이에요.

상담자 3: 이성친구 만난 걸 후회하고 계시군요.

내담자 4: 네. 맞아요.

상담자 4: 그럼 거기서라고 했는데 어디서 만난 걸까요?

내담자 5: 아, 좀 전에 제가 이야기했던 동호회요. 거기도 가지 말았어야 했어요. 모든 게 제 인생에서 잘못된 생각이었어요.

〈사례 7-6〉에서 내담자는 자신은 다 알고 있는 사실이라 대명사를 많이 사용하여 표현한다. 하지만 상담자는 내담자가 이야기하는 것을 정확히 알 수 없어 이해하기 어렵다. 이때 상담자가 내담자를 방해한다는 생각에 혹은 이야기하는 중간에 질문하는 것이 어려워 질문하지 않고 내담자 이야기를 그대로 따라가기만 하면, 내담자는 이야기를 전부 전달했다고 생각하고 상담자에게 고민을 어떻게 해결해야 할지 도움을 요청한다. 하지만 상담자가 이해되지 않은 내담자 이야기에 질문하지 않고 경청만 하며 이해한 것처럼 넘어가면 내담자가 어떤 사람인지, 내담자가 무엇을 이야기하는지, 어떤 이유로 힘들다고 하는지, 무슨 일이 발생했는지 전혀 이해하지 못해 내담자를 도와줄 수 없다.

상담자는 내담자에게 거울 역할을 해야 한다. 상담자가 거울 역할을 한다는 것은 내담자가 자신의 모습을 잘 인식할 수 있도록 적절한 명료화 질문을 하는 것이다. 내담자는 상담자의 명료화 질문에 대답하면서 생각하는 과정을 갖는다. 상담자의 질문에 내담자는 자신이 진정 원하는 것이 무엇인지, 자신이 화난 이유는 무엇이었는지, 자신이 실망한 이유는 무엇이었는지, 자신이 죽고 싶은 마음이 들었던 이유는 무엇이었는지, 자신이 분노를 느낀 이유는 무엇이었는지를 곰곰이 생각하게 된다.

명료화를 하는 목적은 다음과 같다.

첫째, 내담자가 자신의 이야기를 명확하게 이야기하도록 돕는다. 내담자는 상담자에게 이야기를 하면서 상담자가 자신을 어떻게 바라볼지 조심스럽다. 그래서 내담자는 상담자에게 자신의 이야기를 표현하면서 자신에게 유리한 방향으로 이야기한다. 내담자는 자신을 보호하고 방어하며 핵심 이야기를 누락하거나 왜곡해서 전달할 수도 있다. 상담자는 내담자가 의도적으로 누락하고 왜곡했더라도 거짓말을 했다고 단정 짓기보다는 명료화 과정을 통해 명확하게 확인을 한다. 만일 내담자가 무의식적으로 누락하고 왜곡했다면 상담자는 명료화 과정을 통해 내담자가 자신에 대해 명확하게 이해할 수 있도록 돕는다.

둘째, 내담자가 자신의 이야기를 명확히 하는 과정을 통해 자신에 대해 통찰하도록 돕는다. 내담자는 자신의 사고 틀에서 자신을 바라보기 때문에 자신을 왜곡해서 지각하고 인식할 수 있다. 그래서 자신은 잘못이 없다고 생각하거나 혹은 모두 자신의 잘못이라고 생각한다. 내담자가 생각하는 부분을 명료화 과정을 통해 명확하게 확인하면 내담자는 주관적 사고 틀에서 벗어나 객관적으로 자신을 바라보게 된다.

셋째, 내담자가 통찰한 후 변화에 대해 준비하도록 돕는다. 내담자는 상담자와의 명료화 과정을 통해 자신을 통찰하게 되면 새로운 변화를 시도하게 된다. 변화를 시도하는 과정은 내담자를 성장시키고 변화시키는 밑거름이 된다.

명료화는 내담자가 모호하고 불명확하게 진술할 경우 명확하게 이야기할 수 있도록 질문하는 상담기법이다. 내담자 이야기를 경청하며 내담자의 진술을 명확하게 하기 위해 다음과 같이 질문한다.

명료화 질문

- "지금 ~라고 했는데 ~라는 의미인가요?"
- "지금 ~라는 말은 ~한다는 이야기인가요?"
- "그 이야기는 ~하겠다는 말인가요?"

명료화를 진행하는 과정은 다음과 같다.

첫째, 상담자는 내담자의 말을 경청한다. 내담자는 전달하고 싶은 이야기가 많아서 많은 이야기를 쏟아 낸다. 상담자는 수용하는 자세로 내담자의 이야기를 경청한다. 상담자는 내담자의 이야기를 들으면서 내담자의 호소 내용이 무엇인지, 무엇을 이야기하고 싶은지, 무엇을 표현하고 싶은지 파악한다.

둘째, 상담자는 내담자가 진술한 내용에서 핵심 메시지를 파악한다. 내담자는 생략하거나 왜곡해서 메시지를 전달할 수 있으므로, 내담자의 이야기가 이해되지 않는다면 생략되거나 왜곡된 부분을 파악한다. 상담자가 이해되지 않는다면 내담자도 정확하게 모르고 있을 수 있다. 그러므로 내담자가 이야기 한 부분에서 내담자가 전달하고자 하는 핵심 메시지가 무엇인지를 파악하도록 한다.

셋째, 내담자에게 명료화할 부분을 질문한다. 내담자가 진술한 내용이 생략되고 왜곡되었다고 직면하는 것 아니라 명확하게 내담자의 생각과 감정을 확인한다는 생각으로 질문한다. 내담자가 의식적으로 생략하고 왜곡해서 거짓말을 하고 있다는 생각이 들더라도 상담자는 거짓말을 하고 있음을 확인하기 위한 질문이 되어서는 안 된다. 내담자가 자신의 모습을 명확하게 보도록 유도할 수 있는 질문을 해야 한다.

넷째, 상담자가 명료화를 했다면 내담자 반응을 확인하고 명료화 과정을 평가한다. 상담자가 진행한 명료화 과정이 내담자에게 도움이 되었는지 아니면 내담자에게 불편함을 주었는지 점검한다. 내담자가 대답하기 불편해한다면 상담자 요인 때문인지, 내담자 요인으로 내담자가 혼자서 불편함을 느끼는지를 평가해 본다. 상담자는 상담 내용을 녹음한 프로토콜을 가지고 스스로 분석해 보거나 슈퍼비전을 통해 상담기법 사용이 잘 되고 있는지를 확인한다.

사례 7-7 잘못된 명료화 과정

내담자 1: 살도 너무 많이 쪘고, 얼굴도 안 예쁘고 너무 별로예요. 고도비만인 것 같아요. 아무도 저를 좋아하지 않아요. 그래서 너무 힘들고 외로워요. 살을 빼려고 했지만 매번 실패했어요. 제 인생은 왜 이럴까요? 저를 쳐다보는 사람들의 눈빛이 너무 무서워요. 그래서 사람을 만나는 게 두렵고 무서워요. 사람들 만나기가 자신이 없어요.

상담자 1: 몸무게가 얼마나 되나요? 얼마까지 빼려고 했나요? 외모가 고민인가요?

내담자 2: 몸무게를 말하기는 좀 그런데요……. 외모가 고민이기는 하지만…….

〈사례 7-7〉에서 상담자는 내담자가 진술한 내용 중에서 핵심 메시지를 파악하기보다는 내담자의 외모에만 중점을 두어 질문하고 있다. 내담자의 핵심 메시지는 외모 고민이라기보다는 '외모 고민으로 사람들과 만나는 것이 두렵고 무섭다'는 이야기이다. 내담자는 상담자의 질문에 동의하지 않는다(내담자 2). 내담자가 동의하지 않았다면 상담자의 명료화 작업이 잘 진행되지 않았다고 평가할 수 있다.

사례 7-8 적절한 명료화 과정

내담자 1: 살도 너무 많이 쪘고, 얼굴도 안 예쁘고 너무 별로예요. 고도비만인 것 같아요. 아무도 저를 좋아하지 않아요. 그래서 너무 힘들고 외로워요. 살을 빼려고 했지만 매번 실패했어요. 제 인생은 왜 이럴까요? 저를 쳐다보는 사람들의 눈빛이 너무 무서워요. 그래서 사람들 만나는 게 두렵고 무서워요. 사람들 만나기가 자신이 없어요.

상담자 1: 살이 많이 쪄서 사람들 만나는 게 많이 두렵고 자신이 없다는 뜻인가요?

내담자 2: 네. 그런 것 같아요. 사람들 만나는 게 자신이 없어요.

〈사례 7-8〉에서 상담자는 내담자가 이야기한 내용 중에서 핵심 메시지를 잘 파악하여 명료화하였다. 상담자의 명료화에 대해 내담자도 동의하였다(내담자 2). 내담자의 반응을 통해 명료화 과정이 잘 되었다고 평가할 수 있다.

3) 요약

요약(summarization)은 상담자가 상담 초기, 상담 중기, 상담 종결 과정에서 내담자가 진술한 내용을 정리해서 상담자의 말로 되돌려 주는 과정이다. 바람직한 요약이란 사실

들을 기계적으로 묶는 것이 아니라 서로 관련 있는 정보와 자료를 체계적으로 연결하여 표현하는 것이다. 상담자는 요약을 잘하기 위해 내담자의 호소 문제를 잘 경청하고 이해해야 한다.

요약을 적절히 사용하여 얻을 수 있는 효과는 다음과 같다(Brammer, 1985).

요약의 효과

- 내담자의 흩어져 있는 생각과 느낌을 정리할 수 있도록 한다.
- 특정 주제를 더 철저하게 탐색하도록 한다.
- 새로운 조망이나 대안적 틀로 이끌도록 한다.

내담자는 상담자에게 이야기를 표현하면서 머릿속과 마음속이 복잡하다. 내담자는 이야기를 하면서도 무슨 이야기를 어떻게 표현해야 하는지 혼란스럽다. 상담자는 내담자 이야기를 경청하면서 내담자의 혼란스러운 생각과 감정을 정리하도록 돕는다. 또한 내담자는 상담자 요약을 통해 자신의 생각과 감정을 정리할 수 있다.

(1) 요약이 필요할 때

① 상담회기를 시작할 때

"지난번 상담에서 우리가 ______________에 대해 함께 이야기를 했죠."

상담회기를 시작할 때마다 매회기 요약을 사용하지는 않는다. 지난 회기 상담에서 내담자 호소 문제를 다 다루지 못한 채 끝나 차기 회기에서 이어서 다루기로 했을 경우 상담자는 먼저 지난 회기 요약을 해 준다. 그리고 내담자에게 지난 회기에서 다루지 못한 호소 문제를 다룰지를 물어보고 진행한다.

② 상담 시간 중에 내담자가 산만하게 이야기할 때

"지금 이야기한 부분은 ____________에 대한 이야기네요."
"제가 이해한 부분이 맞나요?"

내담자가 산만하게 이야기를 하면 상담자는 내담자 이야기에 집중하기가 어렵다. 내담자 이야기에 집중하기 어려우면 상담자는 상담의 방향을 잃어버릴 수 있다. 이때 상담자는 상담목표를 생각하며 상담 요약을 통해 상담의 방향성을 설정하며 상담 초점을 맞추어야 한다. 이때 상담자는 내담자가 말한 긴 이야기를 듣고 요약을 한다. 그리고 상담자가 요약한 부분이 맞는지 확인한다.

③ 상담회기가 끝날 때

"오늘 상담에서는 엄마와의 관계를 다루었어요. 엄마와의 관계에서 착한 딸이 되고자 했던 부분들에 대한 이야기를 했네요." (상담의 요약)
"오늘 어떤 내용을 이야기했는지 요약해 줄 수 있나요?" (내담자에게 요청)

상담자는 상담회기를 마무리할 때 상담 요약을 한다. 상담회기 요약을 통해 내담자는 자신이 한 이야기와 상담에서 다루었던 내용을 정리해 보는 시간을 갖는다. 또한 상담자는 내담자에게 회기에 대한 요약을 요청하기도 한다. 내담자에게 요약을 요청하는 이유는 내담자가 상담에 대한 책임을 갖도록 하기 위함이다. 만약 내담자가 어려워한다면 상담자가 모델링을 보여 준 후 시도해 본다. 매 회기마다 요약을 할 필요는 없다. 상담자가 회기 마무리 시 요약 과정이 필요하다고 판단될 때 진행한다. 상담 회기 마무리 때는 회기 요약보다는 내담자의 소감을 듣는 것이 더 중요하다. 내담자가 상담 시간에 무엇을 느꼈는지 소감을 통해 내담자의 생각과 느낌을 확인할 수 있기 때문이다.

④ 상담을 종결할 때

"우리는 상담목표로 여자친구와 싸움의 빈도를 줄인다'로 정하고 상담을 진행했어요. 상담을 통해 여자친구와의 갈등에 대해 같이 이야기를 해 봤고, 싸움의 빈도도 많이 줄어들었어요. 또한 여자친구와의 갈등이 엄마 갈등과 연결되었다는 것을 알게 되었어요. 앞으로 또 여자친구와 갈등이 발생할 수도 있는데, 이러한 갈등이 엄마에게 받지 못한 사랑을 여자친구에게 요구하는 문제로 빚어진 것은 아닌지 생각해 보면 좋을 것 같아요."

상담자는 상담을 종결할 때 내담자와 상담 전체 과정에서 다룬 상담목표, 상담목표 달성 여부, 상담 과정에서 발견된 내용을 요약해 주고, 종결 이후에도 지속될 수 있는 문제에 대해 요약 · 정리하도록 한다.

4) 재진술

재진술(paraphrase)은 내담자 진술 내용이나 의미를 내담자가 사용하는 유사한 단어로 짧고 구체적으로 표현하는 기법이다(Hill, 2012). 재진술은 내담자에게 중요한 내용에 초점을 맞추어 반응한다. 상담자가 생각하는 부분에 초점을 맞추지 않고 내담자가 이야기하는 내용에 초점을 맞추도록 한다. 상담자는 내담자가 말한 내용에 기초하여 상담자가 이해한 바를 내담자에게 재반응한다.

상담자는 재진술 사용 시 내담자가 말한 내용에서 핵심 내용을 파악해야 한다. 상담자는 내담자에게 집중해서 경청하고 내담자의 호소 내용에 집중하며 핵심 내용을 파악한다. 먼저, 내담자가 표현하는 많은 이야기 중에서 핵심 단어를 생각해 본다. 그다음, 여러 개의 핵심 단어를 포괄할 수 있는 핵심 내용을 파악한다. 상담자는 내담자의 호소 문제를 경청하면서 내담자가 경험하는 어려움이 무엇인지, 어떤 이야기를 표현하고 싶은지를 파악하면서 내담자의 핵심 내용을 구성한다(〈사례 7-9〉 참조).

사례 7-9 **핵심 내용 파악**

내담자: 엄마가 선생님을 만나 상담하고 난 후 변화하려고 노력하는 것 같아요. 엄마가 집에서 소리를 안 지르려고 노력하고 저에게 원하는 것이 있으면 이야기하라고도 하고…… 그래서 집에 있기가 좀 편한 것 같아요. 이제는 불안하거나 그런 부분이 조금 줄어든 것 같아요.

→ **핵심 단어:** 엄마 변화, 편안함, 불안함이 줄어듦

→ **핵심 내용:** 엄마가 변화하려고 노력하시니 집에 있을 때 편안함도 느끼고, 불안함도 줄어들었다.

재진술은 단순히 내담자의 말을 이해하고 있음을 표현하는 것이 아니라 내담자가 경험한 핵심 내용을 이해하고 내담자에게 되돌려 주는 기법이다. 이 기법은 '바꾸어 말하기(rephrasing)' '다시 말하기(restatement)'라고도 불린다. 재진술은 내담자가 이야기한 내용을 정리하여 되돌려 주므로 '내용의 반영'이라고 하며, 일반적으로 말하는 반영은 '감정의 반영'을 의미한다. 재진술은 상담자가 단순히 전달하는 것이 아니라 내담자가 자신의 이야기를 깊이 있게 할 수 있도록 하는 것이 중요하다. 내담자는 재진술을 통해 자신의 문제를 신중하게 생각하고 새로운 인식을 하며 통찰을 할 수 있게 된다.

(1) 재진술 방법

- 내담자 이야기를 잘 경청한다.
- 내담자의 호소 내용 중에서 핵심 내용을 생각한다.
- 핵심 내용을 적절한 문장으로 만들어 내담자에게 전달한다.
- 내담자 반응을 확인하며 재진술 효과를 평가한다.

사례 7-10 **재진술 방법 1**

이야기를 들어 보니 ______________ 하다는 것처럼 들리네요.

내담자 1: 저는 집사람하고 너무 달라요. 저는 육식을 좋아하는데 집사람은 채식을 좋아해요.

상담자 1: 두 분의 식성이 매우 다르다고 들리네요.

〈사례 7-10〉에서 내담자의 핵심 내용은 배우자와 식성이 다름을 이야기하고 있다.

사례 7-11 재진술 방법 2

_______________ 라고 생각하고 있군요.

내담자 2: 저는 자존감이 너무 낮은 것 같아요. 그래서 상담을 통해 극복하고 싶어요.

상담자 2: 상담을 통해 자존감을 올리고 싶다고 생각하는군요.

〈사례 7-11〉에서 내담자의 핵심 내용은 자존감이 낮아 극복하고 싶음을 표현하고 있다.

사례 7-12 재진술 방법 3

_______________ 라고 생각하는지 궁금하네요.

내담자 3: 저는 공부를 열심히 한다고 했는데 성적은 정말 안 나와요. 성적이 안 나와서 너무 속상해요.

상담자 3: 성적이 안 올라서 속상하군요.

〈사례 7-12〉에서 내담자의 핵심 내용은 성적이 안 올라서 속상함을 표현하고 있다.

5) 직면

직면(confrontation)은 내담자가 이야기한 것에 대해 일치하지 않거나 모순이 발견될 때 상담자가 내담자에게 알려 주는 기법이다. 사람들은 자신의 관점으로 세상을 바라보며 주관적으로 받아들인다. 내담자들은 자신의 경험을 이야기하면서 불일치, 왜곡, 부인과 같은 방어기제를 사용한다. 내담자들은 의식적이나 무의식적으로 진실을 부정하거나 자신의 문제를 드러내지 않기 위해 방어한다. 상담자는 내담자의 말이나 행동에서 드러난 모순점이나 불일치한 부분에 대해 이야기함으로써 내담자가 방어하고 부정하는 모습을 볼 수 있도록 한다(천성문 외, 2015).

직면은 내담자의 모순이나 불일치한 부분을 명료화하여 내담자가 자신의 문제점을 새로운 각도에서 생각해 볼 수 있도록 하는 것이다. 내담자 자신보다는 내담자가 사용하고 있는 방어기제에 직면하도록 한다(Welch & Gonzalez, 1999). 직면을 잘못 사용하면 내담자의 입장에서는 자신을 공격하거나 비난하는 것으로 받아들여 상담에 부정적인 영향을 미칠 수도 있다. 건설적인 직면은 생산적인 상담에 도움이 된다. 직면을 사용하기 위해서는 상담자와 내담자가 충분한 신뢰관계를 형성해야 한다. 즉, 상담자는 내담자를 잘 관찰하고 내담자에게 도움이 될 수 있다고 생각할 때 직면을 사용해야 한다는 의미이다. 상담자와 내담자의 신뢰관계가 형성되지 않고 내담자가 자신에 대해 통찰할 준비가 되어 있지 않은 상태에서 직면을 사용하게 되면 상담관계가 악화될 수 있다.

(1) 직면을 사용하는 경우

직면은 내담자가 말이나 행동에서 불일치가 일어나지만 내담자 스스로 깨닫지 못할 때 사용한다(천성문, 2015). 내담자들은 자신이 표현한 언어 진술 간의 불일치, 말과 행동 간의 불일치, 행동 간의 불일치, 감정 간의 불일치, 행동과 가치 간의 불일치, 이상적 자아와 실제적 자아 간의 불일치, 상담자와 내담자 견해 간의 불일치가 발생할 수 있다. 이때 직면은 상담에서 내담자의 말과 행동, 감정의 모순점과 불일치에 주의를 기울이도록 만드는 높은 수준의 기술이다(Evans, Hearn, Uhlemann, & Ivey, 2000). 내담자가 보이는 불일치와 모순된 부분은 내담자가 살아오면서 자신의 생존 전략으로 사용해 온 삶의 방법일 수 있다. 내담자가 보이는 모순과 불일치는 내담자를 보호하는 삶의 보호기제로 작용해 왔다. 그러므로 내담자가 삶의 보호기제를 쉽게 포기하고 바꾸기는 쉽지 않다. 내담자가 사용했던 기제가 잘못되었으니 바꾸라고 하면 내담자는 자신이 보호받지 못한다고 생각하고 상처를 받을 수 있다. 상담자는 내담자의 말과 행동이 잘못되었다고 지적하기보다는 내담자에게 도움이 될 수 있도록 신중하게 직면을 사용해야 한다.

브렘스(Brems, 2005)는 직면 사용 시 내담자 이해의 관점에서 변화를 위한 과정으로 진행해야 한다고 하였다. 직면은 내담자에게 불일치와 모순을 단순히 전달하는 것이 아니다. 내담자가 직면을 통해 자신을 성찰하고 수용하고 변화까지 갈 수 있도록 해야 한다. 직면 사용 시 상담자는 다음과 같은 단계를 확인해야 한다.

첫째, 상담자는 내담자 이야기를 들으며 모순되거나 불일치되는 점들을 탐색한다.

둘째, 상담자는 직면 사용 전에 내담자와 깊이 있는 신뢰관계를 형성했는지 점검한다. 직면이 내담자의 모순점에 도전하는 기술이라고 하더라도 공감적 이해, 배려, 관심을 통한 신뢰관계가 형성된 후 사용해야 한다.

셋째, 상담자는 내담자가 직면을 수용할 자세가 되어 있는지를 파악한다. 직면은 준비되지 않은 내담자에게는 공격적인 메시지로 인식될 수 있다. 직면이 내담자에게 저항이나 부인을 불러일으킨다면 상담의 효과가 저하된다.

넷째, 상담자는 내담자에게 불일치된 부분을 직면시킨다. 상담자는 내담자가 직면을 수용할 준비가 되었다면 직면을 사용한다. 하지만 직면 사용 시 내담자의 모순점에 대해 지적하기보다는 그러한 모순점에 대해 탐색해 볼 수 있도록 한다.

다섯째, 상담자는 직면에 대해 내담자가 어떻게 인식하는지 탐색한다. 상담자가 직면을 전달한 후 내담자는 어떻게 인식하고 받아들이는지 확인하고 내담자의 생각을 탐색하는 과정을 갖는다.

여섯째, 상담자는 내담자가 불일치한 부분을 인식했다면 수용할 수 있도록 돕는다. 내담자의 모순점은 삶의 생존 전략으로 선택된 모습일 수 있어 모순점을 인식하고, 수용하기 어려울 수 있다.

일곱째, 상담자는 내담자가 불일치한 부분을 수용했다면 변화에 대해 선택하도록 돕는다. 내담자가 자신의 불일치한 모습에 대해 탐색하고 수용했다면 앞으로 변화에 대해 생각해 보고 선택할 수 있도록 돕는다.

상담자는 직면이 상담 과정에서 효과적이도록 해야 한다. 직면 사용 목적은 내담자에게 자신의 모습을 보게 하여 통찰을 촉진하기 위함이다. 내담자에게 모순되는 부분을 알려 주어 건설적인 행동을 하도록 새로운 시각을 갖게 하는 것이다(Egan, 2013).

내담자에게 직면을 사용하는 경우는 다음과 같다(Hill, 2012).

① 언어적 진술 간의 불일치

> "부부간 아무 문제가 없다고 말하지만, 계속 배우자에 대한 불평만을 이야기하고 있네요."

② 말과 행동 간의 불일치

"지금 많이 힘들다고 이야기하지만, 미소를 짓고 있네요."

③ 행동 간의 불일치

"계속 열심히 해야 한다고 이야기하지만, 친구들하고 시간을 많이 보내고 있네요."

④ 감정 간의 불일치

"엄마에게 화가 났다고 말하지만, 엄마에게 미안한 감정을 느끼는 것처럼 보이네요."

⑤ 행동과 가치 간의 불일치

"자녀들의 선택을 존중해 준다고 이야기하지만, 자녀들의 이야기를 듣지 않고 계시는 것 같아요."

⑥ 이상적 자아와 실제적 자아 간의 불일치

"장학금을 반드시 받아야 한다고 말하지만, 지금 공부를 열심히 하고 있지 않다고 이야기를 하고 있네요."

⑦ 상담자와 내담자 견해 간의 불일치

"성실하지 않다고 말하고 있지만, 성실하지 않은데 수석을 어떻게 할 수 있었을까요?"

직면의 효과를 높이기 위해서는 불일치되거나 모순되는 점을 전달할 때 가설적인 방식을 사용하도록 한다. 직면 사용 시 상담자가 단정적이고 확정적인 표현을 사용하게 되면 내담자 입장에서 수용하고 인정하기가 어렵고 마음의 상처를 받을 수 있다. 상담자가 "~모습이 일치하지 않네요." "~모습이 모순적이네요."라고 단정적으로 표현하면 내담자가 방어적인 태도를 취할 수 있으므로 단정적으로 사용하지 않는다. 즉, 상담자는 직면 사용 시 "~한 모습이 불일치한 모습인 것 같아요." "~한 모습처럼 보이네요." "~하다고 했는데 ~한 것은 아닌지요." 등의 가설적인 표현을 쓰는 것이 바람직하다. 가설적인 표현이란 맞을 수도 있고 틀릴 수도 있으므로, 수정될 수 있다는 표현 형태로 전달한다.

직면은 내담자가 자신을 더 깊이 탐색하고 관찰하도록 격려하기 위한 기법이다. 상담자는 직면 과정에서 내담자 행동이 무조건 잘못되어 내담자의 모순점을 바꾸어야 한다는 평가적인 자세를 취하지 않는다. 직면은 비판적이어서는 안 되고 내담자와 협력적으로 활동하는 것이어야 한다(Hill, 2012).

6) 해석

해석(interpretation)은 내담자가 명확하게 의식하지 못하는 것을 일깨워 주는 상담자의 설명이다(Hill, 2012). 내담자는 자신이 경험하는 문제의 원인을 근본적인 원인과 연관 지어 이해하지 못해 문제가 반복되는 악순환을 경험한다. 상담자가 현재의 문제를 과거의 중요한 경험과 연결시켜 설명해 주면 내담자는 자신의 문제를 새로운 관점에서 바라볼 수 있다. 하지만 해석을 잘못 사용하면 내담자가 해석을 위협으로 느껴 상담자와 내담자의 상담관계가 불안정해질 수 있다.

직면과 마찬가지로 해석도 다음과 같은 과정이 필요하다.

첫째, 상담자와 내담자 간 신뢰관계가 잘 형성되어야 한다. 해석은 상담자와 내담자 사이에 안정적이고 신뢰할 만한 관계가 형성되었을 때 진행되어야 한다. 내담자는 상담자에게 충분히 이해받고 있다고 느낄 때 방어적인 자세를 취하지 않고 상담자의 이야기를 경청할 수 있다.

둘째, 내담자에 대한 사례개념화에 기초하여 충분한 정보 확보와 탐색 과정을 갖고 해석을 위한 단서를 수집한다. 해석은 단순한 사건만을 보고 전달하는 것이 아니라 사례개념화에 기초하여 내담자에 대한 전반적인 이해가 수반되어야 한다. 내담자에 대한 정확한 정보를 확보하고 탐색 과정을 진행한다. 사례개념화에 근거하여 내담자 전체를 이해한 후에 진행한다.

셋째, 내담자가 상담자의 해석을 받아들일 준비, 감당할 준비가 되었는지를 파악한다. 해석은 내담자를 위해 제공하는 것이다. 내담자의 통찰을 도와 새로운 시각에서 자신을 인식하도록 하기 위함이다. 가장 중요한 것은 내담자가 해석을 받아들일 준비가 되었는지를 파악하는 것이다. 좋은 해석이라도 내담자가 부정하거나 수용하지 않으면 도움이 되지 않는다. 해석은 상담 중기나 상담 종결 단계에서 실시하는 것이 효과적이다. 내담자가 자신을 이해하지 못한 상태에서 진행되는 해석은 내담자에게 도움이 되지 않는다.

넷째, 내담자가 통찰할 수 있도록 가설적 형태로 해석을 제공한다. 해석은 내담자가 전혀 생각해 보지 않은 자신에 대해 상담자가 이야기해 줄 경우 내담자에게 상처가 될 수 있다. 그러므로 상담자는 조심스러운 태도로 내담자에게 해석을 전달하며 단정적으로 이야기하기보다는 가설적 형태로 전달하도록 한다.

다섯째, 상담자의 해석에 대해 내담자가 어떻게 생각하는지 들어 보도록 한다. 상담자가 해석을 일방적으로 전달하지 않고 상담자의 해석에 대해 내담자는 어떻게 생각하는지를 확인한다.

(1) 해석 전달 형식

내담자들은 상담자의 해석을 듣고 문제의 원인이 자신이라고 탓한다. 문제의 원인을 자기 탓으로 돌릴 경우 내적 힘이 있는 내담자는 문제를 해결하기 위해 노력하지만, 내적 힘이 약한 내담자는 자기 문제로 떠안고 살아간다. 따라서 상담자는 해석을 전달할 때 확정적으로 전달하기보다는 가설적인 형태로 전달하도록 한다(〈사례 7-13〉 참조).

사례 7-13 해석 전달 형식

- **__________이야기를 들어 보니 __________한 것은 같아요.**
- **__________한 행동은 __________한 것은 아닐까요?**

상담자 1: 이야기를 들어 보니 결정을 미루는 것은 엄마 눈치를 보는 것 같아요. 어떻게 생각하세요?

상담자 2: 자녀가 공부를 열심히 안 할 때 화가 나는 것은 엄마가 이루지 못한 꿈을 자녀가 이루지 못할까 봐 그런 것은 아닐까요? 어떻게 생각하세요?

내담자는 상담자 해석에 동의할 수도 있고 동의하지 않을 수도 있다. 〈사례 7-14〉처럼 내담자가 상담자의 해석에 동의하지 않을 때는 동의하지 않는 부분을 들어 보며(상담자 2) 상담자 해석을 수정할 수 있는 기회를 갖도록 한다(내담자 1).

사례 7-14 해석 수정

상담자 1: 이성친구와의 빈번한 싸움은 엄마에게 받지 못한 사랑을 이성친구에게 요구하기 때문에 일어나는 일 같아요. 어떻게 생각하세요?

내담자 1: 그런데…… 꼭 그런 것 같지는 않아요.

상담자 2: 그래요. 꼭 그런 것 같지 않다고 했는데……. 꼭 그런 것 같지 않다는 부분에 대해 이야기해 주세요.

(2) 해석 사용 시 유의사항

해석은 내담자의 통찰과 성장을 촉진하는 데 초점을 두고 진행한다. 하지만 해석을 너무 자주 사용하면 내담자는 상담자가 해석한 내용을 사실이라고 받아들여 변화를 위한 노력을 중단할 수 있다(노안영, 송현종, 2006). 해석이 상담에서 효과적으로 진행되기 위해서 몇 가지 주의할 점이 있다.

해석 사용 시 상담자들이 주의해야 될 점은 다음과 같다.

- 나이가 어리거나 지적 능력이 낮은 내담자에게는 자제한다.
- 내담자의 실제적인 메시지에 기반을 둔다.
- 상담 용어를 사용하지 않고 내담자가 이해하기 쉬운 어휘를 사용한다.
- 상담자의 해석을 내담자에게 강요하지 않는다.

7) 자기개방

상담자가 내담자와의 상담을 성공적으로 진행하기 위해서는 상담자가 자신의 감정을 정확하게 인식하고 내담자에게 표현하는 것이 중요하다. 상담자가 느끼는 감정을 내담자에게 자기개방(self-disclosure)하면 내담자는 상담자를 통해 솔직하게 표현하는 방법을 배울 수 있다.

상담자가 자신의 감정을 개방할 때 가장 중요한 것은 즉시성이다. 즉시성은 지금-여기에서 느껴지는 감정이다. 상담자는 내담자와 상담장면에서 느껴지는 감정을 바로 알아차리고 표현하도록 한다(〈사례 7-15〉 참조).

사례 7-15 **상담자의 자기개방**

내담자 1: 상담을 통해 제가 많이 변화된 것 같아요. 상담이 많이 도움이 된 것 같아요.

상담자 1: 상담이 도움이 되었다니 반갑고 기쁘네요.

→ 상담자는 상담에 대한 효과를 표현하는 내담자에게 기쁜 마음을 표현하고 있다.

〈사례 7-16〉은 상담자가 내담자에 대해 느끼는 안타까운 마음을 자기개방을 통해 표현하고 있으며, 〈사례 7-17〉은 상담자가 내담자에 대해 느끼는 속상한 마음을 자기개방을 통해 표현하고 있다.

사례 7-16 **안타까운 마음의 자기개방**

상담자 2: 칭찬을 거부하니 마음이 아프네요. 아름 씨가 지닌 좋은 강점을 생각해 보았으면 해요. 좋은 강점이 많은데요.

→ 내담자에 대한 안타까운 감정을 개방적으로 표현하고 있다.

사례 7-17 **속상한 마음의 자기개방**

상담자 3: 상담에서 여러 번 지각을 해서 속상하네요. 다른 사람들과의 약속에서도 지각을 자주 하는지 궁금하네요.

→ 상담자는 내담자에게 속상한 마음을 표현하면서 내담자가 다른 사람들에게도 동일하게 행동을 하는지 탐색하고 있다.

자기개방이 가질 수 있는 위험성은 상담자가 자신의 감정을 내담자에게 투사할 수 있다는 것이다. 상담자가 자기개방을 할 때 상담자 이야기를 길게 하거나 상담자의 해결되지 않은 문제를 내담자에게 이야기하는 것은 조심해야 한다. 상담자가 해결되지 않는 고민을 내담자에게 이야기하면, 내담자는 상담자에 대한 신뢰성과 전문성에 확신을 갖지 못한다. 또한 상담자는 자기개방을 하더라도 초점은 내담자라는 사실을 명심하고 내담자에게 초점을 맞추도록 한다.

사례 7-18 상담자의 일방적인 자기개방

내담자 4: 앞으로 대학 졸업 후 진로를 어떻게 해야 할지 모르겠어요. 선생님은 진로를 바로 정하셨나요?

상담자 4: 많이 힘드시지요. 저도 아름 씨 나이 때 그랬던 것 같아요. 그때는 고민이 많지요. 무엇을 해야 할지, 어떻게 해야 할지 고민이 많았던 것 같아요. 제가 지금 상담을 하고 있지만 얼마나 방황해서 결정했는지 몰라요. 저는 원래 상담 전공이 아니었어요. 상담을 할 생각이 없었는데 고민으로 상담을 받다 보니 상담에 관심이 생기더라고요. 상담은 정말 좋은 것 같아요. 그래도 상담을 받을 때 진로를 빨리 결정했으면 덜 방황했을 텐데. 생각은 있었는데 실천을 못한 것 같아요. 그래서 세월만 보내고 고민하다가 나중에 상담을 전공하겠다는 결심을 하고 공부를 다시 했어요. 그래도 공부하길 잘한 것 같아요. 너무 만족하고 있어요.

내담자 5: 네…….

〈사례 7-18〉에서 상담자는 진로 고민이 있는 내담자에게 자기개방을 하고 있다. 하지만 상담자는 내담자의 주제에 초점을 맞추기보다는 상담자 자신의 이야기를 개방하고 있다. 이러한 자기개방은 내담자가 자기 자신을 성찰하는 데 도움이 되지 않는다.

사례 7-19 상담자의 자기개방 후 주제에 다시 초점 두기

내담자 6: 이성친구와 헤어져야 할지 만나야 할지 고민하고 있어요. 선생님은 이런 경험 없으셨나요?

상담자 6: 많이 힘드시겠어요. 저도 이성친구와 갈등이 있을 때 정말 많이 힘들더라고요. 저도 그때 어떤 결정을 해야 할지 어려웠어요. 상담을 통해 아름 씨 고민이 정리되었으면 하네요.

〈사례 7-19〉에서 상담자는 내담자의 질문에 자기개방을 한 후 내담자 주제에 다시 초점을 두어 상담을 진행하고 있다. 상담자가 자기개방을 진행할 때 상담자의 자기개방 이야기가 너무 길어지지 않도록 하며, 내담자의 이야기 주제에 초점을 다시 맞출 수 있도록 한다.

8) 모델링

모델링(modeling)은 상담자가 내담자에게 바람직한 모습을 보여 주어 내담자가 상담자의 행동을 보고 배워 가는 과정이다. 아이들은 태어나서 양육자의 모습을 보고 배우며 성장한다. 양육자가 좋은 태도와 좋은 행동을 나타내면 내담자는 양육자의 모습을 보며 좋은 태도와 좋은 행동을 배워 간다. 하지만 양육자가 바람직하지 않은 태도와 좋지 않은 양육 행동을 보여 주면 내담자들은 양육자 행동을 싫어하면서도 양육자의 행동을 배우게 된다. 가정에서 학대를 받은 자녀들은 피해자이지만, 성인이 되었을 때 부모의 모습을 무의식적으로 답습하여 학대를 하는 가해자가 되는 경우도 있다. 또한 화가 나거나 분노가 느껴질 때 자신의 감정을 어떻게 표현해야 하는지 잘 모르기도 한다. 상담실에 온 내담자는 상담자가 말하는 태도, 말하는 방법, 감정 표현 방법, 내담자를 대하는 태도, 행동을 보면서 이전까지 만났던 사람들과 다름을 느낀다. 그리고 내담자는 상담실에서 만난 상담자를 관찰하며 상담자를 닮아 간다.

9) 역할연습

역할연습(role play)은 내담자와 상담자가 역할을 맡아 연습하는 것을 말한다. 내담자는 상담자와 상담을 진행하면서 자신과 갈등관계에 있던 사람에게 표현하지 못했던 감정이나 생각, 말이 떠오른다. 내담자는 상대에게 표현하지 못했던 속상한 마음을 표현하고 싶어 할 수 있다. 이럴 경우 상담자는 내담자와 역할연습을 진행한다.

이때 가장 중요한 점은, 첫째, 내담자의 준비도이다. 내담자가 상대에게 표현할 마음의 준비가 되지 않았는데 상담자가 밀어 붙이면 안 된다. 둘째, 역할연습을 할 때는 즉시성(here and now)이 중요하다. 상담자는 내담자 호소 내용을 들으며 내담자가 대인관계에서 구체적으로 자기표현을 할 필요성이 느껴지는 순간 즉시성에 입각하여 역할연습을 진행한다. 상담자가 내담자에게 갑자기 역할연습을 하자고 제안할 경우 내담자는 역할연습에 몰입하기 어렵다. 내담자가 역할연습을 거절하거나 어려워하면 상담자가 당황스러움을 느껴 상담 진행이 어려워질 수 있다. 그러므로 내담자가 표현할 마음의 준비가 되었을 때 즉시성에 입각하여 역할연습을 진행한다.

상담자와 내담자는 역할연습이 충분히 진행된 후 역할 바꾸기(role reversal)를 실시해 본다. 역할 바꾸기는 상담자가 내담자 역할을 하고 내담자는 상대방 입장을 이야기하는 것이다. 예를 들어, 내담자가 이성관계 갈등이 있는 경우 역할연기를 진행한다. 처음 역할연기를 할 때 내담자는 내담자 역할을 담당하고 상담자는 상대 이성 역할을 담당하며 이야기를 나누어 본다. 이때 내담자가 좀 더 관계에 대해 생각해 보고 통찰할 수 있도록 하기 위해 역할 바꾸기를 진행한다. 역할 바꾸기는 상대방 입장에서 생각해 보도록 하기 위함이다.

10) 지지와 격려

내담자는 고민과 어려움 속에서 자신이 잘못하여 일이 발생했다고 생각하며 남들은 아무 문제없이 사는데 자신만 힘든 상황에 놓여 있다고 생각하기도 한다. 그래서 내담자들은 자신이 하는 일에 대해 평가절하하고 자신이 잘하고 있는 일에 대해서도 부정적인 평가를 내린다. 또한 내담자는 주변 사람들에게 인정받거나 격려받는 일이 없기 때문에 자신에 대해 부정적인 평가를 하기도 한다.

상담자는 내담자가 전달하는 삶의 이야기 속에서 잘하고 있거나 인정받을 만한 일이 있다면 **지지**(support)와 **격려**(encourage)를 전달한다. 상담자가 내담자에게 표현하는 지지와 격려는 내담자에게 힘을 줄 수 있다.

구체적 지지

- "힘들 텐데 학업과 아르바이트를 병행하면서 장학금까지 받다니 대단하네요."
- "힘든 상황 속에서도 자신의 일을 잘하고 있네요!"
- "그렇게 힘든 상황 속에서 누구도 그렇게 할 수 없을 거예요!"

상담자는 내담자에게 지지와 격려를 할 때 내담자가 표현한 말 속에서 내담자의 행동, 생각, 감정을 잘 탐색하고 관찰하여 관찰한 내용에 기초하여 전달한다. 하지만 상담자가 짐작으로 표현하거나 추상적이고 막연하게 표현하는 것은 내담자에게 깊은 영향력을 제공하지 못한다. 다음과 같은 반응은 내담자에게 효과적이지 못하다.

막연한 지지

- "직장을 다니고 있으니 잘하실 거예요!"
- "걱정 말아요. 잘될 거예요!"
- "성실한 것 같으니 잘 해결될 거예요!"

생각해 보기

1. 어떤 상담기법을 상담장면에서 사용해 볼 수 있나요?
2. 다양한 상담기법이 사용되어야 할 상황은 언제인가요?

상담실습

"친구랑 싸웠지만 저는 잘못한 게 없다고 생각해요. 전 그 친구가 다 잘못했다고 봐요. 그 친구가 시험을 못 봐서 제가 '그런 실력으로 좋은 대학 가겠어?'라고 말했는데요. 사실이잖아요, 성적이 안 좋으면 좋은 대학 못 가잖아요. 사실을 말했을 뿐인데, 제 잘못이 없는데…… 친구들은 저를 이상하게 쳐다봤어요. 실력이 안 좋은 그 친구는 저에게 화만 내고…… 그런데 친구들은 그 친구 말만 듣고 저를 떠났어요. 제 주변에는 아무도 없어요."

1. 다음 상담기법을 간략하게 설명한 후 내담자에게 반응하는 연습을 해 보세요.

1) 반영하기

(1) 설명: ______________________________

____

____

____

(2) 상담자 반응: ______________________________

____

____

____

2) 명료화하기

(1) 설명: ______________________________

____

____

____

(2) 상담자 반응: ______________________________

____

____

____

3) 요약하기

(1) 설명: ______________________________

(2) 상담자 반응: ______________________________

4) 재진술하기

(1) 설명: ______________________________

(2) 상담자 반응: ______________________________

5) 직면하기

(1) 설명: ______________________________

(2) 상담자 반응: ______________________________

2. 내담자에게 가장 도움이 될 수 있는 상담기법은 무엇이며, 이유는 무엇이라고 생각하나요?

1) 내담자에게 도움이 되는 상담기법

2) 이유

3. 1:1로 상담자와 내담자 역할을 정해 보세요. 상담자는 내담자에게 지지와 격려를 한다면 어떻게 할 수 있을지 연습해 보세요. 지지와 격려 반응 후 내담자 역할을 한 사람은 어떤 느낌이었는지 이야기해 보세요.

> 내담자는 비자발적 내담자였지만 상담이 시작되면서 변화하기 위해 노력했고, 마침내 자신이 원하던 상담목표를 성취하게 되었다.

제8장

상담 중기

학습목표

1. 상담 중기 과정을 어떻게 진행할지에 대해 학습한다.
2. 상담 중기 과정에서 상담이론에 따른 상담 접근 방법에 대해 학습한다.

상담 중기 과정은 합의된 상담목표를 성취하기 위해 진행하는 과정이다. 초심상담자들은 상담 중기 과정을 어떻게 진행하며 상담 방향성을 어떻게 설정해야 하는지 고민이 많다. 초심상담자들은 상담 중기 과정에 대한 부담과 상담 시간 운영에 대한 어려움을 경험한다. 상담자는 상담이 현재 어떤 방향성을 가지고 상담이 진행되는지를 고려하며 매 회기 상담목표와 상담 초기의 주 호소 문제, 현재 호소하는 문제와의 관련성을 확인해야 한다.

상담 중기 과정은 다음과 같다.

- 첫째, 내담자 문제에 초점을 두어 진행하면서 내담자의 현재 문제를 구체화하는 작업을 한다.
- 둘째, 내담자 현재 문제와 관련된 요인을 확인해 본다.
- 셋째, 내담자 문제 행동이 발견된다면 어떠한 요인과 관련 있는지를 탐색한다.
- 넷째, 내담자가 통찰을 통해 자신의 모습을 볼 수 있도록 한다.
- 다섯째, 내담자가 통찰한 모습을 통해 자신이 변화하고 싶은 새로운 모습을 인식하고 훈습하도록 한다.

상담 중기 과정을 진행하면서 상담자들은 상담이론에 기초하여 상담목표가 성취될 수 있도록 방향성을 갖도록 한다. 상담자가 상담 과정 중에 내담자 문제와 내담자 이해에 따라 상담이론에 기초하여 상담 전략을 설정하도록 한다. 특정 상담이론이 '바람직하다'거나 '맞다'라고 말할 수 없다. 상담자는 내담자의 호소 문제에 적합한 상담 방식을 개발하기 위해 한 가지 이론을 깊이 있게 학습한 후 이를 토대로 다른 상담이론을 공부하며 확장해 가도록 한다. 그러므로 상담자는 다양한 상담이론들을 깊이 있게 공부할 필요가 있다.

1. 현실치료에 입각한 상담 과정

현실치료는 R-W-D-E-P라는 명확한 상담기법을 가지고 있다. 상담자는 상담을 진행하면서 R-W-D-E-P에 입각하여 명확한 상담의 방향성을 가지고 상담을 진행한다.

첫째, 1단계 R은 Relation으로 내담자와 상담관계를 형성하는 단계이다. 상담 초기 과정에서 상담자와 내담자는 신뢰관계 형성이 매우 중요하다. 상담이 효과가 있으려면 내담자가 상담자를 신뢰해야 한다. 상담 초기 과정에서 상담자와 내담자의 신뢰성 있는 상담관계 확립이 매우 중요하며, 이는 상담의 성공을 좌우하는 요인이 된다.

둘째, 2단계 W는 Want로 내담자의 욕구 탐색하는 단계이다. 상담자는 내담자가 바라는 것이 무엇인지를 탐색하면서 지속적으로 내담자의 욕구를 파악한다.

상담자는 내담자 욕구를 파악하기 위해 내담자가 어떤 욕구를 충족하기를 원하는지 탐색한다. 현실치료에서 글래서(Glasser, 1965)는 인간은 다섯 가지 기본욕구를 가지고 태어난다고 보았다. 이는 생존의 욕구, 사랑의 욕구, 자유의 욕구, 힘의 욕구, 재미의 욕구이다.

첫째, 생존의 욕구(survival need)는 인간의 생존과 관련된 의식주의 기본적인 욕구이다. 부모님의 이혼, 별거로 방치되거나 유기되는 내담자들은 누구랑 살아야 할지, 어디서 살아야 할지 결정되지 않아 삶의 생존욕구 충족이 어렵다. 이런 내담자들은 생존의 욕구가 채워질 수 없기에 불안감을 느끼고 있으므로 가장 기본적인 생존의 욕구가 채워질 수 있도록 해야 한다.

둘째, 사랑과 소속의 욕구(love and belongingness need)는 관계에서 친밀감과 소속감을 느끼고 인정과 배려를 받으며 사랑받고 있다는 감정을 채우고 싶은 욕구이다. 사람들은 바쁜 삶 속에서 외로움을 느끼며 소외감을 많이 느낀다. 이때 사람들은 누군가에게 사랑받고 싶은 욕구를 갖는다.

셋째, 자유의 욕구(freedom need)는 자율적인 존재로서 자유롭게 선택하고 행동하기를 원하는 욕구이다. 부모와 밀착된 관계 안에서는 자율적인 선택이 어려울 수 있다. 부모와 자녀가 밀착된 경우, 부모는 자녀의 모든 선택에 관여하여 자녀의 자율성을 침해하기도 한다. 자유의 욕구는 내 삶의 영역에서 내가 원하는 삶을 내가 선택하여 살아가고 싶은 욕구이다.

넷째, 힘의 욕구(power need)는 성취를 통해 자신의 존재감과 가치감을 느끼고 싶은 욕구이다. 일을 처리할 때 성취감을 느끼고 만족감을 느끼는 것은 바람직하지만, 자신의 힘의 욕구를 충족시키기 위해 타인에게 영향력을 행사하면 관계를 악화시킬 수 있다. 힘의 욕구가 너무 강하면 앞만 보고 달려가기 때문에 일과 관련하여 인정은 받을 수 있지만 주변을 살펴보지 못해 관계가 소홀해질 수 있다.

다섯째, 재미의 욕구(fun need)는 즐겁고 재미있는 삶을 추구하며 살아가고 싶은 욕구이다. 글래서(Glasser, 1965)에 따르면, 재미의 욕구는 다른 네 가지 욕구만큼 강하지는 않지만 매우 기본적인 욕구로서 중요하다고 보았다.

내담자의 욕구 탐색을 위한 질문은 다음과 같다.

2단계 내담자의 욕구 탐색을 위한 질문

- "원하는 것이 무엇인가요?"
- "자신이 정말 원하는 것이 무엇인가요?"
- "상담자에게 바라는 것은 무엇일까요?"
- "상대방에게 원하는 것은 무엇일까요?"
- "상대방이 나에게 원하는 것은 무엇일까요?"

내담자는 상담실에 와서 지속적으로 불편함을 토로하고 어려움을 호소한다. 상담자는 내담자 이야기를 들으면서 내담자가 원하는 것이 무엇인지를 질문한다. 내담자는 답답한 마음에 상담실에 왔지만 자신이 정말 원하는 것이 무엇인지 잘 모른다. 이때 상담자는 내담자의 욕구를 탐색하기 위해 욕구 탐색 질문을 한다(〈사례 8-1〉 참조).

사례 8-1 내담자 욕구 탐색

내담자 1: 저는 그 친구랑 친하다고 생각했는데 그 친구는 너무 이기적이고, 자기만 알고, 항상 자기 위주이고, 자기 생각만 해요. 게다가 그 친구가 저에 대해 안 좋게 말을 하고 다닌다는 거예요. 왜 그런 건지 모르겠는데……. 정말 너무해요.

상담자 1: 친구의 행동으로 마음이 많이 속상하겠네요.

내담자 2: 네. 많이 속상해요.

상담자 2: 친구 문제로 상담을 받고 싶다고 신청했는데 지원 씨가 상담을 통해 원하는 것이 무엇일지 궁금하네요.

내담자 3: 네? 제가 원하는 거요?

상담자 3: 네. 지원 씨가 친구 문제로 많이 속상해하고 있는데 상담에서 원하는 부분이 무엇일지 궁금해서요.

내담자 4: 글쎄요…… 그냥 속상하고 화난 마음만 크고 마음이 답답해서 신청했는데…… 제가 상담을 통해 원하는 게 뭘까요?…… (침묵 30초).

상담자 4: 시간을 드릴 테니 천천히 생각해 보세요.

내담자 5: 제가 원하는 것은…… 그 친구랑 절교도 원하고, 계속 만난다면 그 친구가 변했으면 좋겠고…… 정확히 잘 모르겠어요.

상담자 5: 그렇군요. 친구가 변했으면 하는데 친구를 상담을 받지 않고 지원 씨만 상담을 받고 있네요. 지원 씨가 상담을 통해 원하고 기대하는 바가 무엇인가요?

내담자 6: 제가 원하는 것은…… 저도 친구에게 배려받고 싶고 친구가 저에 대해 욕을 하지 않았으면 좋겠어요.

상담자 6: 그렇군요. 지원 씨가 상담에서 바라는 바는 친구에게 배려받고 싶고 친구가 욕을 안 했으면 하는 거네요.

내담자 7: 네. 맞아요.

상담자가 내담자에게 상담에서 원하는 것을 말하라고 하면 내담자들은 상대방을 변화시켜 달라고 한다. 하지만 상담은 상담에 오지 않는 제3자를 변화시킬 수 없다. 이때 내담자가 원하는 것이 무엇인지 내담자가 채우고 싶은 욕구가 무엇인지 탐색한다. 〈사례 8-1〉에서 내담자는 친구가 자기를 배려해 주며 인정해 주기를 기대하고 있다. 내담자 자신은 상대방에게 배려를 받고 싶은데 원하는 욕구를 채울 수 없어 상대에게 화가 나고 속상함을 느끼고 있다.

셋째, 3단계 D는 Doing으로 내담자 현재 행동을 탐색하는 과정이다. 내담자의 행동에 초점을 두며 과거 행동보다는 현재 행동에 초점을 두는 것을 강조한다. 내담자로 하여금 현재 무슨 행동을 하고 있는지를 명확하게 인식하도록 돕는다. 내담자가 어떤 행동을 어떻게 하고 있는지 관심을 두고 탐색하도록 한다. 내담자 행동을 탐색하는 이유는 내담자가 자신의 행동을 인식하도록 돕기 위함이다.

3단계 행동 탐색 질문

- “당신은 어떤 행동을 하였나요?”
- “상대방에게 뭐라고 이야기했나요?”
- “상대방의 이야기를 듣고 어떻게 반응했나요?”
- “상대방은 어떻게 행동했나요?”
- “상대방은 뭐라고 반응했나요?”

내담자는 현재 친구가 자신을 배려해 주고 자신의 존재를 인정해 주기를 기대하고 있다. 이때 상담자는 내담자가 친구에게 어떤 행동패턴을 보이고 있는지를 확인하며 내담자 행동을 점검한다(〈사례 8-2〉 참조).

사례 8-2 행동 탐색

상담자 1: 그렇군요. 상대방이 배려를 해 주고 욕을 안 했으면 하는 거네요.
내담자 1: 네. 맞아요.
상담자 2: 친구가 지원 씨에 대해 안 좋은 말을 하고 다녀서 속상했다고 하셨는데, 그 이야기를 듣고 뭐라고 하셨어요?
내담자 2: 네? 제가요?
상담자 3: 지원 씨가 친구에게 어떻게 반응했는지 궁금하네요.
내담자 3: 그 이야기를 듣고 화는 나는데 어떻게 해야 할지 몰라서 속상해하기만 했어요.
상담자 4: 친구에게 화는 나는데 어떻게 해야 할지 몰라 가만히 계셨네요.
내담자 4: 네. 맞아요.

넷째, 4단계 E는 Evaluation으로 내담자가 자신의 행동을 평가하는 단계이다. 평가단계는 현실치료의 핵심 단계이다. 평가란 옳고 그름을 판단하는 것이 아니라 행동이 내담자나 타인에게 도움이 되는지를 점검한다. 내담자가 자신의 행동을 점검해 보면서 내담자가 채우고 싶은 욕구를 충족할 수 있는지 평가한다. 상담자는 내담자의 행동이 어떤 의미를 갖는지를 탐색한다.

4단계 행동 평가 단계

- "현재 당신의 행동이 당신에게 도움이 되나요?"
- "현재 당신의 행동이 당신이 원하는 것을 얻는 데 도움이 되나요?"
- "그런 행동이 당신의 욕구 충족에 도움이 되나요?"
- "당신은 상대방에게 당신의 욕구를 충분히 표현하였나요?"
- "상대는 당신이 원하는 것을 알고 있을까요?"

내담자의 행동이 문제해결에 도움이 되는지, 자신의 행동이 원하는 것을 얻을 수 있는지, 상대방에게 원하는 것을 충분히 표현했는지를 질문하며 내담자가 스스로 자신의 행동을 평가하도록 한다(〈사례 8-3〉 참조).

사례 8-3 행동 평가

내담자 1: 친구의 이야기를 듣고 화는 나는데 어떻게 해야 될지 몰라서 속상해하고만 있었어요.
상담자 1: 친구에게 화는 나는데 가만히 계셨네요. (행동에 대한 탐색)
내담자 2: 네……. 어떻게 반응해야 할지 몰라서요.
상담자 2: 그랬군요. 친구에게 화가 났는데 아무 반응도 하지 않고 표현을 하지 않았군요. 아무 표현도 하지 않았는데 지원 씨의 행동이 지원 씨에게 도움이 되었는지 궁금하네요. (평가에 대한 질문)
내담자 3: 그러니까요……. 도움이 되지 않은 것 같아요.
상담자 3: 그럼 친구는 지원 씨가 화난지도 모를 수 있겠네요. (평가에 대한 질문)
내담자 4: 네. 맞아요. 그런 것 같아요.

다섯째, 5단계 P는 Planning으로 새로운 행동으로 계획 세우기 단계이다. 상담자는 3단계 행동 탐색(Doing) 단계에서 내담자의 비효과적인 행동을 구체적으로 찾아내고, 4단계 평가(Evaluation) 단계를 거쳐 내담자가 효과적인 행동을 할 수 있도록 계획을 세운다. 내담자들이 계획을 세우기 위해서는 3단계 행동 탐색(Doing) 단계, 4단계 평가(Evaluation) 단계를 거쳐야 한다. 계획은 내담자가 스스로 세우도록 하며, 내담자는 선택과 행동에 대한 책임이 자신에게 있음을 인식한다(〈사례 8-4〉 참조).

계획을 세울 때 계획은 간단하고(Simple), 성취 가능하고(Attainable), 측정 가능하며(Measurable), 즉시적이고(Immediate), 상담자가 관여(Involving)해야 하며, 내담자의 통제(Control)가 필요하고, 지속적(Commitment)이어야 하며, 내담자가 변화에 몰입(Commitment)할 수 있도록 고려한다. Wubbolding(1986)은 계획을 위한 여덟 가지 요령을 SAMI2C3로 표현하였다.

사례 8-4 계획 세우기

상담자 1: 친구는 지원 씨가 화난지 모를 수도 있겠네요. (평가에 대한 질문)

내담자 1: 네. 맞아요. 그런 것 같아요.

상담자 2: 친구에게 표현을 하지 않으니 친구는 지원 씨 마음을 모르고, 지원 씨는 친구가 지원 씨 마음을 몰라 속상하고요.

내담자 2: 네. 맞아요. 엄청 속상해요.

상담자 3: 지원 씨의 속상한 마음을 친구가 알아주면 좋을 텐데요. 어떻게 하면 친구가 지원 씨의 마음을 알 수 있을까요?

내담자 3: 글쎄요…… 제가 친구에게 이야기를 해야 하는데 어려워요. 어떻게 하면 좋을까요?

상담자 4: 맞아요. 표현하는 게 어렵지요. 지원 씨는 어떻게 하고 싶나요?

내담자 4: 표현하고 싶기는 한데 어려운 것 같아요.

상담자 5: 어렵지요. 지원 씨는 어떤 말을 친구에게 표현하고 싶나요?

내담자 5: ……. 내 욕을 하지 않았으면 좋겠다…….

상담자 6: 그렇군요. 그러면 지원 씨는 원하는 바를 친구에게 표현해 볼 수 있을까요?

내담자 6: ……. 어렵지만 표현해 보고 싶어요. (내담자 통제)

상담자 7: 그럼 어떻게 표현해 볼 수 있을까요?

내담자 7: 글쎄요…… 어떻게 표현하는 게 좋을까요?

상담자 8: 친구에게 직접 이야기를 한다면 구체적으로 어떻게 표현할까요? (성취 가능)

내담자 8: 그 친구에게 '다른 사람들에게 내 욕을 하지 않았으면 좋겠어.'라고 이야기하고 싶어요.

상담자 9: 표현을 참 훌륭하게 잘했네요.

2. REBT 상담이론에 기초한 상담

합리적 정서행동치료(Rational Emotive Behavior Therapy: REBT)는 인간을 합리적이고 이성적인 사고를 할 수도 있고 비합리적이고 비이성인 사고를 할 수 있는 존재로 보는 관점에 기반한 이론이다(Ellis, 2004a, 2004b). REBT 상담 과정은 내담자의 비합리적 신념을 합리적인 신념으로 대체하는 과정이다.

사람들이 정서적 문제를 겪는 이유는 일상생활에서 겪는 구체적인 사건 때문이 아니라 그 사건을 합리적이지 못한 방식으로 지각하고 받아들이기 때문이다(Ellis, 1989). 사람들은 비합리적 신념을 계속 확인함으로써 불쾌한 정서를 만든다. 그러므로 상담자는 내담자가 비합리적 사고를 최소화하여 합리적 사고를 극대화하도록 조력해야 한다.

사람들은 어린 시절 양육자의 태도를 통해 세상을 바라보는 태도, 자신을 바라보는 태도를 배운다. 아동기에는 능동적으로 환경을 통제하는 선택권 없이 양육자에 의해 선택이 좌우된다. 아동들은 양육자의 영향을 받으며 성장하고 양육자의 영향을 받아 합리적인 사고와 비합리적인 사고를 습득하게 된다. 비합리적인 신념을 가진 내담자는 상담을 통해 합리적인 신념으로 바꿀 수 있다. 상담자는 내담자의 비합리적 신념을 합리적 신념으로 변경할 수 있도록 돕는다(Egan, 2015).

1) 비합리적 사고의 요소

비합리적 신념은 자신, 타인, 세상에 대한 비현실적인 기대이자 '반드시 ~해야 한다(must, should)'는 절대적이고 완벽주의적인 당위적 요구를 의미한다. 비합리적 신념은 자신, 타인, 세상에 대한 세 가지 범주로 구분된다.

첫째, 자신에 대한 당위적 요구로 현실적으로 과도한 기대와 요구를 자신에게 부과한다. 둘째, 타인에 대한 당위적 요구는 타인이 자신의 기대에 충족하도록 일방적으로 요구하는 것을 말한다. 셋째, 세상에 대한 당위적 요구는 세상에 대한 비현실적인 과도한 기대를 말한다.

- "나는 반드시 ~해야 한다." (자신에 대한)
- "사람들은 반드시 ~해야 한다." (타인에 대한)
- "세상은 반드시 ~해야 한다." (세상에 대한)

2) 비합리적 신념

- 인정받고 사랑받아야 한다: 나는 모든 사람에게 반드시 사랑(인정)을 받아야 한다.
- 유능해야 한다: 나는 모든 사람에게 성공한 사람으로 인식되어야 한다.
- 성공해야 한다: 내 계획은 항상 성공해야 한다.
- 비난받아야 한다: 사람들은 나쁘기 때문에 반드시 비난(벌)을 받아야 한다.
- 위험에 처해서는 안 된다: 절대로 위험한 상황에 놓여서는 안 된다.
- 문제가 없어야 한다: 모든 문제는 완벽한 해결책이 있다. 반드시 해결책을 찾아야 한다.
- 희생양: 내가 겪는 불행은 다른 사람 때문이다.
- 회피: 어려움은 피하는 것이 상책이다. 나를 힘들게 하는 일은 없어야 한다.
- 과거의 횡포: 과거의 영향은 결코 사라지지 않는다.

이와 같은 비합리적 신념은 자신의 삶을 제한적으로 생각하게 만든다. 비합리적 신념이 강한 내담자는 자신이 설정한 비합리적 신념에 위배되는 일이 발생하면 최악의 상황이라고 여기고 파국적으로 생각한다. 엘리스(1989)에 따르면, 내담자들이 파국적으로 생각하는 것은 내담자에게 전혀 도움이 되지 않는다고 한다. 그러므로 내담자들의 비합리적인 신념을 합리적인 신념으로 변화해야 한다.

3) REBT의 ABC이론

REBT는 ABC이론을 적용하여 내담자의 비합리적 신념을 논박을 통해 합리적 신념으로 변경하도록 한다. 상담자는 내담자와 상담을 진행하면서 ABCDEF로 표현된 6단계의 형식을 사용하여 질문한다(Ellis, 1995a, 1995b).

- 1단계: A(Activating event) 선행사건
- 2단계: B(Belief system) 신념체계
- 3단계: C(Consequence) 결과

- 4단계: D(Dispute) 논박
- 5단계: E(Evaluation) 효과
- 6단계: F(Feeling) 감정

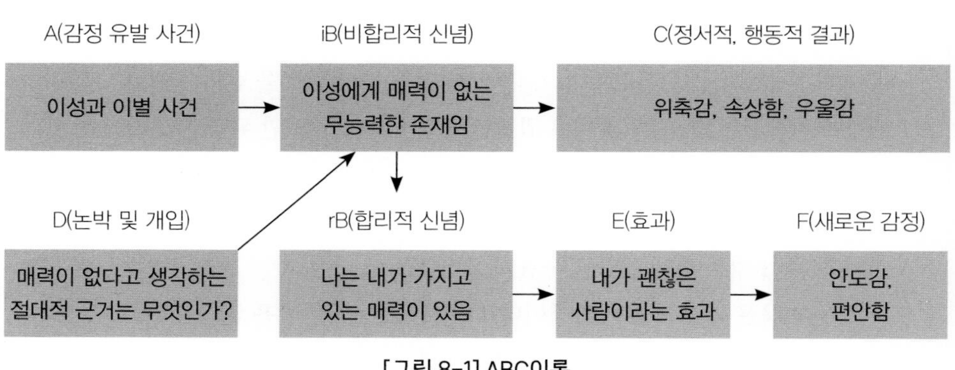

[그림 8-1] ABC이론

A는 감정을 활성화하는 '선행사건(Activating event)'으로 다른 사람의 행동이나 태도, 사건 등이다. B는 선행사건 A에 대한 내담자의 '신념체계(Belief system)'이다. C는 선행사건 A로 인한 '정서적 · 행동적 결과(Consequence)'이다. 이성과 헤어진 후 우울증에 걸렸다면 우울반응을 일으킨 것은 이성과의 이별 자체가 아니라 이별 사건에 대한 내담자의 신념체계이다. 엘리스(1995a, 1995b)는 이성과의 이별이라는 실제적 사건(A 사건)이 아니라 이별 후 '나는 매력이 없다'는 신념(B 신념)이 우울증(C 결과)을 일으킨다고 보았다. 따라서 인간의 정서적 반응을 일으키는 책임은 자기 자신에게 있으며, 정서적 · 행동적 결과를 일으키는 비합리적 신념을 변화시킬 수 있도록 하는 것이 REBT의 핵심이다.

A(사건)－B(신념)－C(결과) 다음에 논박(Dispute)이다. 논박(D)은 비합리적 신념에 도전하도록 도와주는 방법이다. 내담자들은 비합리적 신념들 '해야 한다' '하지 않으면 안 된다' '생각한 대로 안 되면 실패했다'에 관련한 역기능적인 신념을 반박한다. 논박 과정을 통해 새로운 효과(E)에 도달하게 된다. 비합리적 신념을 논박한 후에 느끼는 새롭고 합리적인 사고는 동일한 사건에 대한 새로운 효과를 경험한다. 이러한 효과는 새로운 감정(Feeling)을 느끼게 한다.

(1) 비합리적 신념 논박하기

내담자의 비합리적 신념에 대해 논박할 때 다음과 같은 질문을 사용할 수 있다. 내담자는 자신이 생각하는 비합리적 신념이 확실하다고 생각한다. 이때 상담자는 논박을 통해 내담자가 비합리적 신념에서 벗어날 수 있도록 한다.

- "당신의 신념에 대한 증거는 어디에 있나요?"
- "원하는 대로 되어 가지 않는 것이 왜 끔찍하고 무서운 일인가요?"
- "당신의 어떤 방식 때문에 실패한 인생이라고 생각하나요?"
- "가장 나쁜 상황이 일어난다고 해서 그것이 정말 파국적인가요?"
- "일이 성공하지 못했다고 해서 실패자라고 가르친 곳이 어디인가요?"

(2) 내담자 언어 변화시키기

상담자는 내담자가 사용하는 언어에 주의를 기울일 필요가 있다. 내담자가 '저는 ~을 할 수 없어요(I can't)'라고 호소하면 상담자는 '당신은 ~을 하지 않은 것이지요(You haven't yet…….)'라고 표현을 정정해 준다. 새롭게 자기진술하는 법을 배우게 된다면 내담자는 연습을 통해 합리적인 신념으로 사고하게 된다.

- "나는 ~을 할 수 없다."
  → "나는 ~을 하지 않은 것이다. 나는 ~을 선택하지 않은 것이다."

- "만약 ~한다면 정말 끔찍한 일이다."
  → "만약 ~한다면 그것은 좀 불편할 것이다."

- "반드시 ~을 해야 한다."
  → "~을 할 수 있으면 하면 좋다."

상담자는 내담자들의 감정을 유발하는 선행사건을 먼저 발견한다. 내담자가 선행사건들과 연관시키는 비합리적 신념을 찾고, 비합리적 신념을 합리적 신념으로 변화할 수 있도록 논박하는 과정을 갖는다. 이는 내담자가 단지 증상 제거에만 초점을 두기보다는 비합리적 체계를 반박하는 방법을 계속 배움으로써 새로운 효과와 새로운 감정을 경험하게 된다.

3. 해결중심 상담

해결중심 상담은 문제 원인을 파악하기보다는 해결책에 초점을 둔다. 일반적으로 상담자는 내담자의 호소 문제를 들으며 내담자의 문제에 초점을 맞추어 상담을 진행한다. 하지만 해결중심 상담은 일반적인 상담모델과는 다른 접근을 진행한다. 해결중심 상담에서 상담자는 내담자에게 주의를 기울이며 상담 초기에 내담자의 강점, 자원, 성공 경험을 파악한다. 내담자의 긍정적 자원을 빨리 파악하는 것은 상담관계 형성에 도움이 되며, 내담자도 몰랐던 자신의 긍정적 측면을 발견하면 내적 힘이 생기고 자신감이 생겨 상담에 참여하고자 하는 의지가 높아진다.

해결중심 상담은 내담자가 자신의 문제를 다른 시각에서 바라보도록 한다. 내담자는 항상 자신의 문제에만 초점을 두어 생각하기 때문에 자신이 항상 문제가 많은 사람이라고 생각한다. 내담자는 항상 문제가 발생한다고 호소한다. 이때 상담자는 내담자에게 생활에서 문제가 되지 않았던 상황이나 문제가 해결된 상황을 발견하게 한다. 상담자는 내담자에게 문제가 발생하지 않았던 예외적인 상황에 찾아본다. 상담자는 내담자에게 문제가 발생하지 않았던 예외 상황에 초점을 두고 예외 상황을 증가시킴으로써 변화를 이끈다.

해결중심 상담의 전제에 대해 살펴보면 다음과 같다(Berg & Miller, 2001).

첫째, 해결중심 상담의 긍정적인 측면에 초점을 둔다. 내담자는 자신의 어려움과 문제를 지속적으로 호소한다. 상담자는 내담자의 호소 문제를 들으면서 내담자가 지니고 있는 강점, 장점, 잘한 부분, 성취한 부분 등 긍정적인 측면에 초점을 둔다. 내담자는 자신의 긍정적인 측면을 인지하지 못하고 문제 속에 빠져 살아왔다. 이때 상담자가 내담자의 긍정적인 측면을 찾아서 언급해 주면 내담자는 자신감을 갖게 되어 상담자와 상담관계 형성을 촉진한다.

상담자: 이성친구와의 싸움으로 많이 힘드셨을 텐데 맡은 일은 책임감을 가지고 잘하고 계시네요.

둘째, 해결중심 상담은 예외 상황에 초점을 둔다. 예외 상황이란 문제가 없었던 상황이나 문제가 적었던 상황을 찾는 것이다. 내담자는 항상 문제가 있었던 상황에 대해 이야기하고 힘들어한다. 이때 상담자는 내담자가 사고를 전환하여 예외 상황을 찾도록 격려한다. 문제의 관점에서만 자신을 바라보는 것이 아니라 문제가 발생하지 않았던 상황 혹은 문제가 적었던 상황을 생각해 보도록 한다. 내담자에게 예외 상황 찾기를 통해 문제 상황을 통제할 수 있다는 자신감을 갖게 한다.

상담자: 항상 이성친구랑 싸움이 있다고 했는데 혹시 싸움이 없었던 때는 언제였을까요?

셋째, 해결중심 상담에서는 모든 것이 변화한다. 변화하지 않는 것은 아무것도 없다. 변화란 항상 일어나고 있으므로 잘 관찰하도록 한다. 변화는 삶의 일부이고 막을 수 없는 것이므로 삶의 변화를 탐색하고 관찰하도록 한다.

상담자: 이성친구와의 싸움을 줄이려고 많이 노력하고 있는데 이성친구와의 싸움 빈도는 어떤가요? 조금이라도 줄어들었던 때는 언제인가요?

넷째, 해결중심 상담에서는 작은 변화를 잘 관찰한다. 아주 작은 변화라도 매우 중요하다. 작은 변화가 모여 큰 변화를 이룰 수 있다.

상담자: 공부를 잘하고 싶다고 했는데 오늘 스스로 20분 공부를 했네요. 시간이 적다고 했지만 예전에 비해 혼자서 공부를 20분이나 했네요.

다섯째, 해결중심 상담에서는 내담자에게 필요한 자원을 찾는다. 내담자가 스스로 가지고 있는 강점 및 자원을 찾아보도록 한다.

상담자: 친구를 도와주려는 배려의 마음을 가지고 있네요.

여섯째, 해결중심 상담에서 전문가는 상담자가 아닌 내담자이다.

내담자는 자기 문제에 대해 가장 많이 알고 있는 전문가이다. 내담자는 스스로 자신의 문제에 대해 잘 알고 있다.

> **내담자:** 저는 제가 잘하는 게 없는 줄 알았는데 그게 아니라는 걸 알게 되었어요.

일곱째, 해결중심 상담은 현재에 초점을 맞춘다.

과거나 과거 문제에 초점을 두기보다는 현재에 초점을 두고 상담한다.

> **상담자:** 지금 가장 힘든 것은 무엇인가요?

1) 상담목표

해결중심 상담에서 상담목표를 설정할 때는 다음과 같은 점을 고려한다.

첫째, 상담목표는 내담자에게 중요한 것으로 설정한다. 상담목표는 상담자에게 중요한 목표가 아니라 내담자에게 중요한 것을 세운다. 내담자가 스스로 상담목표를 설정해야 상담에 적극적으로 참여하고 상담에 주도적으로 협조할 수 있다.

둘째, 상담목표는 작은 것으로 설정한다. 내담자는 상담에서 큰 목표를 세우고 싶어 할 때 상담자는 큰 상담목표를 작은 상담목표로 설정하도록 한다. 상담목표를 작은 것으로 설정하여 내담자가 성공 경험을 느끼게 되면 성취감을 갖고 변화 동기를 증가시킨다. 작은 변화는 큰 변화를 이끄는 파급 효과를 가질 수 있다.

셋째, 상담목표는 구체적이며 측정 가능한 것으로 설정한다. 내담자는 '자존감이 향상되는 것', 또는 '자신감 갖기'와 같이 추상적인 상담목표를 이야기할 수 있다. 상담목표가 추상적이면 상담 종결 시 내담자가 상담목표를 달성했는지 여부를 파악하기가 어렵다. 그러므로 상담목표는 구체적이고 측정 가능도록 설정한다.

넷째, 상담목표는 문제행동 소거보다는 기대하는 긍정적 행동에 둔다. 문제행동을 없애는 데 초점을 두기보다는 내담자가 기대하는 행동, 원하는 행동에 초점을 두면 내담자가 주도적으로 관심을 갖게 된다.

다섯째, 상담목표는 지금–여기에서 가능한 것을 시작한다. 현재 상황에서 내담자가 성취 가능한 목표를 설정하도록 한다. 미래를 향한 목표보다는 현재에서 달성 가능한 목표에 초점을 둔다.

여섯째, 상담목표는 내담자가 현실적이고 성취 가능한 것으로 설정한다. 상담목표는 생활 속에서 현실적으로 이룰 수 있는 행동을 중심으로 설정하도록 한다.

2) 상담 질문

(1) 상담 전 변화 질문

내담자가 상담을 신청하고 나서 상담실에 오기 전까지 아주 작은 변화라도 있었는지 확인하는 질문을 한다. 내담자에게 사소하고 작은 변화이더라도 찾아볼 수 있도록 한다. 내담자가 인식하지 못한 작은 부분이라도 생각해 보도록 한다.

"상담을 신청할 때와 상담을 받으러 온 지금 사이에 문제에 어떤 변화가 있나요?"

(2) 예외질문

내담자는 항상 문제가 발생했다고 생각한다. 하지만 문제가 항상 존재하는 것은 아니다. 문제가 없었던 때, 문제의 빈도가 조금은 줄어든 때를 생각해 보도록 한다. 상담자는 내담자에게 문제에서 벗어난 예외상황을 생각해 볼 수 있도록 한다.

"최근 문제가 발생하지 않을 때는 언제인가요?"

"문제가 조금이라도 줄어든 때는 언제인가요?"

(3) 기적질문

내담자는 문제에 빠져 희망이 보이지 않을 때 절망감을 느낀다. 상담자는 내담자에게 '기적이 발생한다면'이라는 가정으로 상상하게 하여 희망과 기대감을 갖도록 한다. 내담자는 기적 상황을 상상하는 것만으로도 문제 상황에서 벗어나 기대감을 느낄 수 있다.

"내일 아침에 눈을 떴을 때 기적이 일어난다면 어떤 기적이 일어나기를 기대하나요?"

(4) 척도질문

내담자가 표현하는 심리적인 어려움, 문제해결의 정도 등 주관적인 평가를 객관화하기 위해 0점부터 10까지의 척도로 내담자가 점수를 부여하게 한다. 척도질문을 사용하면 상담자는 내담자의 상태를 정확하게 인식할 수 있다.

"1점부터 10점까지 중에서 10점이 가장 심각한 상태라면 현재 문제 정도는 몇 점일까요?"

"1점부터 10점까지 중에서 10점이 문제가 해결된 상태라면 지금 해결된 정도는 몇 점일까요?"

(5) 대처질문

내담자가 문제의 상황 속에서 희망이 없고 절망적이라고 이야기하는 내담자는 위기에서 살아남기 위해 대처해 온 방법이 있다. 상담자는 내담자가 어떻게 문제를 극복하면서 대처해 왔는지 대처질문을 사용하여 내담자가 자신만의 극복 방법을 찾아볼 수 있도록 한다.

"어떻게 지금까지 견뎌 오셨나요?"

"어떻게 상황이 더 나빠지지 않았나요?"

(6) 관계성 질문

자기중심적 사고에서 벗어나 관계 속에서 문제를 생각해 볼 수 있도록 한다. 상담자의 관계성 질문을 통해 내담자는 자기중심적인 사고에서 벗어나 관계성에 대해 생각해 볼 수 있다.

"지아 씨의 고민을 친구가 들었다면 친구는 지아 씨에게 뭐라고 할까요?"

"배우자는 태민 씨가 어떤 분이라고 생각할까요?"

(7) 간접적 칭찬

대처질문과 비슷하지만 대처질문은 희망이 없다고 이야기하는 경우 사용하며, 간접적 칭찬은 내담자에게 긍정적으로 칭찬을 해 주고자 할 때 사용한다.

"부모님의 지원 없이 혼자 어떻게 대학을 졸업할 수 있었나요?"

"혼자서 그렇게 힘든 상황에서 아이들을 어떻게 그렇게 잘 키우셨나요?"

3) 상담 과정

해결중심 상담에서 예외 상황이 있는 경우 1단계는 내담자가 해결되는 기대하는 상담목표를 질문한다. 2단계는 문제가 없었던 예외 상황을 확인한다. "문제가 없었던 상황은 언제였나요?"라는 질문을 통해 확인한다. 3단계는 예외적인 상황의 발생이 내담자가 의도적으로 노력인지 확인한 후 그런 노력이 또 가능한지를 확인하도록 한다. "노력을 통해 예외 상황이 발생했는데, 그런 일이 또 일어날 수 있을까요?"라는 질문을 사용할 수 있다. 예외적인 상황이 우연히 발생되었다면 어떻게 발생했는지, 언제 일어났는지를 확인한다. "예외 상황이 우연히 일어났는데, 어떻게 일어났나요? 언제 일어났나요?" 예외 상황이 우연히 발생했지만 예외 상황 발생 이유를 탐색한 후 또 발생할 수 있는지를 확인하기 위한 질문을 한다.

예외 상황이 있는 경우

- 1단계: 상담에서 해결되기 원하는 목표 확인
  - 기대 탐색: "상담에서 원하는 목표는 무엇인가요?"
- 2단계: 상담에서 문제가 없는 예외 상황이 있음을 확인
  - 예외 상황: "문제가 없었던 때는 언제인가요?"
- 3단계: 예외 상황이 의도적인지 우연인지 확인
  - 의도적 상황: 예외 상황이 더 많이 일어나도록 함
    "노력을 통해 예외 상황이 발생했는데, 그런 일이 또 일어날 수 있을까요?"
  - 우연적 상황: 우연히 되는 상황 찾기, 우연의 상황 또 만들기
    "예외 상황이 우연히 일어났는데, 어떻게 일어났나요?"
    "예외 상황이 우연히 일어났는데, 언제 일어났나요?"

예외 상황이 없는 경우 1단계는 내담자가 상담에서 기대하는 바를 탐색한다. 2단계는 문제가 없는 예외 상황이 없다면 기적질문을 통해 문제가 없는 상황을 상상해 보게 한다. 3단계는 기적이 일어난다면 어떻게 행동할지를 질문한다. 문제가 없었던 예외 상황이 없고, 문제해결에 대한 기대가 없을 때 내담자는 매우 절망감을 느낀다. 이때 기적질문을 통해 문제가 해결되었다면 어떻게 행동할지, 기적이 발생한 상황에서 더 나빠지지 않도록 어떻게 대처 행동을 할 것인지 미래지향적으로 질문

을 한다. 문제가 발생한 상황에서 문제가 해결된 상황을 상상만 해도 내담자에게는 희망과 기대를 갖게 할 수 있다.

예외 상황이 없는 경우

- 1단계: 상담에서 해결되기 원하는 목표 확인
  - 기대 탐색: "상담에서 원하는 목표는 무엇인가요?"
- 2단계: 상담에서 문제가 없는 예외 상황이 없음을 확인
  - 기적질문: "내일 기적이 일어난다면, 어떤 기적이 일어나기를 기대하나요?"
- 3단계: 가정한 예외 상황 확인
  - 예외적 상황: 기적이 일어난 것처럼 행동하기
    "기적이 발생하면 어떻게 하시겠어요?"
  - 대처 방식 관찰: 상황이 더 나빠지지 않은 이유 관찰하기
    "기적이 발생하면 어떻게 하시겠어요?"

4. 상담 개입 방법

1) 내담자의 기본 정보

(1) 인적사항

내담자는 30대 직장 여성. 부모의 잦은 갈등은 엄마는 만 1세 때 가출했고, 아빠도 그녀를 친할머니에게 맡기고 6세 때 집을 나가 버렸다. 그 뒤로 부모와 교류한 적이 없다. 할머니 말에 따르면, 친모는 의심이 많고 화를 잘 냈고, 친부는 술에 취한 날이 많고 폭력과 욕설을 했던 기억이 있다. 조부모 밑에서 성장하였으며 조부모는 내담자가 잘못하면 비난하고 많이 혼내셨다.

(2) 상담 신청 경위

직장에서 다른 사람들을 자꾸 의심하게 되고 관계가 틀어지게 되어 고민이다.

(3) 주 호소 문제

처음에는 사람들하고 잘 지내는데 시간이 지나면 사이가 틀어진다.

(4) 가족관계

- 아빠: 6세 때 집을 나감. 술에 취하면 폭력과 욕설을 함
- 엄마: 1세 때 가출함. 의심 많고 화를 잘 냈음
- 조부모: 주 양육자. 내담자가 잘못하면 비난하고 많이 혼냄

(5) 내담자 강점

- 지지와 위로를 해 주며 배우자가 있음
- 목표 지향적인 성향으로 어려운 환경 속에도 목표한 바를 이루는 강점이 있음

2) 과거력 및 성장과정

- 가족관계: 과거에는 부모님과 내담자 혼자였으며, 현재는 결혼 후 남편이 있음
- 중요한 과거 경험: 1세 때 엄마의 가출로 버림받는 유기 불안을 경험했으며, 아빠의 음주 후 폭력과 욕설로 불안을 느끼며 성장하였다. 아빠도 내담자가 6세 때 가출하여 조부모 밑에서 성장하였으나 사랑이나 돌봄을 느끼지 못하였다. 엄마를 닮았다는 이유로 조부모에게 잘못했을 때 많은 비난과 질책을 받았다.
- 학창시절 경험: 부모가 없다는 사실을 숨기고 싶었으며 사람들이 무시할까 봐 공부를 열심히 하였다. 자신의 가정사를 친구들이 알까 봐 친구들과 마음을 터놓고 친하게 지내지 못했다.
- 과거 상담 경험: 없음

3) 대인관계

- 행동패턴: 사람들이 자신을 무시한다는 생각이 들면 무시한다는 증거를 찾고자 한다.
- 사고패턴: 관계 속에서 '어차피 날 떠날 텐데……. 어차피 친해져 봤자 헤어질

텐데……. 나를 좋아할 사람은 아무도 없을 것이다'라는 사고를 지녔다.
- 정서패턴: 감정 기복이 매우 심함. 남이 자신을 무시한다는 생각이 들면 주체할 수 없이 불안한 마음을 느낀다.

4) 주 호소 문제 파악하기

사람들하고 처음에는 잘 지내는데 시간이 지나면 사이가 틀어진다.

- 촉발 요인을 파악하기: 직장 동료가 먼저 승진을 할 것 같음
- 유지 요인을 파악하기: 직장에서 인정받기 위해 성실하게 일하는 모습에 사람들이 매력을 느껴 다가오게 함
- 호소 문제의 역사: 어린 시절부터 교우관계에 어려움이 있었음
- 호소 문제의 증상: 스트레스로 신체화 증상이 발생하여 머리가 아프고 의욕이 생기지 않음. 사람들을 만나고 싶지 않음

5) 사례개념화에 근거한 내담자 이해

부모님의 잦은 갈등으로 내담자는 어릴 때부터 사랑받지 못하고 성장하였다. 2세 때 엄마의 가출로 버림받는 유기 불안을 경험했을 것이며, 술에 취한 아빠의 폭력과 욕설을 경험한 내담자는 불안을 느끼며 성장하였다. 조부모 밑에서 성장하였으나, 엄마를 닮았다는 이유로 잘못했을 때 조부모에게 비난과 질책을 많이 받아 사랑을 느껴 본 경험이 없었다. 안정적이고 지지적인 가정환경이 아니었던 것으로 보이며 엄마가 자신을 버렸다는 생각이 현재의 대인관계에까지 영향을 미치고 있는 것으로 보인다. 관계가 어느 정도 친밀해지려 하면 내담자는 친밀감의 관계 경험이 없어 무의식적으로 불편함을 느껴 관계를 밀어내고 있다.

6) 상담목표와 상담 전략

(1) 상담목표

- 관계 속에서 사람들을 의심하지 않고 관계를 형성한다.

(2) 상담 전략

- 인간중심 상담에 기초하여 내담자가 부모에게 상처받았던 마음을 이해하고 내담자가 힘들게 살아온 삶에 대해 공감한다.
- REBT 상담에 기초하여 비합리적 사고를 합리적 사고로 변경한다.
- 해결중심 상담에 기초하여 내담자의 긍정적인 자원과 긍정적인 측면을 찾아 격려하여 내담자가 스스로 힘을 얻을 수 있도록 한다.
- 현실치료 상담에 기초하여 내담자의 욕구를 탐색하고 새로운 행동 계획을 세운다.

(3) 상담 방향

내담자를 위한 상담이론에 따른 상담 방향은 다음과 같다.

첫째, 인간중심 상담에 기초하여 내담자가 부모에게 받았던 마음의 상처를 이해하고 열심히 노력하고 살아온 내담자의 수고에 공감한다. 내담자는 부모에게 받은 상처를 감추기 위해 공부를 선택했지만 자신이 열심히 노력한 부분에 대해서는 인식하지 못하고 살아왔다. 상담자는 내담자가 살아오면서 힘들었던 부분, 열심히 노력한 부분에 대해 공감해 주며 내담자의 편이 되어 주도록 한다(〈사례 8-5〉 참조).

사례 8-5 **인간중심 상담 접근**

내담자 1: 제가 왜 태어났는지 모르겠어요. 부모님이 싸우고 이혼해서 살 거면서 왜 나를 낳아 가지고……, 저는 사랑받지 못한 채로 태어나 외롭게 살아왔던 것 같아요.

상담자 1: 외롭게 살아왔다는 이야기를 들으니 마음이 아프네요. 왜 태어났는지에 대한 고민을 하면서 살아왔네요.

내담자 2: 네. 저는 그런 존재인 것 같아요. 그래서 항상 자신감이 없어요.

상담자 2: 부모님이 어릴 때 떠나 버리고 할머니 밑에서 살면서 많이 힘들었을 것 같아요.

내담자 3: 네. 많이 힘들었어요. 사람들에게 무시받지 않기 위해서 남들보다 더 열심히 노력한 것 같아요.

상담자 3: 정말 남들보다 더 열심히 살아오느라 많이 힘들고 지쳤을 것 같아요.

내담자 4: 네. 맞아요. 남들이 노력하는 거보다 몇 배는 더 열심히 했어요. 그래야 좋은 성과가 날 것 같아서요. 그래야 사람들이 나를 인정해 줄 것 같아서요.

상담자 4: 얼마나 힘들게 살아왔을지 마음이 많이 아프네요. 그럼 남들보다 얼마나 더 노력했는지 궁금하네요.

내담자 5: 잠을 편안하게 자 본 적이 없어요. 뭔가 계속 노력해야만 남보다 앞서갈 수 있다고 생각했어요. 대학 졸업 후 직장을 얻기 위해 4시간만 자면서 공부하고 아르바이트하면서 취업 준비했어요.

상담자 5: 그렇게 열심히 노력한 결과 꿈에 그리던 원하는 좋은 직장에 입사했네요.

내담자 6: 네.

상담자 6: 정말 열심히 노력하고 애쓴 부분에 대해 격려해 주고 싶네요. 많이 힘든 상황 속에서도 목표를 이루기 위해 열심히 노력해서 원하는 직장에도 들어가고 대단하네요.

내담자 7: 직장 동료들도 다 똑같이 노력했는데요.

상담자 7: 하지만 희진 씨는 부모님 관심과 도움 없이 혼자 노력한 부분이 정말 대단한 것 같아요.

내담자 8: 네……. 무시받지 않으려고 정말 열심히 공부했어요.

상담자 8: 그렇게 열심히 노력한 희진 씨 고생 많았다고 이야기해 주고 싶네요.

둘째, REBT 상담에 기초하여 비합리적 사고를 합리적 사고로 변경한다. 〈사례 8-6〉에서 내담자는 일할 때 실수가 발생하면(Activatind event), '나는 무능력한 사람이다'라는 비합리적 신념을 가지고 있다(Belief system). 비합리적 신념을 갖게 되면 정서적으로 우울하고 행동적으로는 의기소침해지는 결과를 나타낸다(Consequence). 상담자는 내담자가 비합리적 사고에서 벗어날 수 있도록 진행한다.

상담자는 내담자의 자동적 사고로 발생하는 비합리적 사고가 무조건 잘못되어 수정해야 한다고 이야기하기보다는 내담자가 그렇게 생각한 이유가 무엇인지, 내담자가 생각하는 사고가 진실인지 아니면 자신만의 생각인지 확인한다. 내담자가 무능력하다고 생각한다면 구체적인 상황 등을 파악하고 증명하는 논박하는 과정을 갖도록 한다(Dispute). 논박 과정을 통해 내담자가 잘못된 사고임을 깨달은 후 합리적인 신념으로 대체하게 되면 내담자는 인지적, 정서적, 행동적으로 새로운 효과(Effect)가 나타난다. 그리고 새로운 효과로 자신에 대한 만족감 등 새로운 감정

(Feeling)을 느끼게 된다.

사례 8-6 **REBT 상담에 기초한 접근**

내담자 1: 저는 제가 너무 부족하다고 생각이 들어요. 잘하는 것도 없고요.

상담자 1: 혹시 그렇게 생각할 만한 구체적인 사건이 있었을까요? (A 사건 확인)

내담자 2: 다른 동료들은 일을 잘 처리하는데 저는 잘 못하는 것 같아요.

상담자 2: 일을 못하는다는 게 어떤 의미일까요? 일을 처리하다가 실수한 적이 있었나요? (A 사건 확인)

내담자 3: 실수한 적은 없는데, 남들은 일을 편하게 하는 것 같은데…… 저는 일할 때 스트레스를 많이 받는 것 같아요.

상담자 3: 일할 때 스트레스를 많이 받으시는군요. 일로 스트레스 받을 때 어떤 생각이 들어 스트레스를 받는 거 같으세요?

내담자 4: 일할 때 잘하고 싶고, 잘한다는 이야기도 듣고 싶은데…… 그렇지 못하는 것 같아요. 그래서 '나는 무능력하다'는 생각이 들어요.

상담자 4: 본인이 무능력하다고 생각하시는군요. (B 신념 체계 확인)

내담자 5: 네. 그런 것 같아요.

상담자 5: 무능력하다는 생각이 들면 마음이 어떤지 궁금하네요. (C 결과 탐색)

내담자 6: 긴장되고 심장이 떨리고, 집중도 더 안 되는 것 같아요. 그래서 자꾸 실수가 나오는 것 같아 여러 번 확인하고 또 확인하는 것 같아요.

상담자 6: 실수라면 어떤 실수를 말하는 걸까요?

내담자 7: 문서 작업 시 오타가 발생하는 것 같아요. 그래서 여러 번 확인하는 것 같아요.

상담자 7: 긴장해서 실수가 나오는군요. 긴장으로 문서 작업 시 오타로 여러 번 확인하는 나에게 무능력하다고 이야기할 수 있는지 궁금하네요. (D 논박 확인)

내담자 8: 사람들은 아무도 제가 그런 생각을 하는지 모를 거예요. 저 혼자서만 그런 생각을 속으로 하고 있어요. 승진도 잘 돼서 좋은데 무능력하다는 생각이 자꾸 들지만…… 무능력하지는 않지요.

상담자 8: 승진도 잘하고 있어 무능력하지 않다고 했는데요. 또 어떤 부분이 능력 있다고 이야기할 수 있을까요?

내담자 9: 저는 기획을 잘해요. 이 부분은 누구보다 자신 있어요.

상담자 9: 기획을 잘하시는군요. 훌륭하네요. 기획이 쉽지 않을 텐데요. '나는 무능한 게 아니고 기획을 잘하는구나'를 알게 되니 어떠세요? (E 효과 확인)

내담자 10: 내가 내 자신을 '너무 한쪽으로만 생각했구나'를 알게 된 것 같아요.

상담자 10: 기획을 잘하는 나를 생각하니 마음이 어떠신가요? (F 감정 확인)

내담자 11: 그런 나를 생각하면 좋아요. 기획을 정말 잘하는 내가 자랑스럽기도 해요.

셋째, 해결중심 상담에 기초하여 내담자의 예외 상황을 파악하여 내담자에게 긍정적인 힘을 실어 준다. 〈사례 8-7〉에서 내담자는 관계 속에서 어려움을 표현하고 있다. 내담자는 자신의 모습을 알게 되면 아무도 자신을 좋아하지 않을 것이라고 이야기하고 있다. 이때 상담자는 내담자에게 예외 상황에 대한 질문을 통해 내담자 자신의 모습을 알게 되었지만 내담자를 좋아한 사람이 있는지 질문한다. 예외 상황 질문을 통해 내담자는 문제 상황에서만 자신을 보지 않고 문제가 발생하지 않은 상황을 생각해 보게 된다. 문제가 발생하지 않은 상황을 점검하여 내담자는 남편의 존재를 인식하게 되고 긍정적인 힘을 느끼고 있다.

사례 8-7 해결중심 상담에 기초한 접근

내담자 1: '내 모습을 보여 주었을 때 나를 좋아하는 사람은 아무도 없을 것 같다.' 이런 생각이 들어요. 그래서 사람들이 다가오면 피하려는 것 같고……. 어차피 친해져 봤자 헤어지잖아요. 그래서 친구의 필요성을 못 느껴요. 어느 정도 마음을 열면 엄청 제가 막 화를 많이 냈던 것 같아요. 남편에게도 그랬던 것 같아요.

상담자 1: 내 모습을 보여 주면 사람들이 나를 좋아하지 않을 거라고 생각하고 있네요.

내담자 2: 네. 맞아요. 나를 좋아하지 않을 것 같아요.

상담자 2: 내 모습을 알게 되면 나를 좋아하는 사람이 아무도 없다고 이야기했는데, 내 모습을 알게 되어도 나를 좋아하는 사람은 누구일까요? (예외 질문)

내담자 3: 글쎄요……. 내 모습을 알고도 좋아하는 사람은……. 남편인 것 같아요.

상담자 3: 그럼 아무도 없는 것이 아니네요. 남편은 희진 씨의 모습을 알고 있지만 희진 씨를 좋아해 주고 있네요.

내담자 4: 네…… 그런 것 같아요……. 그래서…… 남편에게…… 고마움을 느껴요…….

넷째, 현실치료 상담에 기초하여 내담자의 욕구를 파악하고 내담자의 새로운 계획을 세워 본다. 〈사례 8-8〉에서 상담자는 내담자가 원하는 욕구를 탐색하였고(상담자 1), 내담자가 원하는 것은 남편과의 싸움을 줄이는 것이다. 다음 단계로, 상담자는 내담자가 남편과의 싸움에서 어떻게 행동하는지 탐색하였다(상담자 2). 그 후에 내담자의 행동이 욕구를 충족하는 데 효과적인지 평가해 보도록 하였다(상담자 4). 내담자의 행동 중에서 비효과적이고 부정적인 것을 찾아 효과적이고 긍정적인 것으로 고치기 위해 계획을 세웠다(상담자 6).

사례 8-8 **현실치료 상담에 기초한 접근**

상담자 1: 상담을 통해 원하는 바가 뭘까요? (Want 탐색)

내담자 1: 저를 좋아해 주는 남편이 좋지만, 자꾸 싸우게 되는 것 같아요. 남편이랑 싸우지 않았으면 좋겠어요.

상담자 2: 남편이랑 어떻게 싸우게 되나요? (Doing 탐색)

내담자 2: 남편은 퇴근 후에 저랑 많은 이야기를 하고 싶어 하는데, 저는 퇴근 후에 피곤해서 이야기하기가 싫어요.

상담자 3: 남편은 이야기하고 싶어 하는데, 희진 씨는 피곤해서 이야기하고 싶지 않군요. 그래서 희진 씨는 어떻게 하시나요? (Doing 탐색)

내담자 3: 때로는 혼자 방에 들어가서 누워요.

상담자 4: 혼자 방에 가는 행동이 남편과의 관계에 어떤 영향을 주는 것 같나요? (Evaluation 탐색)

내담자 4: 남편은…… 혼자 있게 되면…… 화를 내거나 말을 안 하게 되어서 싸우게 되는 것 같아요.

상담자 5: 남편하고 이런 관계를 계속 하고 싶으신가요?

내담자 5: 남편하고 싸우고 싶지 않아요. 그런데 너무 힘들어서 이야기하고 싶지 않은데…….

상담자 6: 어떻게 하면 남편하고 싸움이 줄어들 수 있을까요? (Planning 탐색)

내담자 6: 제가 피곤해서 쉬고 싶을 때는 남편에게 먼저 설명을 하고 양해를 구해야 할 것 같아요.

상담자 7: 그렇게 하면 좋겠네요. 남편에게 어떻게 설명할지 이야기하는 연습을 하면 좋을 것 같아요. 남편이 앞에 있다고 한다면 남편에게 뭐라고 이야기할 수 있을까요?

내담자 7: '여보, 오늘 내가 너무 힘들어서 이야기하기가 힘들 것 같아. 좀 쉬었다가 2시간 후에 이야기하면 좋을 것 같아.'

생각해 보기

1. 상담 중기 과정은 어떻게 진행하는 것이 바람직하다고 생각하나요?
2. 상담 중기 과정에서 상담이론에 따른 상담 접근 방법은 어떻게 하는 것이 좋을까요?

상담실습

1. 상담이론에 따른 상담목표, 상담 전략을 작성해 보세요.

> 내담자는 중3 여학생. 불안 증상으로 불안을 감당하기 어려워 상담실에 찾아왔다. 어릴 때부터 엄마에게 자주 혼나고 심하게 언어폭력을 받았다. 죽고 싶다는 생각을 많이 했다. 살고 싶지 않다는 생각을 자주한다. 하지만 '남을 미워해서는 안 된다'는 생각으로 엄마에 대한 미움이 느껴지면 부인하거나 회피해 버린다. 내담자는 마음속의 불안이 없어졌으면 하고 기대한다.

2. 상담이론에 따른 상담 방향을 설명해 보세요.

3. 내가 상담자라면 나는 어떤 상담이론을 가지고 상담을 진행할 것이며, 이유는 무엇인가요?

제9장

상담 구체화 작업

학습목표

1. 상담 과정에서 구체화 작업에 대해 학습한다.
2. 상담 과정에서 구체화 탐색 과정에 대해 학습한다.

내담자는 상담자와 신뢰관계 형성 후 자신의 고민과 어려움을 진솔하게 많이 표현한다. 하지만 내담자가 전달하는 내용은 아직 정리되지 않은 내용이므로 상담자가 정확하게 이해하기 쉽지 않다. 그러므로 상담자는 내담자의 어떤 이야기에 좀 더 구체적으로 질문하고, 어떤 주제에 초점을 두어 상담을 진행해야 할지 어렵다. 특히 초심상담자는 내담자에게 질문할 내용을 생각하다가 내담자의 이야기에 집중하지 못하거나 질문할 내용을 잊어버리는 경우도 발생한다. 이럴 경우, 초심상담자는 상담을 어떻게 진행해야 할지 고민된다. 상담자는 내담자 이야기를 경청하며 내담자의 이야기 주제에 초점을 두는 과정이 필요하다. 상담자가 내담자의 이야기에 초점을 두어 진행하기 위해서는 구체화 작업을 진행해야 한다.

1. 구체화 작업

머피와 딜런(Murphy & Dillon, 2003)은 상담자가 효과적으로 질문을 사용하기 위해 두 가지 질문을 제안하였다.

첫째, 상담자 질문의 목적이 무엇인가이다.

상담자는 내담자에게 질문하는 목적이 무엇인지 생각하며 질문을 한다. 상담자가 내담자에게 질문하는 목적은 내담자가 자신의 경험을 정확하게 이해하고 인식하도록 돕기 위함이다. 내담자가 보고하는 사건과 내담자가 실제 경험한 사건 사이에는 차이가 발생할 수 있다. 내담자의 주관적인 경험세계를 이해하기 위해 상담자는 내담자에게 질문을 사용한다. 내담자의 주관적인 경험에는 왜곡, 생략, 오해가 있을 수 있다. 상담자가 의심의 눈초리를 가지고 내담자의 왜곡, 생략, 오해를 확인하기 위해 질문을 하는 게 아니라 내담자가 주관적인 경험을 어떻게 이해하고 있는지를 확인하기 위한 질문을 해야 한다.

둘째, 내담자를 어떻게 상담할 수 있는가이다.

내담자에게 질문하는 목적은 내담자에 대한 이해를 확장하기 위함이다. 상담자는 내담자에게 질문하며 내담자를 알아 가고 내담자를 이해하게 된다. 상담자는 내담자에 대한 이해를 기초로 사례개념화를 진행하며 효과적인 상담 방향을 설정한다. 상담자는 효과적인 상담 방향을 설정하기 위해서 내담자의 경험, 생각, 감정, 행동에 대한 이해가 필요하다. 상담자는 내담자에게 질문을 통해 내담자와 관련된 사항을 확인하고 이해할 수 있다. 하지만 상담자가 호기심 때문에 내담자에게 개인적으로 궁금한 사항을 질문하는 것은 바람직하지 않다.

1) 주제 초점 유지하기

내담자는 하고 싶은 이야기가 많아 자신의 이야기를 하면서 주제를 자주 바꾼다. 이때 상담자는 내담자가 이야기하는 주제의 초점이 자주 변경되지 않도록 한다. 먼저, 내담자가 주제의 초점에서 벗어난 이야기를 하는 이유는 무엇일지를 점검해 본다. 다음과 같을 때 내담자는 주제에서 벗어난 이야기를 한다(Heaton, 2006).

- 이야기하기가 너무 어렵다.
- 이야기하기가 너무 고통스럽다.
- 이야기하려니 눈물이 날 것 같다.
- 이야기하려니 너무 수치스럽다.
- 이야기하려니 이미지를 손상시킬 것 같다.

상담자는 내담자가 주제의 초점에서 벗어나려 할 때, 내담자가 문제를 회피하고 저항한다고 생각하고 내담자를 비난하는 태도를 보이거나 내담자에게 직면하려고 할 수 있다. 이러한 상담자의 태도는 바람직하지 않다. 내담자들이 주제의 초점을 벗어나는 경우는 상담자의 질문에 내담자가 솔직하게 표현하기 너무 고통스러워서 그럴 수 있다. 아니면 내담자가 자기 이야기를 하려니 눈물이 나올 것 같아 이야기 주제를 바꾸려 할 수 있다. 상담자는 내담자가 이야기의 주제를 변경하는 경우 내담자를 비난하기보다 내담자가 이야기하기 어려운 이유가 무엇인지를 파악하는 자세가 요구된다(〈사례 9-1〉 참조).

사례 9-1 주제 초점 유지하기

내담자 1: (다른 주제의 이야기를 시작하는 경우)

상담자 1: 금방 이성친구와의 갈등에 대해 이야기하고 있었는데 진로에 대한 이야기를 하시네요. (주제 초점화)

내담자 2: 네……. 이성친구에 대한 부분…… 이야기하기가 어려워요.

상담자 2: 그렇군요…… 이야기하기 힘드신가 봐요.

내담자 3: 네…….

상담자 3: 이성친구에 대한 이야기를 하기가 힘들다고 했는데요. 진로에 대한 이야기를 하고 싶으신지요. 아니면 이성친구에 대해 이야기하고 싶으신지요. (내담자의 선택)

내담자 4: 네……. 지금 이성친구에 대한 이야기를 하기가 어려울 것 같아요.

상담자 4: 그렇군요. 이야기하기가 어렵다면 시간을 가지고 기다릴 수 있습니다. 그런데 이유를 말씀해 주실 수 있을지요……. (이유에 대한 탐색)

내담자 5: 너무 힘들 것 같아요……. 말하려니 눈물이 나올 것 같아서요…….

상담자 5: 네. 알겠습니다. 그러면 말하고 싶을 때 이야기해 주세요. (상담자의 인내와 끈기)

상담자는 주제에서 벗어난 내담자에게 초점을 재조정한다. 초점을 재조정할 때는 내담자가 불편해하지는 않는지 세심하게 살피도록 한다. 상담자는 주제 초점화를 진행하며 반응할 때 '상담자의 인내와 끈기'가 필요하다. 상담자는 내담자에게 '이야기 주제에서 벗어난 것 같아요.' '원래 하던 이야기 주제로 돌아갈 수 있을까요?'라고 주제 초점화를 진행한다(상담자 1). 상담자가 주제 초점화를 진행하더라도 선택은 내담자가 하도록 하게 한다(상담자 3). 상담자는 내담자에게 준비되지 않은 주제를 말하도록 강요하지 않는다. 상담자가 선택하고 결정해서 내담자에게 강요하면 내담자는 상담의 자율성을 침해받게 된다. 내담자가 스스로 주제에 대해 선택할 수 있도록 하면 내담자는 상담에 주도적으로 참여하는 힘을 얻게 된다. 내담자가 마음의 준비가 되지 않아 말하기를 주저하는 경우 상담자는 내담자가 어떤 이유로 말하기 힘든지 방해 요소를 확인한다(상담자 4). 내담자가 주저하는 이유를 확인한 후 상담자는 내담자에게 기다리겠다고 전달하고 인내를 갖고 기다리도록 한다(상담자 5).

그 회기에서 내담자가 시간이 걸리더라도 이성친구 이야기를 하고 싶다면 상담자는 내담자가 말할 준비가 될 때까지 인내하며 기다려 준다. 하지만 만약 내담자가 지금 이성친구 이야기하기가 너무 힘들다고 한다면 다음에 하거나 하고 싶을 때 할 수 있도록 선택하게 한다. 선택권을 내담자에게 주면 어떤 내담자들은 처음에는 다음에 하겠다고 했다가 지금 회기에서 이야기하고 싶다고 하는 경우도 있다. 주제 초점을 유지하는 것은 중요하지만, 대화의 주제는 내담자가 선택할 수 있도록 한다.

2) 구체화 작업을 위한 질문 요령

(1) 내담자의 이야기를 들으며 즉시성에 입각하여 질문한다

상담자는 내담자 이야기를 경청하며 상담을 진행한다. 초심상담자들은 내담자에게 구체화 질문을 사용하면 내담자의 이야기를 차단하는 것은 아닌지 염려되어 질문하기를 망설인다. 그래서 내담자가 하는 이야기를 따라가며 듣고 질문하고 싶어도 질문할 시점을 잡기가 어렵다. 상담자가 내담자의 이야기만 경청한 후 한꺼번에 질문하려면 어떤 질문을 해야 할지 잊어버릴 수 있다. 내담자에게 질문해야 할 부분이 있다면 내담자 이야기를 따라가며 즉시성에 입각하여 질문하는 것이 좋다. 즉시성이란, 지금-여기에 입각하여 내담자 이야기를 들으며 질문하는 것이다.

(2) 내담자의 경험이 생생하게 드러나도록 질문한다

내담자는 상담에 와서 자신의 이야기를 어떻게 표현해야 하는지 어려움을 느끼며, 내담자는 힘든 마음으로 생각이 복잡하고 정리되지 않아 하고 싶은 말을 표현하기가 어렵다. 이때 초심상담자들은 내담자 이야기를 들으며 내담자에게 어떤 질문을 할지 고민하다 내담자의 이야기를 놓치거나 제대로 반응을 못하는 경우가 있다. 상담자는 내담자의 이야기를 들으며 내담자의 상황을 영화 시나리오로 작성할 수 있을 만큼 전후 맥락에 대해 생생하게 알아야 한다. 내담자가 자신의 경험을 생생하게 표현하도록 하기 위해 상담자는 육하원칙(5W1H)에 근거하여 질문하도록 한다. 언제, 어디에서, 무엇을, 누가, 왜, 어떻게 하였는지 내담자의 행동, 생각, 감정이 잘 표현될 수 있도록 탐색하고, 상대방과 무슨 일이 왜 발생했고 그 사건으로 인해 내담자가 무엇을 느끼고 어떻게 생각하는지를 탐색하도록 한다.

육하원칙 5W1H

- 언제(When): "언제 일어났나요? 언제 발생했나요?"
- 어디에서(Where): "어디에서 일어났어요? 어느 곳에서 발생했나요?"
- 무엇을(What): "무슨 일이 있었나요?"
- 누가(Who): "누가 그랬나요?"
- 왜(Why): "어떤 이유였을까요?"
- 어떻게(How): "어떻게 된 걸까요?"

사례 9-2 구체화 질문

내담자 1: (침묵 29초) 어…… 반 애들 그냥 다 보기가 싫어요. 얄미워요……. (침묵 1분 30초)

상담자 1: 얄미운 이유가 있을 것 같네요. (Why 이유 탐색)

내담자 2: (침묵 10초) 잘 모르겠어요. 그냥 얄미워요…….

상담자 2: 그래요. 이유가 생각이 나지 않나 봐요. 지금 이 시간에 생각을 해 보면 좋을 것 같아요. 천천히 생각해 보세요. 어떤 이유로 반 애들이 얄미운지 궁금하네요. (Why 이유 탐색)

내담자 3: 어…… (침묵 20초) 그 애들이 저 버린 애들이거든요. 걔네들이 나 버려 놓고서 담임 선생님이 혼자인 저를 챙기면 눈치 주고…… 저랑 선생님 사이를 갈라놓게 하려고…….

상담자 3: 그런 이유로 반 친구들이 다 보기가 싫나요?

내담자 4: 네.

상담자 4: 눈치를 주는 친구는 누구인가요? (Who 대상 탐색)

내담자 5: 저를 따돌린 친구 3명이요.

상담자 5: 3명은 따돌려서 싫은데, 다른 친구들은 언제 보기 싫은지 궁금하네요. (When 시기 탐색)

내담자 6: (침묵 17초) 음…… 뭐지…… 큰 목소리로 수다 떨 때?

상담자 6: 아~. 친구들이 큰 목소리로 수다를 떨 때? 그게 어떻게 보이나요? (What 생각 탐색)

내담자 7: 자기가 뭐 히어로가 된 것처럼 약간 나대는…….

상담자 7: 아~. 친구들이 나대는 것처럼 보이는군요. 친구들의 그런 모습을 볼 때 어떤 감정이 드나요? (What 감정 탐색)

내담자 8: 죽이고 싶다.

상담자 8: 그 친구들을 죽여 버리고 싶은 마음이 드는군요.

내담자 9: 그냥 걔들이 하는 모든 행동이 다 이상해요.

상담자 9: 어떻게 이상하게 보이나요? (How 어떻게 인식되는지 탐색)

내담자 10: 그냥 나대는…… 나대요.

상담자 10: 또 그 친구들이 큰소리로 말할 때랑 어떤 행동을 할 때 나대는 것 같나요? (What 대상행동 탐색)

내담자 11: 어…… 걔들이 선생님이랑 같이 있을 때 그것도 뭔가 나대는 것 같기도 하고 그냥 걔들이 하는 모든 행동은 다 나대는 걸로 보여요.

상담자 11: 그 친구들이 나대는 것처럼 보여서 보기에 불편한가 보네요.

내담자 12: 네. 너무 싫어요.

〈사례 9-2〉에서 내담자는 모두 다 보기가 싫다고 호소하고 있다(내담자 1). 이럴 경우 상담자는 난감함을 느낀다. 상담자는 내담자에게 친구들이 싫은 이유를 탐색하고자 하였으나(상담자 1, Why 탐색) 내담자가 대답을 안 하더라도(내담자 2) 상담자는 다시 싫은 이유에 대해 초점을 두고 다시 한번 이유를 탐색하고 있다(상담자 2, Why 탐색). 그다음 상담자는 특정 대상을 탐색하는 질문(상담자 4, Who 탐색)을 통해 구체적으로 누가 싫은지 대상에 초점을 두어 질문하였다. 내담자는 세 명의 친구가 싫다고 이야기한 경우(내담자 5) 상담자는 내담자에게 구체적으로 언제 싫은지를 탐색하였다(상담자 5, When 탐색).

그다음 상담자는 내담자에게 상대를 볼 때 어떤 생각을 하는지(상담자 6, What 탐색), 상대를 볼 때 어떤 감정이 드는지(상담자 7, What 탐색), 상대가 어떻게 인식되는지(상담자 7, How 탐색), 상대방이 어떤 행동을 하는지(상담자 10, What 탐색)를 탐색하고 있다. 이러한 질문을 통해 상담자는 내담자가 어떤 이유로 친구들이 싫고, 그 친구들은 내담자에게 어떻게 행동하는지를 파악하는 과정이 필요하다. 이러한 구체화 작업을 통해 상담자는 내담자가 친구들을 싫어하는 이유에 대해 충분히 이해가 되어야 내담자를 마음 깊이 공감해 줄 수 있다.

내담자에게 질문을 하면 때로는 내담자가 '잘 모르겠다'(내담자 2)고 이야기하는 경우가 많다. 내담자는 이유에 대해 생각을 해 보지 않았기 때문에 정말 모를 수 있다. 이럴 경우 상담자는 내담자가 대답을 하지 않는다고 당황하지 말고 다시 한번 질문을 하도록 한다(상담자 2). 상담자는 '지금 이 시간에 생각을 해 보도록 해요'라는 이야기를 통해 내담자가 생각을 해 보도록 할 수 있다. 내담자는 생각을 안 해 봐서 대답이 어려울 수도 있고, 이야기하기가 싫거나 어려워서 말을 못할 수도 있다. 이때 상담자는 다른 질문을 하거나 화제를 전환하지 말고, 내담자가 생각하거나 대답할 수 있도록 충분히 기다려 주도록 한다.

(3) 상담자는 개방성을 갖고 질문한다

상담자는 내담자에게 구체화 질문을 할 때 개방적인 태도를 갖도록 한다. 상담자는 내담자에 관련한 접수면접 자료, 심리검사 결과 등의 사전 자료로 내담자에 대해 선입견이나 편견을 갖게 될 수 있다. 상담자가 내담자에게 선입견이나 편견을 갖게 되면 내담자를 있는 그대로 보지 못하게 된다. 접수면접 자료나 심리검사 결과는 내담자를 이해하기 위한 자료이다. 상담자는 결과지를 통해 내담자에 대해 판단하고 평가하기보다는 내담자를 더 깊이 알고 내담자를 이해하고자 하는 개방적인 태도를 갖도록 한다.

상담자는 내담자와 상담을 하는 과정 중에 자신의 가치관이나 신념을 은연 중에 전달할 수도 있다. 상담자는 사회생활을 하려면 고등학교 졸업장이 반드시 필요하다고 생각할 경우 고등학교를 자퇴하려는 내담자를 만나면 내담자를 설득하려 할 수 있다. 내담자가 어떤 이유로 고등학교를 자퇴하려고 하는지, 무엇이 힘들고 어려워서 자퇴를 하려는지 이유를 탐색하기보다 고등학교 졸업장의 의미와 중요성을 설명하며 자퇴를 막으려고 은연중에 설득하며 상담자와 다른 생각을 가진 내담자를 답답하게 생각할 수 있다. 그러므로 상담자는 자신이 중요하게 생각하는 가치관이 무엇인지 점검하는 것이 필요하다. 나와 다른 가치관을 가진 내담자를 만날 때 상담자는 그 내담자의 가치관을 인정하고 수용해 줄 수 있는지 점검해 봐야 한다. 예를 들어, 엄마와의 갈등으로 가출한 여학생을 상담할 경우, 상담자가 가출이 위험하다는 견해를 가지고 있다면 내담자를 집에 반드시 돌려보내야 한다고 생각할 것이다. 상담자가 상담자의 가치관을 전달하면 내담자는 자신의 솔직한 생각이나 마음을 표현하기 어렵다. 상담자는 내담자가 가출한 직접적인 이유는 무엇인지, 지금 고민하고 있는 것은 무엇인지, 어떻게 하고 싶은지를 개방적인 마음으로 들어 본다.

〈사례 9-3〉에서 상담자는 내담자가 가출이야기를 하자 충동적으로 한 행동으로 받아들이고 부정적으로 반응하고 있다(상담자 1). 그리고 상담자는 청소년이 가출하면 너무 위험하다는 생각을 전달하고 있다(상담자 2). 내담자가 얼마나 화가 나서 가출했는지, 어떤 이유로 가출하게 된 것인지 내담자를 이야기를 들어 보지 않고 상담자는 가출의 위험성에 대해서만 초점을 두고 있다. 이렇게 상담자가 자신의 신념을 전달하면 내담자는 상담자에게 자신의 이야기를 진솔하게 표현하고 쉽지 않아 이야기를 단절하고 다음에 안 올 수도 있다.

사례 9-3 선입견을 가진 상담자

내담자 1: 엄마랑 싸우고 너무 화가 나서 가출을 했어요.

상담자 1: 화가 나서 가출을 한 거네요. (잘못했다는 선입견)

내담자 2: 네…….

상담자 2: 화가 나도 가출은 좀 위험한 것 같아요. 청소년이라 잠잘 때가 없을 텐데……. (신념 전달)

내담자 3: 친구 집에서 잤어요. 위험하지 않아요.

하지만 〈사례 9-4〉에서 상담자는 내담자가 가출했다는 이야기를 듣고(내담자 1), 무슨 이유로 가출했는지를 질문하고 있다(상담자 1). 이에 대해 내담자는 남자친구로 인한 엄마와의 갈등을 이야기하고(내담자 2) 엄마에 대해 화나고 속상한 마음을 표현하고 있다(내담자 4). 상담자는 내담자의 가출에 초점을 두기보다는 가출 이유를 탐색하며 내담자가 자신의 이야기를 할 수 있도록 진행하고 있다.

사례 9-4 개방적인 태도의 상담자

내담자 1: 엄마랑 싸우고 너무 화가 나서 가출을 했어요.

상담자 1: 엄마랑 무슨 일이 있었던 거예요?

내담자 2: 제가 남자친구를 사귀게 되었는데 무조건 안 된다는 거예요. 엄마랑은 말도 안 통하지만, 남자친구랑은 말도 잘 통하고 내 말도 잘 들어 주어 좋은데요.

상담자 2: 남자친구 관계로 엄마랑 싸웠군요. 엄마랑 어떻게 싸웠어요?

내담자 3: 왜 상관하냐고 소리 지르다가 엄마가 집 나가라는 말에 너무 화나서 나와 버렸어요.

상담자 3: 그랬군요. 엄마가 내 마음을 몰라 줘서 화가 많이 났나 봐요.

내담자 4: 네. 엄마는 내 마음을 몰라 줘요. 항상 공부만 하라고 하고 성적만 물어보고. 너무 싫어요.

상담자 4: 엄마가 마음을 몰라 줘서 많이 화가 나고 속상했나 봐요.

내담자 4: 네. 맞아요.

상담자 5: 그런데 가출해서 어떻게 지냈어요?

내담자 5: 친구에게 연락했더니 오라고 해서 친한 친구 집에서 잤어요.

상담자 6: 그랬군요. 친구 집에서 있었군요.

(4) 공감은 충분히 내담자 상황이 이해된 후에 한다

초심상담자들은 내담자의 이야기에 대해 공감을 해 줘야 한다는 생각에 섣부르게 공감하기도 한다. 하지만 상담자의 섣부른 공감은 내담자에게 자신의 모습을 실제로 볼 수 있는 기회를 차단해 버릴 수 있다. 내담자는 왜곡된 시각에서 자기중심적으로 표현했는데 이를 상담자가 섣부르게 공감해 버리면 내담자는 자신의 왜곡된 시각이나 왜곡된 행동이 정당하다고 생각하게 된다. 예를 들어, 학교폭력 가해자가 상담에서 자신은 억울하다고 이야기할 때 상담자가 억울함에 섣부르게 공감해 주면 가해자인 내담자는 자신의 행동에 대해 정당성만을 찾고 자신의 행동은 탐색하지 않으려고 한다. 그러므로 상담자는 내담자의 상황을 충분히 탐색하고 충분히 파악한 후에 공감을 하도록 한다. 내담자의 이야기를 들을때, 상담자는 공감 대신 요약이나 재진술로 반응하며, 구체화 질문을 통해 내담자의 상황을 구체적으로 파악한다. 내담자에 대한 상황이 구체적으로 파악된 후 내담자가 공감이 된다면 그때 공감을 전달한다. 만약 학교폭력 가해자가 상담에 왔다면 무슨 일이 발생했고, 내담자는 어떤 행동을 했으며, 어디에서 발생했고, 언제 발생했고, 왜 발생했고, 발생한 후에 어떠한지에 대해 구체적으로 탐색하는 것이 먼저 이루어져야 한다. 상담자가 내담자의 억울함에만 초점을 두어 공감을 하게 되는 것은 바람직하지 않다.

〈사례 9-5〉에서 상담자는 내담자 이야기에 공감반응만을 하면서 상담을 진행하였다. 이렇게 하면 내담자는 자신의 행동에 대해 탐색하기보다 자신의 억울함에 대한 정당성을 인정받으려고 한다. 이럴 경우 상담자는 상담을 어떻게 진행해야 할지 매우 난감하다. 그러므로 상담자는 섣부른 공감 대신에 내담자의 상황을 구체적으로 탐색하는 작업이 필요하다.

사례 9-5 **섣부른 공감**

내담자 1: 제가 학교폭력 가해자이지만 저는 진짜 억울해요.

상담자 1: 그래요? 많이 억울한가 보군요. (섣부른 공감)

내담자 2: 네. 상대방이 먼저 저를 놀렸거든요.

상담자 2: 상대방이 먼저 잘못했군요.

내담자 3: 네. 맞아요. 상대방이 저를 놀리고 욕했는데. 제가 먼저 때렸다고 가해자라니 너무 억울해요.

상담자 3: 억울한 마음이 크겠네요.

내담자 4: 네. 저만 억울해요. 걔네들이 잘못했는데 나보고 상담받으러 가라고 하고.

상담자 4: 그러네요……. 억울하겠군요.

〈사례 9-6〉에서 상담자는 구체화 작업을 통해 내담자에게 질문을 진행하고 있다. 이 같은 구체화 질문은 내담자가 자신의 행동에 대해 생각해 보게 함으로써 통찰할 수 있게 한다.

사례 9-6 **구체화 작업**

내담자 1: 제가 학교폭력 가해자이지만 저는 진짜 억울해요.

상담자 1: 그래요. 어떤 부분이 억울한지 이야기해 주세요. (구체화 질문)

내담자 2: 상대방이 저를 놀리고 먼저 욕했어요.

상담자 2: 그랬군요. 뭐라고 놀리고 욕을 했을까요? (구체화 질문)

내담자 3: 애들이 공부도 못하고 운동도 못한다고 하고. 욕도 했어요.

상담자 3: 그래요. 그래서 그 이야기를 듣고 어떻게 했나요? (구체화 질문)

내담자 4: 세 번 정도 참다가 너무 화가 나서 주먹으로 때렸어요.

상담자 4: 어디에서 때렸나요? (구체화 질문)

내담자 5: 점심시간에 교실 안에서 그랬어요.

상담자 5: 몇 명을 때렸나요? (구체화 질문)

내담자 6: 무리 중에서 한 명만요.

상담자 6: 그랬군요. 그래서 어떻게 되었나요? (구체화 질문)

내담자 7: 상대의 안경이 부러지고 코피가 났어요. 저도 맞았어요. 저도 코피 났거든요.

상담자 7: 서로 코피가 났으면 많이 다쳤겠어요. 그래서 어떻게 되었나요?

내담자 8: 선생님께 불려가서 혼나고 징계 먹고 그랬어요.

상담자 8: 그래서 상담도 받으러 오게 되었군요.

내담자 9: 네.

상담자 9: 영철이는 다친 데 어때요? 많이 다치지는 않았나요?

내담자 10: 네 그냥 조금 아픈데 괜찮아요.

상담자 10: 그 친구는 어떻게 되었나요? (구체화 질문)

내담자 11: 몇 주 병원에 입원해야 한다고 해요.

상담자 11: 그렇군요. 친구 이야기를 듣고 어땠나요? (구체화 질문)

내담자 12: 제가 화가 너무 나서 주먹이 나가기는 했는데……. 한 번만 더 참을 걸……. 그런 생각을 하기는 했어요.

상담자 12: 그런 마음이 들었군요. 처음에 상담받으러 와서는 억울하다고 했는데 지금은 어떤 마음인지 궁금하네요.

내담자 13: 처음에는 억울한 마음이 컸지만 이야기를 하다 보니 제가 잘못한 부분도 있는 것 같아요. 한 번 더 참을 걸……. 후회스러워요.

3) 감정에 대한 질문

내담자들은 고통스러운 갈등으로 많이 힘들어하여 고통스러운 감정을 회피하거나 억압하여 살아왔기에 감정을 인식하기가 어렵다. 이런 내담자들에게 감정을 표현할 기회를 제공하는 것은 상담에서 가장 중요한 기능 중 하나이다. 상담자들이 내담자들에게 특별히 어떤 것을 해 주지 않아도, 많은 내담자는 자신의 감정을 표현하는 것만으로 기분이 좋아지는 경험을 한다. 또한 상담자가 내담자의 감정을 공감해 주고 반영해 주면 내담자들은 큰 위안을 얻는다.

내담자가 심각한 문제에 빠져 감정 인식을 어려워한다면 상담자는 다음 질문을 통해 내담자가 감정을 인식할 수 있게 도울 수 있다.

- "그 상황에서 무엇을 느꼈나요?"
- "어떤 감정을 느꼈나요?"
- "상대방에게 어떤 감정을 느꼈나요?"
- "상대방은 나에게 어떤 감정을 느꼈나요? "

4) 행동에 대한 질문

내담자가 갈등 상황에서 상대와 갈등에 대해 이야기할 때, 내담자의 이야기를 들으면서 내담자의 구체적인 행동, 상대에게 한 행동, 상대의 행동, 상호 행동 등에 대해 구체적으로 파악하도록 한다. 내담자 이야기를 내담자 관점에서만 듣게 되면 내담자가 생략하거나 축소, 왜곡한 부분을 발견할 수 없다. 상담자는 내담자의 이야기를 들으면서 다음 질문을 통해 내담자 행동을 탐색하는 과정을 통해 내담자를 이해할 수 있고, 내담자도 상담자의 질문을 통해 자신의 행동을 다시 한번 점검해 볼 수 있게 된다.

- "그때 ○○ 씨는 어떻게 행동했나요?"
- "상대방에게는 어떻게 행동하셨나요?"
- "상대방은 ○○ 씨에게 어떻게 했나요?"
- "그래서 그다음에 ○○ 씨는 어떻게 했는지 궁금하네요."

5) 생각에 대한 질문

내담자들은 고민에 빠져 있는 경우 자신이 무슨 생각을 하는지, 문제가 발생한 이유가 무엇인지, 문제를 어떻게 해결해야 할지, 무엇을 기대하는지 이야기하기 어렵고, 자신의 생각을 정리하고 표현하기가 어렵다. 상담자는 내담자에게 다음과 같은 질문을 통해 자신의 생각을 점검해 보게 한다.

- "지금 어떤 생각이 드시나요?"
- "그렇게 생각한 이유는 무엇인가요?"
- "문제가 발생한 이유는 무엇이라고 생각하시나요?"
- "문제를 어떻게 해결해 볼 수 있을까요?"
- "그런 상황에서 무엇을 기대하셨나요?"

2. 탐색 과정의 질문

1) 개방형 질문 사용하기

상담자는 내담자에게 질문할 때 개방형 질문을 사용한다(〈사례 9-7〉 참조). 탐색질문은 질문을 통해 내담자가 스스로 생각하며 자신의 이야기를 진술하게 한다. 개방형 질문은 내담자가 이야기를 하며 자신을 탐색할 수 있다. 상담자가 폐쇄형 질문을 하면 내담자는 '예' '아니요'로만 대답하게 되고, 상담자의 질문에 내담자가 답만 하게 되므로 내담자가 하고 싶은 이야기를 자유롭게 할 수 없다(〈사례 9-8〉 참조).

사례 9-7 **개방형 질문**

상담자 1: 앞으로 공부를 어떻게 할 생각인가요?

내담자 1: 공부를 너무 안 해서 앞으로 열심히 해야 할 것 같아요.

상담자 2: 그래 그럼 계획을 어떻게 세웠나요?

내담자 2: 수업 후 매일매일 복습을 하기로 했어요.

사례 9-8 **폐쇄형 질문**

상담자 1: 공부를 열심히 하기로 했나요?

내담자 1: 네!

상담자 2: 그래요. 그럼 계획을 세웠나요?

내담자 2: 네.

2) 직접질문과 간접질문 사용하기

상담자는 내담자에게 질문을 할 때 직접질문과 간접질문을 사용할 수 있다. 직접질문은 궁금한 것을 직접 질문하는 형태로 '물음표(?)'로 끝나는 질문이다. 상담자는 내담자에게 직접질문을 사용할 수 있지만, 모든 질문이 직접질문으로 끝나게 되면 내담자는 취조받는 느낌이 들거나 질문 공세를 하는 느낌이 들어 부담감을 느낄 수 있다.

다른 형태의 질문은 간접질문은 질문의 느낌보다는 상대의 생각을 듣고 싶다 혹은 상대의 이야기를 듣고 싶다는 느낌을 전달하는 질문 형태이다. 내용은 질문이지만 문장의 형태는 물음표로 끝나지 않는다. '~을 알고 싶네요' '~을 듣고 싶네요' '~에 대해 이야기해 주세요'라는 형태로 진행된다. 상담자가 간접질문을 사용하면 내담자는 상담자의 질문에 대해 부담감을 갖기보다는 자신의 생각을 점검해 보게 된다.

(1) 직접질문

〈사례 9-9〉에서 상담자는 내담자의 공부 습관과 공부 패턴을 확인하기 위해 질문할 수 있다. 하지만 이때 직접질문만을 사용하게 되면 내담자는 추궁당하고 취조받는 느낌을 받을 수 있다.

사례 9-9 직접질문

상담자 1: 복습은 어떻게 하고 있나요?

내담자 1: 수업 후 도서관에서 공부하고 있어요.

상담자 2: 공부는 몇 시간씩 하고 있나요?

내담자 2: 하루에 3시간은 공부하는 것 같아요.

상담자 3: 공부하는 건 어떠하나요?

(2) 간접질문

〈사례 9-10〉에서 상담자는 내담자의 공부 습관과 공부 패턴을 확인하기 위해 간접질문을 사용하고 있다. 〈사례 9-9〉와 〈사례 9-10〉의 차이점을 비교해 본다면 내담자 입장에서는 간접질문의 질문 형태가 대답할 때 좀 더 편안함을 느낄 수 있다.

사례 9-10 간접질문

상담자 1: 복습은 어떻게 하고 있는지 궁금하네요…….

내담자 1: 수업 후 도서관에서 공부하고 있어요.

상담자 2: 공부는 몇 시간씩 하고 있는지요…….

내담자 2: 하루에 3시간은 공부하는 것 같아요.

상담자 3: 공부에 대해 어떻게 생각하고 있는지 이야기해 주세요…….

3) 질문은 한 가지만 하기

상담자는 내담자에게 질문을 할 때 어떤 질문 패턴을 가지고 있는지 확인해 보도록 한다. 상담자는 내담자에게 질문할 때 한 번에 한 가지씩만 질문을 하는지, 아니면 여러 개의 질문을 한꺼번에 하는지 점검해 본다. 상담자가 한 번에 여러 개의 질문을 하면 내담자 입장에서는 무엇을 먼저 대답해야 할지 혼란스러움을 느낀다. 상담자는 내담자에게 알고 싶은 정보가 많거나 상담자가 긴장하거나 마음이 조급할 경우 내담자에게 여러 개의 질문을 한 번에 하게 된다. 이럴 경우 상담자의 질문은 내담자의 탐색에 도움이 되지 못하는 질문이 될 수 있고 이야기 주제에서 벗어나 버릴 수 있다. 상담자의 질문은 내담자의 자기 탐색과 자기 이해를 위한 것이다. 내담자에게 도움이 되는 질문인지 도움이 되지 않는 질문인지를 확인하고 점검하도록 한다.

사례 9-11 질문 공세

상담자 1: 그럼. 그때 무슨 일 때문에 회사를 그만두었나요? 그 시점이 이성 친구랑 헤어진 시점이랑 겹치나요? 이성 친구랑 싸운 이유가 무엇인가요?

4) 질문 형식은 짧게 하기

상담자가 내담자에게 질문할 때 상담자의 말이 너무 길면 내담자는 집중하기 어려워진다. 상담자는 내담자에게 질문하는 형식을 점검해 본다. 상담자는 내담자에게 질문할 때 긴 문장이 아닌 짧은 문장으로 질문하도록 한다. 상담자의 질문이 긴 경우는 상담자가 내담자의 이야기가 정리되지 않았거나, 내담자에게 무엇을 물어봐야 할지 명확하지 않은 경우이다. 상담자는 내담자에게 알고 싶은 것이 무엇인지 명확히 인식한 후 질문한다.

사례 9-12 상담자의 긴 질문

상담자 1: 학교에서 인정받아 반장도 하고 친구들에게 인기도 많았다고 했는데 갑자기 학교를 결석하게 되고, 친구들도 만나고 싶지 않다고 하고, 공부도 하기 싫다고 하고, 성적도 많이 떨어졌다고 하고, 갑자기 잠도 많아지고, 급식도 먹지 않았다고 했는데 무슨 일이 있었나요?

5) 내담자의 주제에 초점화하여 질문하기

상담자들은 내담자와 상담을 진행하다가 내담자가 이야기하는 주제와 관련 없는 질문을 하고 싶은 경우가 생긴다. 물론 상담자의 질문이 내담자의 호소 문제와 관련되어 중요한 질문일 수도 있다. 하지만 아무리 중요한 질문이라도 그 질문이 내담자가 이야기하는 주제와 관련이 없다면 상담자는 질문을 잠시 보류하고 질문할 시점을 찾도록 한다. 예를 들어, 내담자는 이성관계 갈등을 주제로 이야기하고 싶은데, 상담자는 이성관계 문제가 양육자와의 애착관계와 연결되어 있다는 가설을 설정하고 양육자에 초점을 두어 내담자에게 질문하면 내담자는 상담에 참여하고 싶은 동기가 저하될 수 있다. 이럴 경우 내담자가 이성관계 고민을 이야기하다가 양육자와의 갈등으로 힘들어하며 어려움을 호소하는 시점에 질문하도록 한다(〈사례 9-13〉 참조). 상담자는 내담자의 주제에 초점화를 하며 질문하도록 한다.

사례 9-13 주제 초점화하기

내담자 1: 이성친구와의 갈등이 반복되어서 너무 힘들어요.

상담자 1: (양육자와의 관계를 묻고 싶지만 질문을 보류하고) 그렇군요. 많이 힘든가 봐요. 최근에 이성친구와 어떤 일로 싸웠나요?

내담자 2: (이성 친구와의 갈등에 대해 이야기를 함) 그런데 어제는 엄마랑 엄청 싸웠어요. 엄마하고도 싸워서 너무 힘들어요.

상담자 2: 엄마하고는 무슨 일로 싸운 건가요?

6) '왜'라고 질문하지 않기

상담자는 내담자의 상황을 탐색하기 위해 내담자에게 이유를 물어보는 질문을 할 수 있다. 상담자는 궁금하여 내담자에게 '왜?'를 사용해서 질문할 수 있지만, 내담자 입장에서는 잘못한 행동에 대해 추궁당하는 느낌을 받을 수 있다. 내담자의 입장에서는 추궁당하는 느낌을 받으므로 변명이나 회피를 위한 답을 할 가능성이 높다(〈사례 9-14〉 참조). 그러므로 상담자는 '왜'라는 질문을 사용하지 않도록 한다.

사례 9-14 **왜 질문**

상담자 1: 왜 학교에 자주 지각하는 거예요?

내담자 1: ……. 그게…… 왜 그랬냐면요…….

상담자는 내담자에게 '왜'라는 질문 대신에 '어떤 이유로'로 바꾸어서 질문하도록 한다(〈사례 9-15〉 참조). 또한 직접질문 형식보다는 간접질문 형식이 내담자에게 편안함을 줄 수 있다. 간접질문 받으면 내담자는 자신이 어떤 이유 때문에 학교에 자주 지각을 하는지 자신의 행동에 대해 탐색하게 된다.

사례 9-15 **이유 탐색 질문**

상담자 1: 어떤 이유로 학교에 자주 지각하나요? (직접질문)

상담자 1: 어떤 이유로 학교에 자주 지각하는지 궁금하네요. (간접질문)

7) 무리하게 탐색하지 않기

내담자가 말하기 어려워하거나 말할 준비가 되지 않은 부분에 대해 이야기하도록 강요하며 무리하게 탐색하지 않는다(〈사례 9-16〉 참조). 내담자가 답변을 거부하는 경우 내담자의 의사를 존중해 주며 마음의 준비가 되었을 때 이야기하도록 허용한다. 내담자가 대답하기를 거부한다면 다음에 이야기하고 싶을 때 이야기해도 괜찮음을 전달한다. 내담자가 대답하기 어려운 부분을 상담자가 무리하게 탐색하려고 한다면, 내담자는 상담에 대한 저항감을 갖게 되어 상담에 부정적인 영향을 줄 수 있다.

사례 9-16 **무리한 탐색**

상담자 1: 새아빠하고 관계가 좋지 않다고 했는데 혹시 그게 헤어진 아빠에 대한 미안함 때문인가요?

내담자 1: 그게…… 새아빠랑…….

생각해 보기

1. 상담 과정에서 구체화 작업은 어떻게 해야 하나요?
2. 상담 과정에서 구체화 탐색 과정은 어떻게 하나요?

상담실습

1. 상담자는 자신이 중요하게 생각하는 가치관, 신념을 확인해 보세요.

1) 자신이 중요하게 생각하는 가치관, 신념이 무엇인지 생각해 본 후 작성해 보세요.

2) 나와 같은 가치관이나 신념을 가진 내담자를 만나서 이야기하면 어떤가요?

3) 나와 다른 가치관이나 신념을 가진 내담자를 만나서 이야기하면 어떤가요?

4) 나와 다른 가치관이나 신념을 가진 내담자를 어떻게 수용하고 이해할 수 있을까요?

2. 상담 구체화 질문을 해 보세요.

1) 엄마와 싸워서 가출한 여중생에게 상담 구체화 질문을 해 보세요.

내담자 1: 엄마랑 싸워서 가출했어요. 엄마랑 있으면 너무 답답하고 화가 나서 참을 수가 없어요.

2) 학교폭력을 한 가해자 고등학생에게 상담 구체화 질문을 해 보세요.

내담자 1: 저 정말 억울해요. 걔가 저를 놀렸지만 여러 번 참다가 정말 참을 수 없어서 주먹 한 대만 나갔을 뿐인데……. 정말 억울해요.

3) 부부관계 갈등으로 힘들어하는 주부에게 상담 구체화 질문을 해 보세요.

내담자 1: 남편과 대화가 안 돼요. 이야기만 하면 너무 속상하고 화가 나요. 그래서 매번 싸움으로 끝나요.

제10장

공감과 반영

학습목표

1. 상담 과정에서 상담자의 공감에 대해 학습한다.
2. 상담 과정에서 상담자의 반영에 대해 학습한다.

치료적 관계는 공감적 관계에 바탕을 두어야 한다. 공감이란 자신이 직접 경험하지 않더라도 상대방의 감정을 같은 수준으로 이해하는 것이다(이장호, 금명자, 2014). 내담자에게 공감을 전달하는 기술과 실천은 상담관계에서 자연스럽게 우러나와야 한다. 즉, 공감은 쌍방향적인 과정이다(Zaki, Bolger, & Ochsner, 2008). 내담자는 자신을 개방해야 하고 상담자는 내담자를 이해할 준비를 갖추어야 한다. 상담자가 내담자에게 공감을 전달하면 내담자는 이해받고 있다는 느낌을 통해 상담자를 보다 신뢰하게 된다. 이러한 과정을 통해 상담의 촉진적인 관계가 형성된다. 내담자 공감을 이해하기 위해서 상담자는 내담자의 입장에서 이해하려고 노력하고, 내담자에 대한 공감을 전달하는 것이 중요하다. 상담에서 도움이 된 것이 무엇인가라는 질문에 가장 많은 내담자가 '이해받은 일'이라고 대답하였다. 많은 내담자가 상담에서 이해받고 싶은 마음을 가지고 있다는 것을 뜻한다. 즉, 많은 내담자가 일상생활 속에서 이해받는 경험을 못하고 있다고 볼 수 있다.

기본적인 공감은 다음과 같은 형식으로 표현할 수 있다.

> ______________ 때문에 (because……)
> → 특정 감정을 불러일으킨 사고, 경험, 행동을 정확하게 이야기한다.
>
> ______________ 한 느낌이 드는군요. (You feel……)
> → 내담자가 표현한 정확한 정서를 이야기한다.

1. 공감 표현 방법

1) 짧은 말을 통한 공감반응

상담자는 내담자에게 공감을 잘해 줘야 한다는 생각에 내담자의 마음을 모두 읽어 주려고 하면 공감반응이 길어진다. 좋은 공감반응도 길어지면 내담자에게 정확하게 전달되지 않는다. 공감반응을 할 때는 다양한 감정 중에서 핵심적인 감정을 읽어 주며 짧은 말로 전달하는 것이 효과적이다. 내담자의 핵심 감정이 무엇인지, 내담자는 어떤 감정을 이야기하고 싶은지 생각해 보고 공감반응을 표현하도록 한다.

〈표 10-1〉 상담자의 긴 공감반응을 적절한 공감반응으로 표현하기

- "팀프로젝트를 하면서 서로 참여를 하지 않아 화가 나고 속도 상하고 기분이 안 좋아서 그만두려고 생각하고 있었는데, 생각했던 것보다 결과가 너무 잘 나와서 정말 기분이 좋고, 엄청 신나고, 엄청 기쁘고 엄청 행복했겠네요." (긴 공감반응)
  → "팀프로젝트로 마음이 많이 상했지만 결과가 잘 나와서 행복했겠네요." (적절한 공감반응)
- "주희 씨가 일부러 그런 것도 아닌데 친구가 사람들 앞에서 주희 씨에게 뭐라고 비난해서 친구에게 화나고 속도 많이 상하고, 기대하지 않은 결과가 나와 너무 억울하고 괴롭고 절망적이고 살고 싶지 않을 만큼 너무 힘들었을 것 같아요." (긴 공감반응)
  → "비난하는 친구 때문에 속도 상하고, 예상치 못한 결과로 많이 힘들었겠어요." (적절한 공감반응)

2) 다양한 표현의 공감

상담자가 공감반응 시 동일한 단어를 반복적으로 사용하면 내담자 입장에서는 기계적이고 형식적으로 들릴 수 있다. 그러므로 상담자는 같은 단어를 반복적으로 사용하기보다는 다양한 감정 단어를 사용하는 것이 내담자에게 더 효과적이다.

〈표 10-2〉를 통해 내담자의 절망적인 상황에서 느끼는 감정에 대해 상담자는 다양한 공감 표현을 전달해 볼 수 있다.

〈표 10-2〉 내담자 감정에 대한 다양한 표현 1

- "궁지에 몰린 기분이었겠어요."
- "벽에 부딪힌 느낌이었겠어요."
- "흙탕물을 뒤집어쓴 느낌이었겠어요."

〈표 10-3〉을 통해 내담자가 인생에서 가장 행복감을 느낄 때 상담자는 다양한 공감 표현을 전달해 볼 수 있다.

〈표 10-3〉 내담자의 감정에 대한 다양한 표현 2

- "세상 꼭대기에 앉은 기분이었겠어요."
- "하늘을 나는 기분이었겠어요."
- "정말 세상을 가진 느낌이었겠어요."
- "세상의 모든 것을 다 가진 느낌이었겠어요."

3) 상담자 자신의 언어로 표현

공감을 사용할 때는 책에 제시된 언어보다는 상담자 자신이 사용하는 언어를 사용하도록 한다. 책에 제시되거나 틀에 박힌 동일한 감정 단어를 사용하면 상담자도 어색하고 내담자도 마음으로 받아들이기가 어렵다. 상담자가 내담자에게 공감을 전달할 때는 자연스러운 언어를 연습하여 사용한다. 상담자는 연습을 통해 자신이 자연스럽게 사용할 수 있는 공감 언어를 선택한다. 또한 내담자 감정의 깊이에 따라 부사, 형용사, 감탄사를 적절하게 사용하도록 한다. 기쁜 일도 단순한 기쁜 일부터 인생 최고의 순간의 기쁜 일까지 나누어 볼 수 있다(〈표 10-4〉 참조).

〈표 10-4〉 동일한 의미의 다양한 공감반응

- "좋았겠네요."
- "신나는 일이네요."
- "정말, 기쁜 일이네요."
- "기쁜 일을 축하하고 싶네요."
- "우와~. 진짜, 진짜, 기쁜 일이네요."
- "정말 행복한 경험이었겠네요."
- "정말 인생 최고의 순간을 경험했네요."

4) 경험, 행동, 감정이 연결되는 공감

공감이 중요하다고 생각하더라도 감정에만 지나치게 집중하지 않는다. 어떤 상담자는 내담자의 감정에 지나치게 집착하며 공감하기도 한다. 이럴 경우 상담자는 내담자의 감정에 대한 질문을 계속하고 내담자에게 감정의 대답을 계속 유도한다. 내담자 감정을 다루어 주고 공감을 하는 것도 중요하지만 이것이 전부는 아니다. 내담자 감정을 다루면서 감정을 느끼게 한 경험, 행동, 생각이 서로 연결될 수 있도록 하는 것이 필요하다.

〈사례 10-1〉에서 상담자 2는 내담자의 화난 감정에만 반응을 하고 있다.

사례 10-1 감정에만 초점을 둔 공감

내담자 1: (화가 나서) 제 친구 너무 싫어요.

상담자 1: 친구가 싫은 이유가 무엇인지 궁금하네요.

내담자 2: 어떻게 저한테 그럴 수가 있는지. 내 앞에서는 내가 너무 좋은 친구라고 하더니 사람들에게 제 욕을 하고 다녔다고 하더라고요.

상담자 2: 친구에게 화가 많이 났군요.

내담자 3: 네. 그 친구 때문에 화가 너무 나요.

〈사례 10-2〉에서 상담자는 내담자의 화에만 반응하지 않고 내담자의 경험(친구가 나를 좋은 친구라고 함)과 행동(친구가 내 욕을 하고 다님), 감정에 대한 공감(화가 많이 남)을 전달하고 있다. 내담자는 상담자 2 반응을 통해 화가 난 이유가 단지 친구가 싫어서 화가 났다기보다는 친구의 이중적인 모습 때문에 화가 났음을 인식할 수 있게 된다. 상담자는 내담자의 감정이 내담자의 경험, 행동, 생각과 연결되어 있음을 전달하고 있다.

사례 10-2 경험, 행동, 감정이 연결되는 공감

내담자 1: (화가 나서) 제 친구 너무 싫어요.

상담자 1: 친구가 싫은 이유가 무엇인지 궁금하네요.

내담자 2: 어떻게 저한테 그럴 수가 있는지. 내 앞에서는 내가 너무 좋은 친구라고 하더니 사람들에게 제 욕을 하고 다녔다고 하더라고요.

상담자 2: 친구가 나를 좋아하는 줄 알았는데 욕을 하는 이중적인 모습에 화가 많이 났군요.

내담자 3: 네. 친구의 이중적인 모습에 너무 화가 나요.

5) 핵심 메시지에 대한 선택적 경청

상담자는 내담자가 하는 모든 말에 공감반응을 할 수 없다. 상담자는 내담자 말을 들으면서 핵심 메시지를 찾아 반응한다. 핵심 메시지란 내담자가 다양한 이야기를 표현하는 가운데 가장 중요하다고 생각되는 핵심 이야기이다. 상담자는 내담자의 모든 말과 행동에 경청하고 주목하기가 현실적으로 불가능하다. 상담자는 내담자의 말과 행동 중에서 상대적으로 비중을 두어야 할 부분을 선택하고 주목한다. 이것을 '선택적 경청'이라고 한다. 선택적 경청은 내담자의 다양한 이야기 중 중요하다고 생각되는 내용에 선택적으로 주목함으로써 내담자가 특정 문제에 대해 탐색하게 하는 것이다.

선택적 경청을 하기 위해서 상담자는 "내담자의 이야기 중 어떤 이야기가 핵심 메시지일까? 핵심이 무엇인가? 무엇이 가장 중요한 문제일까? 무슨 이야기를 하고 싶은 걸까? 가장 원하는 것은 무엇일까?" 생각하며 핵심 메시지를 읽어 준다. 그러면 내담자는 자신이 이야기하고 싶은 부분이 무엇인지, 자신이 원하는 것이 무엇인지를 검토해 나간다. 이러한 과정을 통해 내담자는 자신의 마음속에서 혼란스럽고 복잡한 마음을 정리해 낼 수 있다.

사례 10-3 내담자에게 선택적 경청하기

내담자 1: 저는 아빠한테 길게 말 안 해요. 아빠가 너무 싫거든요. 아빠랑 얼굴 보기도 싫어요. 그래도 엄마에게는 아빠보다는 인사도 하고 조금은 이야기했는데……. 엄마는 서운하다고 해요. 그런데 그런 이야기를 그만했으면 해요. 저는 엄마에게 할 만큼 했다고 생각이 들어요. 여동생도 집에서 이야기 안 하는데……. 걔는 자기 이야기를 말하고 싶어 하지 않아요. 걔는 이기적이고요. 근데 엄마는 왜 나에게만 뭐라고 하는지…… 너무 속상하고 힘들어요.

상담자 1: 엄마에게 서운함과 속상함을 느끼는군요.

〈사례 10-3〉에서 내담자는 아빠, 엄마, 여동생 이야기를 하고 있다. 이때 모든 이야기를 한꺼번에 듣기가 어렵다. 내담자가 하고 싶은 이야기는 어떤 이야기이며, 어떤 마음을 상담자에게 이야기하고 싶을지를 생각해 보자. 내담자는 가족 중에서 엄마에 대한 서운함과 속상함을 이야기하고 있고, 엄마와의 관계에 대해 이야기하고 싶을 수 있다. 상담자는 내담자가 엄마와의 관계에 대한 부분을 핵심 메시지로 설정하여 선택적 경청을 하며 상담을 진행한다. 만약 내담자가 아빠와의 관계를 이야기하고 싶거나, 여동생 관계를 이야기하고 싶다면 이 부분을 핵심 메시지로 설정하여 이 주제에 초점을 두어 상담을 진행한다. 내담자가 불편함을 호소하는 대상은 아빠, 엄마, 여동생이다. 상담자는 내담자가 가족에 대해 느끼는 불편함을 상담받고 싶은 대상에 대한 우선순위를 정하도록 할 수 있다.

6) 정확한 공감의 효과

상담자가 내담자를 정확하게 이해하여 공감반응을 보이면 내담자는 머리를 끄덕이거나 "맞아요." "그랬어요."와 같은 동의하는 반응을 보인다. 상담자의 정확한 공감은 내담자에게 이해받는 경험을 갖게 하여 내담자가 자신의 문제를 회피하거나 부정하지 않고 문제 상황을 명확하게 바라보게 한다. 내담자는 상담자 공감을 통해 자신이 이해받았다는 경험을 하면 자신의 모습을 방어하기보다는 자신을 문제점을 바라보기 시작한다(〈사례 10-4〉 참조). 〈사례 10-4〉에서 내담자 1은 자신이 친구에게 항상 맞춰 주기만 한 행동이 잘한 행동인가라는 부분에 대해 이야기하며 변화에 대해 고민하고 있다. 상담자 공감을 통해 이해받는 경험은 내담자에게 변화를 위한 다음 단계로 나아가게 한다.

사례 10-4 내담자에게 정확한 공감하기

상담자 1: 친구랑 잘 지내고 싶어서 맞춰 주곤 했는데, 나중에는 친구 원하는 대로만 하니 많이 속상했겠어요.

내담자 1: 맞아요. 너무 속상해요……. (침묵 10초) 그래서 '내가 너무 친구에게 항상 맞춰 주기만 한 게 잘한 건가'라는 생각을 하고 있어요.

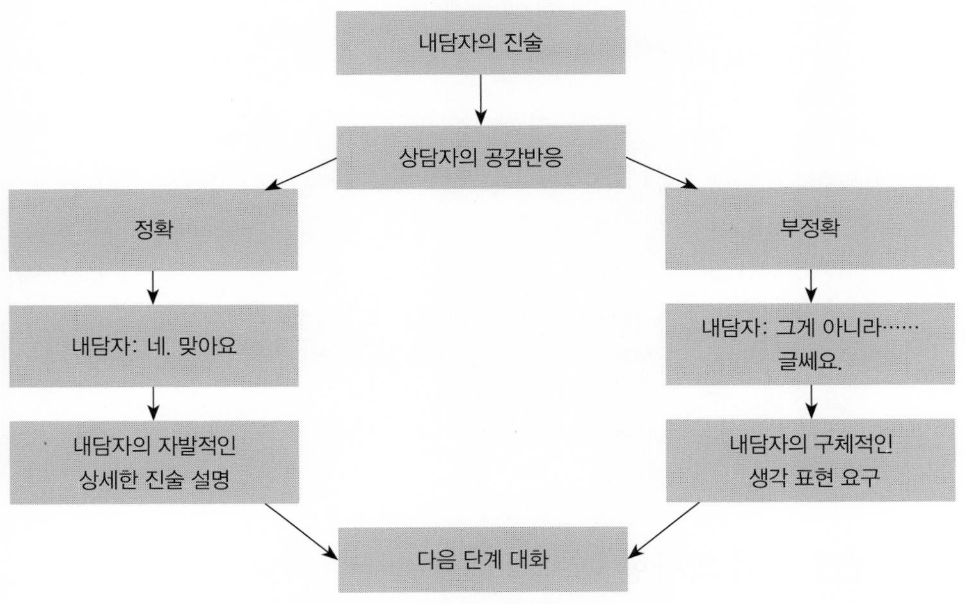

[그림 10-1] 내담자 진술에 대한 상담자 공감반응

[그림 10-1]에서와 같이 상담자의 공감반응이 정확하다면 내담자는 '네, 맞아요'라는 긍정적인 반응을 한다. 하지만 만약 내담자의 공감이 적절하지 않다면 내담자는 '그게 아니라…… 글쎄요'라는 반응을 할 수 있다. 이때 상담자는 당황하지 말고 내담자에게 상세하게 이야기해 달라고 요구한다. 상담자는 내담자에게 '그게 아니라고 한다면, 어떤 부분인지 좀 더 구체적으로 이야기해 주세요'라고 질문하여 내담자의 이야기를 구체적으로 듣도록 한다.

- 공감반응을 하기 위한 제안(Egan, 2003)
  - 상담자의 판단과 편견을 접어 두고 내담자 입장에서 생각해 보려고 노력한다.
  - 공감은 내담자와의 관계와 내담자와 나누는 모든 대화에 스며들어야 한다.
  - 공감반응은 내담자와 공감적 관계를 토대로 진행된다.
  - 공감반응은 내담자에게 영향을 미치는 상담 기법이다.
  - 공감 기술에 머무르지 않고 마음속에 큰 그림을 그리며 접근한다.
  - 내담자가 처해 있는 상황에서 다양한 역할에 공감반응을 한다.
  - 내담자가 이야기할 때는 내담자 핵심 메시지에 귀를 기울인다.
  - 내담자의 핵심 메시지에 자주 반응하지만 간결하게 한다.
  - 언어적 메시지와 비언어적 메시지에도 귀를 기울인다.
  - 민감한 주제나 감정에 대해 서서히 탐색하게 한다.
  - 공감반응을 한 뒤에는 공감반응이 정확했는지 내담자의 반응을 확인한다.
  - 내담자의 개인적인 문화가 상담자의 것과 상당히 다를 경우에는 더 신중하게 반응한다.
  - 내담자가 저항할 때는 내담자를 주목한다. 상담자의 반응이 정확하지 않아서 부정하는 것인지 혹은 너무 정확해서 저항하는지 점검한다.
  - 공감반응이 내담자 핵심 주제에 초점을 맞추는 데 도움이 되는지 항상 점검한다.
  - 공감반응이 아무리 중요하더라도 내담자의 문제 상황을 효율적으로 대처하는 도구에 지나지 않음을 명심한다.

2. 공감 시 주의사항

상담자가 공감할 때 다음과 같은 점을 주의하도록 한다. 상담자는 내담자와의 상담관계에서 이러한 반응을 보이고 있지는 않은지 점검해 본다.

1) 무반응

상담자가 내담자 이야기에 빠져 듣다가 어떻게 반응해야 할지 몰라 아무 반응도 하지 못할 때가 있다. 상담자가 내담자에게 아무 말도 하지 않는 것은 잘못이다(Sue & Sue, 1990). 내담자의 이야기가 너무 충격적이어서 반응하기가 어렵더라도 상담자는 짧게라도 반응을 보여야 한다. 상담자가 반응을 보이지 않으면 내담자는 자기가 한 말이 의미가 없거나 가치 없다고 잘못 생각할 수 있다.

- "그랬군요."
- "많이 놀라셨겠어요."
- "충격이 컸을 것 같아요."

2) 빈번한 질문

상담자는 내담자의 정보를 파악하고 문제 상황을 파악하고자 질문을 할 수 있다. 하지만 상담자의 계속되는 질문은 내담자가 하고 싶은 말을 표현하지 못하고 차단당하는 느낌을 받게 된다(〈사례 10-5〉 참조). 상담자의 질문에 대해 답변만 하다 보면 내담자는 추궁당하는 것 같은 느낌을 받을 수 있다. 상담자의 지속되는 질문은 내담자에게 상담관계에서 존중받는 감정보다는 무시당한다는 느낌을 가질 수 있다. 상담자의 반응을 보고 질문이 너무 많지는 않은지 점검하도록 한다.

사례 10-5 상담자의 많은 질문

내담자 1: 이성친구랑 싸움이 엄청 커졌어요.

상담자 1: 이성친구랑 어떤 상황에서 싸운 건가요? 화가 나지는 않았나요? 언제부터 그런 건가요? 주변에서는 뭐라고 하나요?

내담자 2: 그게……. (어디서부터 대답해야 할지 혼란스러움)

상담자는 질문을 하고 싶더라도 질문을 잠시 보류하도록 한다. 내담자가 자기 이야기를 먼저 하도록 진행하며 내담자의 이야기를 들으면서 질문한 내용을 천천히 진행하도록 한다(〈사례 10-6〉 참조).

사례 10-6 상담자의 적절한 질문

내담자 1: 이성친구랑 싸움이 엄청 커졌어요.

상담자 1: 이성친구랑 어떤 상황에서 싸운 건가요?

내담자 2: 이성친구가 약속 시간이 다 되면 약속 시간을 자꾸 바꾸고 늦게 나오고 해서 너무 화가 났어요. 왜 자꾸 약속 시간을 변경하는지 이해를 못하겠어요.

상담자 2: 많이 속상했겠네요.

내담자 3: 맞아요. 너무 속상해요. 처음에는 그러지 않았는데 오래 만나서 그런 건지 요즘에 특히 많이 그래요.

상담자 3: 언제부터 약속을 자꾸 바꾸고 늦었나요?

3) 편들며 비난하기

내담자가 자신의 가족이나 배우자, 연인, 친한 사람과의 갈등관계를 표현할 때 상담자는 내담자의 편에서 비난에 합세하지 않는다. 내담자들은 갈등관계에 있는 대상에 대해 양가감정을 느끼고 있다. 내담자는 대상에 대한 부정적인 감정을 느껴 상담자에게 비난하는 마음을 표현할 수 있다. 이때 상담자가 내담자를 공감하고자 같이 비난하면 내담자 입장에서 마음이 불편할 수 있다(〈사례 10-7〉 참조). 대부분의 사람들은 부모에 대해, 배우자에 대해, 연인에 대해, 자신이 욕하는 것은 괜찮다고 생각하지만 타인이 욕을 하면 불편한 마음을 느낄 수 있다. 상담자는 내담자의 이야기를 경청하는 자세로 듣고, 내담자 편을 들어 비난하지 않도록 한다. 상담자의 최선의 반응은 "그런 일이 있었군요." "그렇군요."와 같이 중립적인 입장에서 내담자의 고통을 이해하고 수용하는 자세이다.

〈사례 10-7〉에서 상담자는 내담자 편에서 부모님에 대해 같이 비난하고 있다. 이럴 경우 내담자는 상담자의 반응에 마음이 불편할 수 있다. 상담자는 내담자편에서 편들어 비난하지 않도록 한다.

사례 10-7 상담자의 편들기

내담자 1: 부모님이 저에게 엄청 소리 지르고 뭐라고 하셨어요. 정말 화가 많이 나더라고요.

상담자 1: 부모님이 정말 너무 하셨네요. 어떻게 그렇게 하실 수가 있는지…….

〈사례 10-8〉에서 상담자는 부모님 행동에 대해 평가하기보다는 내담자의 감정에 초점을 두어 중립적인 태도로 내담자의 고통을 이해하고자 당황스러움을 전달하고 있다. 내담자들이 부모님에 대해 불평하고 비난할 때 상담자는 내담자와 같이 부모님 행동에 대한 비난이나 편들기를 하지 않도록 한다.

사례 10-8 상담자의 중립적인 태도

내담자 1: 부모님이 저에게 엄청 소리 지르고 뭐라고 하셨어요. 정말 화가 많이 나더라고요.

상담자 1: 그런 일이 있으셨군요. 많이 당황스러웠겠어요.

4) 상투적인 위로 어휘 사용하기

상담자가 상투적인 어휘를 사용하여 위로하며 공감을 표현하면 내담자는 존중받는 느낌을 갖지 못한다. 상투적인 위로 어휘 사용은 내담자의 입장에서 자신의 문제가 사소하고 중요하지 않은 것으로 느끼게 할 수 있다(〈사례 10-9〉 참조). 상담자 입장에서는 내담자에게 위로를 전달하고 싶은 마음에 내담자에게 "모두 경험하는 문제로 심각한 문제는 아니에요."라고 표현하였다. 하지만 이 말을 들은 내담자는 자신의 고민이 사소한 거라고 생각할 수 있다. 내담자에게 무조건 잘 해결될 거라는 이야기도 내담자 입장에서는 막연한 기대를 갖게 할 수도 있으며 상담자의 말을 빈말로 여길 수 있다.

사례 10-9 상담자의 상투적인 위로

내담자 1: 지금 이성친구랑 앞으로도 계속 만날지 헤어질지 고민 중이에요.

상담자 1: 고민이군요. 하지만 모두 경험하는 문제로 심각한 문제는 아니에요. 잘 해결될 거예요.

5) 동정 표현

동정은 공감이라기보다 내담자를 측은하게 여기거나 연민을 나타내는 것이다. 인간적인 특성으로 타인에 대해 동정을 느낄 수 있지만 상담에는 큰 도움이 되지 않는다. 공감이 상담자로서 내담자에 대한 이해와 수용을 의미한다면, 동정은 내담자를 불쌍하고 안쓰럽게 여기는 태도이다(〈사례 10-10〉 참조). 내담자 입장에서 상담자가 공감을 표현해 주면 자신이 이해받았다고 느끼지만, 상담자가 눈물을 흘리며 동정을 표현하면 내담자는 상담자가 자신을 불쌍하게 여기는 마음으로 생각해 불편함을 느낄 수 있다. 상담자는 내담자에 대한 동정을 느낄 때 이 감정을 내담자에게 표현하는 것이 도움이 되지 않는다는 것을 기억하도록 한다.

사례 10-10 상담자의 동정표현

내담자 1: 어릴 때 부모님이 이혼하셔서 할머니가 키워 주셨어요. 남들에게 무시당하지 않으려고 공부를 정말 열심히 했어요. 그래도 엄마가 없는 빈자리는 너무 크게 느껴졌어요. 항상 그 자리가 그리웠어요. 엄마가 있었으면 어땠을까? 얼마나 좋을까? 항상 생각했어요.

상담자 2: (눈물을 흘리며) 엄마가 없다는 건 너무 힘든 일이지요…….

6) 이해한 척하기

내담자는 혼란스러운 상태이거나 감정적으로 격앙되어 정확하게 표현하지 못할 때가 있다. 이럴 경우 상담자는 내담자가 무슨 말을 전달하고 싶은지 정확하게 파악하지 못하기도 한다. 상담자가 내담자의 말을 아무리 집중해서 들으려 해도 파악되지 않을 때가 있다. 내담자가 흥분해서 이야기를 하고 있는데 이해가 되지 않을 때 상담자는 이해한 척하면서 넘어가서는 안 된다.

제대로 이해되지 않거나 파악되지 않았다면 상담자는 내담자에게 확인하는 과정을 갖는다. 내담자의 말을 중단한다고 조심스러워하지 말고 내담자를 더 잘 이해하기 위한 과정으로 생각한다. 내담자에게 중요한 이야기를 다시 듣고 싶다는 상담자의 말로 내담자에게 존중하고 있음을 전달할 수 있다. 말을 이해하지 못했지만 물어보기가 어려워 "네." "그랬군요."라는 표현을 전달하지 않도록 한다.

- "중요한 이야기인데 다시 한번 이야기해 주세요."
- "목소리가 잘 안 들려서요. 그 부분을 다시 이야기해 주세요."

3. 반영의 의미

반영(reflection/reflecting)이란 내담자의 말 속에 어떤 상황, 대상, 생각, 사건 때문에 흐르는 주요 감정을 파악하여 상담자의 말로 전달해 주는 반응이다. 감정반영은 공감적으로 이해한 내담자의 감정을 다른 말로 전달해 주는 것으로 감정에 초점을 맞춘 감정의 '재진술'이다. 내담자들은 자신의 감정을 정확히 알지 못하고 자신의 혼란스러운 감정을 잘 표현하기가 어렵다. 그러므로 상담자가 내담자들이 표현한 말에서 주요 감정을 파악하여 상담자의 참신한 언어로 되돌려 준다. 상담자는 내담자들이 표현하는 말을 들으면서 내담자가 어떤 마음을 전달하고 싶은지, 어떤 감정을 표현하려고 하는지 집중하도록 한다.

감정반영의 효과는 다음과 같다(김환, 이장호, 2006).

첫째, 상담자의 감정반영은 내담자에게 심리적으로 함께하고 있다는 느낌을 갖게 해 준다.

둘째, 내담자는 자신의 정리되지 않은 감정과 생각을 상담자가 거울처럼 반영해 줄 때 자신의 감정을 이해할 수 있다.

셋째, 내담자는 반영에 의해 자신의 감정을 이해하게 되면 자신의 감정을 탐색하고자 시도한다. 자신이 왜 그런 감정을 느꼈는지를 알고 싶어 한다.

넷째, 상담자의 반영은 내담자가 자신의 감정을 인식하면서 감정을 수용하게 되며 감정 정화를 느끼게 된다.

다섯째, 상담자의 감정반영은 내담자의 억압된 감정을 인식하고 표출할 수 있는 기회를 제공한다.

여섯째, 상담자의 반영은 내담자가 강한 정서를 표현하고 경험할 수 있는 기회를 제공한다.

일곱째, 상담자의 반영은 내담자의 정서를 조절하고 관리할 수 있는 능력을 길러 준다.

상담자는 내담자 감정반영을 위해서는 내담자의 말을 잘 경청해야 한다. 내담자가 표현할 때 말의 속도, 말의 높낮이, 말의 톤 등 언어적인 메시지에 집중해서 듣는

다. 또한 내담자의 자세, 얼굴 표정, 눈빛, 몸짓 등 비언어적 메시지에도 집중해서 듣고 반영하도록 한다. 내담자의 언어적 메시지와 비언어적 메시지에서 보이는 부분에 대해서도 상담자는 반영해 줄 수 있다.

- "지금 이야기를 하면서 굉장히 목소리가 흥분되어 이야기를 하고 있네요."
  (언어적 메시지에 관련하여 반영)
- "지금 이야기를 하면서 얼굴 표정이 매우 긴장되어 보이네요."
  (비언어적 메시지에 관련하여 반영)

4. 감정반영의 목적

감정반영의 목적은 다음과 같다.

첫째, 감정반영을 통해 내담자는 보지 못한 자신의 감정을 경험하게 한다. 내담자들은 혼란스럽고 숨기고 싶었던 자신의 감정을 억압하거나 무시하며 살아왔다. 상담자가 내담자의 감정을 반영해 주면 내담자들은 억압하거나 무시했던 감정을 경험하게 된다. 내담자들의 감정에 대한 인식과 감정에 대한 표출은 내담자들에게 에너지 상승과 안녕감을 증진하도록 만든다(Cormier & Hackney, 2016).

둘째, 감정반영을 통해 내담자의 감정표현을 독려한다. 내담자들은 문제 상황에 대해 미해결된 감정을 지니고 있다. 상담자가 내담자 감정에 초점을 두게 되면 내담자는 미해결된 상황에 대한 감정을 인식하게 된다. 감정표현은 그 자체가 목적이기보다는 문제를 이해할 수 있는 단서를 제공하는 점에서 상담에 치료적 효과가 있다(강진령, 2016).

셋째, 감정반영을 통해 내담자는 자신을 적극적으로 표현하고자 한다. 내담자는 상담자의 감정반영으로 잘 이해받는다고 생각한다면 자신을 방어하거나 부인하는 태도보다는 자신을 진솔하게 표현하고 싶어 한다. 상담자에게 자신을 진솔하게 표현하여 상담자에게 더 많은 부분에 대해 반영을 기대한다. 결과적으로 상담관계를 촉진하는 역할을 한다.

넷째, 감정반영을 통해 내담자는 상담에 적극적으로 참여한다. 내담자들은 상담자의 감정 반영을 통해 이해받는 경험을 한다. 내담자가 상담관계에서 이해받는 경험을 하면 상담에 적극적으로 참여한다.

5. 감정반영 시 주의사항

상담자가 감정반영을 할 때 주의사항은 다음과 같다.

1) 상담자의 언어로 전달하기

반영은 상담자가 내담자의 감정을 파악하여 전달하는 과정이다. 상담자가 사용하는 반영 방식은 상담자마다 조금씩 다양할 수 있다. 교과서 나오는 반영 방식을 외워서 기계적으로 사용하지 않도록 한다. 기계적으로 나오는 반영 방식은 내담자에게 깊이 있는 반영의 느낌을 전달하지 못한다. 또한 내담자도 상담자의 기계적인 반영 방식에 식상함을 느낄 수 있다. 상담자 자신이 편안하게 사용할 수 있는 반영 방식을 찾고 개발하는 것이 바람직하다.

- "~게 이해가 되네요."
- "~것 같다고 생각하시네요."
- "~하다고 생각하네요"
- "~하다고 느끼고 있네요."

2) 내담자 감정반영 깊이 확인하기

상담자는 내담자의 말을 경청하며 내담자 감정의 깊이를 확인하도록 한다. 내담자 말에서 표현되는 감정의 깊이만큼 반영해 주어야 한다. 내담자 말보다 깊이 있는 반영은 내담자가 인정하기 어렵고, 내담자 말보다 얕은 수준의 반영은 내담자가 이해받지 못한 마음을 느끼게 한다.

〈사례 10-11〉에서 내담자 이야기에 대해 상담자 1 반응은 내담자의 마음을 잘 반영해 주었다. 하지만 상담자 2 반응은 내담자가 말하지 않은 의미를 첨가하여 반영해 주었고, 상담자 3은 내담자가 말한 내용에서 내담자가 의도하는 바를 잘못 이해하고 반영하였다. 너무 깊은 수준의 반영은 내담자에게 부담을 가지게 하고, 너무 피상적인 수준의 반영은 내담자 마음을 닫히게 만들 수 있다. 적절한 반영을 하는 작업은 쉽지 않다. 상담자는 내담자의 말을 경청하면서 내담자가 전달하고자 하는 마음, 표현하고 싶은 감정이 무엇일지 전체 맥락 속에서 이해해야 한다.

사례 10-11 내담자 감정반영

내담자 1: 엄마가 아빠 없이 혼자서 일하는 게 너무 힘들고 안쓰럽다고 생각했어요. 그래서 엄마를 돕기 위해 하교 후에 엄마 가게에 가서 일을 도와드렸는데. 그날 하루만 좀 일이 있어서 엄마를 도와드리지 못했는데, 엄마는 저에게 엄청 화내고 뭐라고 하셨어요.

상담자 1: 엄마를 생각하는 마음으로 방과 후의 일을 포기하면서까지 엄마를 도와드리고자 했는데, 화를 내셔서 속상했겠어요.

상담자 2: 착한 딸이라는 이야기를 듣기 위해 엄마를 도와드렸는데, 억울했겠어요.

상담자 3: 칭찬받으려고 했는데 화만 내셔서 화났겠어요.

3) 적절한 반영 시점 고려하기

내담자에 대한 충분한 이해가 선행되어 반영이 가능하다고 생각될 때 반영을 진행한다. 초심상담자들은 내담자를 빨리 돕고 싶은 마음에 내담자가 말하는 표면적인 이야기를 듣고 반영을 빨리 하려고 한다. 내담자가 충분히 자신의 이야기를 전달해야 전체적인 맥락에서 내담자의 상황이 이해되어야 반영할 수 있다. 내담자를 빨리 돕고 싶은 마음이 들면 내담자의 말을 중간에 끊어 버릴 수 있다.

상담자가 진행하는 반영이 내담자를 위한 것이라면 내담자가 자신의 이야기를 충분히 표현할 수 있도록 상담자가 여유를 갖는 것도 필요하다. 하지만 내담자의 이야기가 너무 장황하거나 정리되지 않는다고 생각된다면, 내담자 말을 차단하는 것이 아니라 내담자가 자신의 이야기를 정리할 수 있도록 상담자가 반영을 전달하도록 한다.

생각해 보기

1. 상담 과정에서 공감은 어떻게 해야 하나요?
2. 상담 과정에서 반영은 어떻게 해야 하나요?

상담실습

1. 다음 내담자 사례를 읽고 작성해 보세요.

1) 고등학생 내담자

> "엄마는 항상 엄마랑 상의하고 결정하라고 해요. 저도 이제는 고등학생인데 어떻게 항상 엄마에게 상의하고 결정할 수 있는지. 저도 제가 스스로 결정하고 싶어요. 큰 일은 엄마랑 상의할 수 있지만 사소한 일은 제가 혼자 결정하면 좋겠는데……. 엄마는 제가 외동이라 사랑하고 관심 갖는 건 이해하지만 너무 많이 간섭하셔서 힘들어요." (고등학생)

(1) 내담자의 생각: ______________________________

____

____

(2) 내담자의 감정: ______________________________

____

____

(3) 내담자가 알아주길 원하는 마음: ______________________________

____

____

(4) 상담자의 공감반응: ______________________________

____

____

2) 대학생 내담자 1

"친구가 저에게 영화 보러 가자고 졸라서 제가 스케줄도 변경해서 영화 보려고 약속했는데, 가기로 한 날 갑자기 자기 이성친구랑 약속 있다고 영화 스케줄을 변경하는 거예요. 저하고 약속했는데 어떻게 아무렇지도 않게 취소할 수 있는지…… 저를 너무 무시하는 것 같아 화가 났어요." (대학생)

(1) 내담자의 생각: ______

(2) 내담자의 감정: ______

(3) 내담자가 알아주길 원하는 마음: ______

(4) 상담자의 공감반응: ______

3) 대학생 내담자 2

"생각해 보면 저는 애들 눈치를 너무 보는 것 같아요. 제가 먹고 싶은 거 하고 싶은 거 친구들에게 이야기를 못해요. 솔직하게 표현하고 이야기하고 싶은데 어려워요. 먹고 싶지 않은 거 먹기도 하고, 가고 싶지 않은 곳에 따라가기도 하고, 제가 너무 한심하기도 하고 속상해요." (여대생)

(1) 내담자의 생각: ______

(2) 내담자의 감정: ______________________________

(3) 내담자가 알아주길 원하는 마음: ______________________________

(4) 상담자의 공감반응: ______________________________

4) 직장인 내담자

> "제가 결혼을 했고 분가를 했는데 부모님이 집 비밀번호를 알려 달라고 하셔서 알려 드렸더니 아무 때나 저희 집에 오세요. 제가 없을 때도 청소해 주신다고 오시기도 하고, 반찬 갖다 주신다고 오시기도 해요. 우리 부부가 있을 때 오시면 좋겠는데…… 집사람이 너무 힘들어해요. 저도 너무 힘들고요." (30대 회사원)

(1) 내담자의 생각: ______________________________

(2) 내담자의 감정: ______________________________

(3) 내담자가 알아주길 원하는 마음: ______________________________

(4) 상담자의 공감반응: ______________________________

2. 다음에 제시된 내담자 진술을 읽고 감정반영을 작성해 보세요.

1년 전에 부모님이 이혼한 초등학교 3학년 여학생이 작은 목소리로 이야기를 한다.

"엄마랑 같이 살 때는 엄마가 맛있는 것도 해 주시고, 놀러 갈 수 있어서 좋았어요. 엄마랑 밤에 잠잘 때 이야기도 많이 했는데……. 엄마랑 여행도 가고 좋았는데요……."

3. 공감반응 시 어려운 점은 무엇이고 주의할 점은 무엇인지 작성한 후 토론해 보세요.

1) 어려운 점

2) 주의할 점

4. 반영 시 어려운 점은 무엇이고 주의할 점은 무엇인지 작성한 후 토론해 보세요.

1) 어려운 점

2) 주의할 점

제11장

상담 종결

학습목표

1. 상담 종결 과정에 대해 학습한다.
2. 상담 종결 과정에서 상담자의 역할에 대해 학습한다.

상담 종결은 상담자와 내담자가 세운 상담목표가 달성되었다고 판단될 때 상담자와 내담자가 함께 합의한 후 마무리하는 과정이다. 상담 종결은 내담자가 호소한 상담목표가 성취되어 상담을 더 이상 진행할 필요가 없다고 판단되어 종결하는 과정이 가장 바람직하다. 상담 종결은 내담자 문제가 해결되거나 상담목표가 성취된 상황에서 종결할 수 있다(오혜영, 유형근, 이영애, 강이영, 2011). 상담자는 내담자 문제가 발생할 때마다 항상 도움을 줄 수 없기 때문에 상담자는 내담자가 혼자 독립할 수 있도록 역량을 키우며 종결을 준비한다.

1. 상담 종결

1) 상담목표 달성

가장 바람직한 상담 종결 과정은 상담자와 내담자가 합의한 상담목표가 달성되었을 경우이다. 상담목표 달성 여부를 상담 종결과 연결 짓기 위해서는 상담 초기 과정부터 상담목표를 명확하게 설정해야 한다. 상담목표가 분명하지 않으면 상담 종결 시점에서 무엇을 성취했는지 혹은 성취하지 못했는지 확인하기 어렵다. 만약 상담목표가 상담 초기 과정에서 구체적으로 설정되지 못했을 경우 상담 종결 시 상담자는 척도질문을 통해 내담자의 변화를 확인할 수 있다. 상담 초기 내담자가 상담실에 방문했을 때 내담자가 호소한 어려움이 10점 만점 중 몇 점이었는지 내담자에게 확인한 후, 상담 종결 시점인 지금 내담자가 호소한 어려움이 10점 만점 중에 몇 점인지 확인한다. 상담 초기 내담자가 호소한 어려움이 10점 만점 중에 8점이었지만 지금은 호소한 어려움이 4점 정도라고 이야기한다면 상담 종결을 준비할 수 있다.

(1) 상담 종결 시 척도질문

상담 종결 시 상담목표 달성 여부는 척도질문을 사용해서 확인할 수 있다. 이때 사용할 수 있는 척도질문은 다음과 같다.

- "고민하는 문제가 해결된 정도를 10점 만점이라고 한다면 지금은 몇 점일까요?"
- "문제가 힘든 정도를 10점 만점이라고 한다면 상담실에 처음 방문했을 때는 몇 점이고 지금은 몇 점일까요?"
- "도움받고 싶었던 어려움의 변화가 있었는데요. 어려움의 변화 정도를 이야기한다면 10점 만점 중에서 처음에는 몇 점이고 지금은 몇 점일까요?"

(2) 잘못된 상담 종결

내담자는 자신의 상태가 변화되고 좋아졌다는 생각이 들 때 더 이상 상담을 받지 않아도 된다고 생각한다. 그래서 내담자는 상담자에게 상담 종결 이야기를 꺼내기도 한다(〈사례 11-1〉 참조). 하지만 이때 상담자는 내담자 이야기를 듣고 바로 종결을 결정하지 않도록 한다. 내담자가 스스로 좋아졌다고 이야기한다면 상담자는 구체적으로 내담자의 변화된 부분을 확인하도록 한다. 내담자가 생각하는 변화 과정을 확인한 후 종결 과정을 갖도록 한다.

사례 11-1 잘못된 상담 종결

내담자 1: 선생님 요즘 친구들하고 너무 잘 지내고 있어요. 그래서 선생님 더 이상 상담을 하지 않아도 될 것 같아요. 선생님은 어떻게 생각하세요?

상담자 1: 그래요……. 좋아졌다니……. 그래서 상담 종결을 하고 싶은가 봐요…….

내담자 2: 네. 그러면 좋을 것 같아요. 잘 지내서 상담을 받지 않아도 될 것 같아요.

(3) 바람직한 상담 종결

내담자가 상담을 통해 문제가 해결되고 좋아졌다고 이야기하는 경우 상담자는 내담자의 보고를 구체적으로 탐색하고 파악한다. 상담자는 내담자가 좋아졌다고 보고한다면 구체적으로 어떤 부분이 좋아졌는지, 어떤 이유로 좋아진 것 같은지 파악한다(〈사례 11-2〉 참조). 내담자의 변화를 구체적으로 파악하는 이유는 내담자에게 스스로 자신의 변화와 성장을 인식할 수 있도록 하기 위함이다. 상담자가 구체적으로 내담자 변화를 확인하지 않는다면 내담자는 막연히 좋아졌다고 생각하고 상담을 종결하게 된다. 내담자에게 변화가 생긴 이유는, 첫째, 상담자의 요인이 있고, 둘째, 내담자의 요인도 있다. 상담자는 내담자가 좋아진 이유가 어떤 요인에 따른 부분인지 탐색한다. 상담자 요인으로 내담자 문제해결에 도움이 되었다고 한다면 상담자의 어떤 역량과 어떤 요인이 도움이 되었는지 점검하고, 내담자의 요인이 문제해결에 도움이 되었다면 내담자가 어떤 노력을 했는지 확인하는 과정을 갖는다.

사례 11-2 바람직한 상담 종결

상담자 1: 민희 씨가 상담을 처음 시작할 때 상담에 기대하는 바는 '친구들과 사이좋게 잘 지내고 싶다.'고 이야기했는데 기억나시나요?

내담자 1: 네. 맞아요.

상담자 2: 어려움을 점수로 표현한다면 가장 어렵고 힘든 게 10점이고, 어렵지 않고 괜찮은 게 1점이라고 한다면 상담실에 왔을 때 어려움은 몇 점이었을까요?

내담자 2: 그때는 너무 힘들어서 9점 정도였던 것 같아요.

상담자 3: 그렇군요. 그럼 지금은 친구관계의 어려움을 몇 점 정도라고 이야기할 수 있을까요?

내담자 3: 지금은 친구들하고 잘 지내고 있어서 2점 정도라고 말할 수 있어요.

상담자 4: 그렇군요. 그럼 2점으로 내려간 이유는 무엇일까요?

내담자 4: 상담을 하면서 친구들과 어떻게 지내야 하는지, 제가 고쳐야 할 점들을 알게 되었어요. 제가 조금씩 변화하니 친구들 사이가 많이 좋아졌어요.

상담자 5: 변화가 되었다니 반갑네요. 민희 씨가 고쳐야 할 점들을 알게 되었다고 했는데 어떠한 점을 알게 되었는지 궁금하네요.

내담자 5: 저는 친구들과 잘 지내고 싶은 마음만 있고, 친구들이 다가와 주기만을 기대했던 것 같아요. 친구들이 다가와 주지 않으면 저 혼자 상처받고 속상해했어요. 상담을 통해 제가 친구들에게 다가가는 방법을 알게 되었어요.

상담자 6: 맞아요. 상담을 통해 민희 씨가 친구들에게 다가가려고 많이 노력했지요. 그 노력에 대해 많은 칭찬과 격려를 해 주고 싶어요.

내담자 6: 감사합니다. 선생님이 격려해 주시니 자신감도 생기고 이제는 좀 자신 있게 할 수 있게 되었어요.

상담자 7: 민희 씨가 너무 잘하고 있는 것 같아요. 그런데 친구 사이가 구체적으로 어떻게 좋아졌는지 궁금하네요.

내담자 7: 이제는 같이 밥 먹을 친구들도 생기고 연락할 친구들도 생겼어요. 상담을 통해 제가 고쳐야 할 점들을 알게 되어 노력했더니 친구들이 생겨서 너무 좋아요.

상담자 8: 그렇군요. 민희 씨가 변화하려고 노력한 결과군요. 그럼 '친구들과 사이좋게 지내고 싶다'는 상담목표가 달성되었네요.

내담자 8: 네. 맞아요.

2) 내담자의 상담 종결 제안

내담자가 종결을 제안할 때, 상담자는 내담자의 종결 제안 이유가 현실적이고 합리적인지를 평가한다. 내담자가 상담 종결을 제안하는 경우 내담자의 개인 사정으로 인한 경우, 상담목표가 달성된 경우, 상담이 도움이 되지 않는다고 생각하는 경우 등이 있다. 예를 들어, 내담자가 개인 사정으로 이사를 가거나, 직장을 옮기거나, 유학을 가게 되어 상담을 받을 수 없는 경우가 생긴다(〈사례 11-3〉 참조). 또한 상담이 도움이 되지 않는다고 생각하는 경우 말을 안 하고 오지 않는 경우도 있지만, 조기 종결을 이야기하는 내담자도 있다. 그러므로 이런 경우 상담자는 내담자와 합의하여 종결 작업을 진행하도록 한다.

사례 11-3 내담자의 상담 종결 제안 예시

내담자 1: 선생님, 이사를 가게 되어 상담을 더 이상 받을 수 없을 것 같아요.

내담자 2: 선생님, 상담을 받으면서 제 문제가 많이 좋아진 것 같아요. 이제는 혼자서도 할 수 있을 것 같아요.

내담자 3: 선생님, 요즘은 지내는 것이 마음이 편안해요. 상담실에 처음 올 때는 마음이 너무 힘들었는데 요즘은 마음이 참 편안해서 너무 좋아요.

내담자 4: 선생님, 상담을 받기는 하는데 도움이 되지 않는 것 같아서 그만 받고 싶어요.

내담자 5: 선생님, 상담을 언제까지 받아야 할까요?

(1) 내담자가 직접적이거나 간접적으로 상담 종결 제안

내담자가 상담 종결을 제안할 때 상담자는 즉시 상담 종결을 결정하기보다는 내담자가 제안한 부분에 대해 같이 이야기를 나누며 내담자의 생각을 탐색하고 확인한다.

첫째, 내담자가 이사를 가게 되는 상황이 발생하면 상담을 지속할 수 없다. 이때 내담자가 상담 종결을 제안한 회기에 바로 상담을 종결하기보다는 내담자와 합의하여 1회기에서 3회기 정도 추가 회기를 갖고 상담 종결을 준비하도록 한다. 상담 추가 회기는 상담자가 내담자에게 상담 가능한 기간을 확인한 후 상담 종결 기간을 합의한다(〈사례 11-4〉 참조). 둘째, 내담자가 생각할 때 어려움이 해소되었다고 생각되었을 때 종결을 제안할 수 있다. 셋째, 내담자가 상담에 대한 불만으로 조기 종결을 요청할 수도 있다.

사례 11-4 내담자 상담 종결 제안 시 확인

내담자 1: 선생님, 이사를 가게 되어 더 이상 상담을 받을 수 없을 것 같아요.

상담자 1: 그렇군요. 이사는 어떻게 가시게 된 건가요?

내담자 2: 직장에서 다른 곳으로 발령을 받아서요. 다음 달에 이사를 갈 예정이에요.

상담자 2: 그렇군요. 그럼 언제까지 상담이 가능할까요?

내담자 3: 이사 갈 때까지 한 달이 남아서 세 번은 가능할 것 같아요.

상담자 3: 그렇군요. 그럼 이사 가기 전까지 세 번 정도 상담 진행 후 마무리하면 좋을 것 같은데 어떤가요?

내담자 4: 네. 가능할 것 같아요.

(2) 내담자의 긍정적 변화로 상담 종결 제안

내담자가 상담을 통해 고민하던 문제가 해결되었다고 이야기하면서 상담 종결을 제안할 수도 있다. 상담자는 내담자의 긍정적 반응을 듣고 바로 종결하지 말고, 내담자가 변화되었다고 한 부분에 대해 구체적으로 파악하도록 한다(〈사례 11-5〉 참조). 내담자가 생각할 때 어떤 부분이 좋아지고 어떤 부분이 변화되었는지 구체적으로 탐색한다. 구체적인 탐색 과정을 통해 내담자의 변화가 발견되었다면 상담자는 내담자에게 지지와 격려를 전달하고 상담 종결을 준비하도록 한다.

사례 11-5 내담자의 긍정적 변화로 상담 종결 제안

내담자 1: 선생님, 상담받기를 정말 잘한 것 같아요. 상담을 통해 고민이 많이 해결되었어요. 감사해요.

상담자 1: 그렇군요. 어떤 부분이 해결이 되었는지 궁금하네요.

내담자 2: 상담을 받으면서 이성친구랑 헤어져야 하는지 계속 만나야 하는지 고민했었는데 정리가 되었어요.

상담자 2: 쉽지 않은 결정으로 고민을 많이 했는데 정리가 되었다니 반갑네요. 어떻게 결정을 하게 되었는지 궁금하네요.

내담자 3: 선생님이랑 이야기하면서 제가 어떤 선택을 해야 하는지 알게 되었어요.

상담자 3: 그래요. 이성친구랑 어떻게 할지 계속 많은 고민을 했지요. 어떤 결정을 내리게 되었나요?

내담자 4: 상담 오기 전에는 이성친구만 이상하다고 생각했는데 상담을 통해 제 모습을 발견하게 되었어요. 제가 변화되어야 할 부분이 무엇인지도 알게 되었고요. 그래서 이성친구와 조금 더 만나면서 관계를 다시 시작하고 싶다고 생각하게 되었어요. 감사해요. 선생님 덕분이에요.

상담자 4: 그렇게 이야기해 주니 감사하네요. 하지만 상담 성과가 나온 것은 제가 한 역할보다 규원 씨가 문제를 해결하기 위해 열심히 노력한 결과라고 생각해요. 열심히 노력한 규원 씨에게 수고했다고 이야기해 주고 싶네요.

내담자 5: 그렇게 이야기해 주시니 감사하네요. 제가 정말 상담에 잘 왔다는 생각이 드네요.

상담 성과 달성 후 내담자는 일반적으로 상담자에게 감사의 인사를 전달한다. 이때 상담자는 내담자의 감사 인사를 받고 내담자에게 감사의 인사를 보내고 끝내면 안 된다. 상담자가 감사의 인사를 받고 상담을 끝내 버리면 상담 효과는 상담자의 몫으로 끝나 버린다. 상담 효과는 상담자의 역할과 내담자의 역할이 상승 효과를 가져온 결과이다. 그러므로 상담자는 감사의 인사를 내담자에게 전달한 뒤, 상담 효과를 내담자 요인으로 되돌려 주어야 한다(상담자 4). 상담자는 내담자에게 어려움을 해결하기 위해 내담자가 상담실에 와서 고군분투하며 노력한 결과 상담 효과가 달성되었음을 설명해야 한다. 상담 성과는 상담자의 요인도 있지만 내담자의 요인이 더 크고 중요하기 때문이다.

(3) 내담자의 조기 종결 제안

내담자가 상담이 도움이 되지 않는다고 느낄 때, 종결을 표현하거나 혹은 표현하지 않고 말없이 오지 않을 수 있다. 내담자가 상담을 종결하고 싶다는 마음을 갑자기 내비치면 상담자는 굉장히 당황스럽다. 내담자가 상담에 불만족을 나타낸다는 생각에 상담자는 상담 전문성에 대해 회의감과 자괴감에 빠질 수 있다. 하지만 상담이 조기 종결되는 경우 상담자의 요인과 내담자의 요인으로 나누어서 생각하도록 한다.

첫째, 내담자의 요인이 조기 종결에 영향을 줄 수 있다. 내담자가 저항과 방어로 자신을 드러내지 않거나 회피하며 상담에 잘 참여하지 않았다면 내담자의 요인도 조기 종결에 영향을 미칠 수 있다. 둘째, 상담자의 요인도 조기 종결에 영향을 줄 수 있다. 상담자는 조기 종결 시 내담자와의 상담 과정을 분석하여 상담자 반응과 상담 과정을 점검하도록 한다. 상담자는 슈퍼바이저에게 슈퍼비전을 받으며 상담 과정에 대해 살펴보며 어떤 요인이 조기 종결을 유발하였는지 찾도록 한다.

내담자가 조기 종결을 제안하더라도 상담자는 바로 종결하지 않고 내담자에게 추후 한 회기 상담을 진행하자고 제안한다(〈사례 11-6〉 참조). 상담자는 진행된 상담과정을 정리하여 마지막 회기에서 내담자와 상담 효과, 상담 방향, 상담 불만족에 대한 이야기를 진솔하게 다룬다. 만약 내담자가 바로 그 회기에 종결을 원한다면 어쩔 수 없이 마지막 종결 회기로 진행하도록 한다. 이때 상담자는 내담자의 조기 종결 제안에 위축되어 내담자에게 점검해야 될 사항을 확인하지 못하고 성급하게 종결하게 될 수 있으니 주의하도록 한다. 또한 상담자는 내담자의 불만사항에 초점을 두기보다는 내담자 변화나 성장에 대해 피드백을 전달한다(상담자 3). 내담자 입장에서는 자신이 원하는 성과를 얻지 못해 상담 효과를 인식하지 못할 수 있다. 이때 상담자는 상담 과정 중 발견된 내담자 변화나 내담자 성장 등을 내담자에게 전달하도록 한다. 상담자의 피드백 과정은 내담자에게 생각한 것과 달리 상담이 의미 있는 과정이었음을 인식할 수 있게 한다(내담자 5). 마지막으로, 내담자에게 발견된 미해결 과제가 있다면 앞으로 기회가 될 때 상담을 통해 다루어 볼 수 있도록 전달한다(상담자 5).

사례 11-6 조기종결에 대한 제안

내담자 1: 선생님…… 상담을 받고는 있는데 저에게 도움이 되지 않는 것 같아서 그만 받고 싶어요.

상담자 1: 어떤 부분이 도움이 되지 않은 것 같은지요?

내담자 2: 제가 고민하는 친구관계에 대해 도움이 되지 않는 것 같아요.

상담자 2: 친구하고 관계가 회복되지 않아서 많이 힘들지요.

내담자 3: 네. 그 친구도 전혀 변화하지 않아서 저도 변화하고 싶지 않아요.

상담자 3: 그래요. 그 마음이 이해가 돼요. 상담이 친구관계 회복에 도움이 되지 않았다고 했지만 상담 시간에 희성 씨의 변화된 모습을 발견했어요. 희성 씨가 친구에게 먼저 다가가서 말도 걸고 도와주려고 노력하는 모습을 발견했어요. 이런 모습은 상담을 통해 변화된 모습이라고 생각돼요.

내담자 4: 네. 맞아요. 그런 모습이 변화되었어요.

상담자 4: 희성 씨의 변화된 모습은 상담의 성과인 것 같아요.

내담자 5: 맞아요. 그런 것 같네요. 제가 조금은 변화한 것 같네요. 생각해 보니 친구관계가 짠 하고 회복되지는 않았지만, 제가 변화하니 제가 변화했다는 걸 알게 되었어요.

상담자 5: 오늘 상담 종결을 제안하였는데 오늘 종결하기보다는 1회기 정도 더 진행 후 상담을 마무리하면 좋을 것 같은데요. 엄마와 고민하던 부분도 다음에 다루고 정리하면 좋을 것 같아요.

내담자 6: 네. 그렇게 하는 게 좋을 것 같네요.

(4) 상담 종결 시 내담자에 대한 지지와 격려

내담자는 상담을 통한 자신의 변화와 성장에 대해 상담자에게 감사를 표현하며 상담자 덕분이라고 표현한다(상담자 3; 〈사례 11-7〉 참조). 상담자 입장에서 내담자에게 감사 인사를 받으면 상담자로서 보람을 느낀다. 이때 상담자는 내담자의 감사 인사를 받은 후 지금-여기에서 상담자가 느끼는 고마움과 보람을 내담자에게 전달한다(상담자 4). 상담자는 내담자가 표현한 마음을 감사하게 받고 끝내는 것이 아니라, 내담자가 상담에 와서 문제를 해결하기 위해 애쓰고 노력한 부분을 구체적으로 피드백하며 내담자의 노력에 격려와 지지를 전달한다(상담자 5). 내담자는 상담자에게 받는 지지와 격려를 통해 자신의 변화와 성장에 대한 확신을 가질 수 있고, 상담 종결 후 상담자 없이 혼자 문제를 해결해야 하는 상황에서 자신감을 가질 수 있다.

사례 11-7 종결 시 내담자에 대한 지지와 격려

내담자 1: 선생님, 요즘은 지내는 것이 마음이 편안해요. 상담실에 처음 올 때는 마음이 너무 힘들었는데 요즘은 마음이 참 편안해서 너무 좋아요.

상담자 1: 어떻게 달라진 것 같나요?

내담자 2: 상담 처음에는 마음이 불편하고 긴장되어 너무 힘들었는데 지금은 마음이 너무 편해요.

상담자 2: 상담을 통해 마음의 변화가 있었네요. 상담을 통해 기대하는 바도 마음이 편해졌으면 좋겠다고 했는데요. 마음이 변화한 이유는 무엇 때문일까요?

내담자 3: 상담에 와서 내 이야기를 하고 선생님께서 제 이야기를 잘 들어 주셔서 자신감이 생긴 것 같아요. 이제는 어떤 어려운 상황이 와도 제가 긴장하지 않고 잘 대처할 수 있을 것 같아요. 모두 선생님 덕분이에요. 선생님이 제 이야기를 잘 들어 주셔서 그런 것 같아요.

상담자 3: 그렇게 이야기해 주니 고맙네요. 상담에서 어떤 점이 희성 씨에게 도움이 되었을까요?

내담자 4: 선생님은 제가 이야기를 편안하게 할 수 있도록 제 이야기를 잘 들어 주셨어요. 그래서 많은 힘이 되었고 제가 고민하는 부분을 같이 고민해 주셨어요. 다 선생님 덕분이에요.

상담자 4: 상담이 많은 도움이 되었다니 고맙고 기쁘네요. 하지만 희성 씨의 변화, 성장은 제가 한 것이 아니라 희성 씨가 노력한 결과라고 생각해요. 희성 씨가 상담에 와서 고민하며 해결하려고 노력한 결과 긍정적인 변화가 이루어졌다고 생각해요. 희성 씨는 어떤 노력을 한 것 같나요?

내담자 5: 글쎄요……. 매주 상담하면서 깨달은 부분을 계속 기억하려고 했어요. 저도 괜찮은 사람이고 잘하고 있다는 생각이 들어서 그 부분을 계속 생각했어요. 그렇게 하다 보니 자신감이 생긴 것 같아요.

상담자 5: 맞아요. 희성 씨가 노력한 부분이 보이더라고요. 변화하기 위해 열심히 노력한 희성 씨에게 잘했다고 격려해 주고 싶네요.

내담자 6: 네. 감사합니다.

3) 상담자의 종결 권유

(1) 상담목표 성취 시 종결 권유

상담 종결은 상담목표가 달성되었을 때 진행할 수 있다. 하지만 내담자는 상담목표의 달성 여부를 정확히 알 수 없다. 그러므로 상담자는 상담목표를 점검하며 달성 여부를 확인하고 내담자의 변화가 발견된다면 내담자에게 상담 종결을 권유할 수 있다. 〈사례 11-8〉의 내담자는 친구 사귀기가 어려워서 상담실에 찾아왔고 친구가 없어서 매번 상담실에 일찍 와서 기다리는 내담자였다. 어느 날, 이 내담자가 친구와 이야기하다가 상담실에 늦게 왔다고 이야기한다면 이제 상담 종결을 생각해 볼 시점이다(상담자 2, 상담자 4).

사례 11-8 상담목표 성취 확인

상담자 1: 상담실에 항상 일찍 와서 기다리고 했는데 오늘은 상담에 10분 지각을 했네요. 무슨 일이 있었을까요?

내담자 1: 죄송해요. 예전에는 갈 때도 없고 만날 사람도 없어서 상담실에 일찍 와서 기다렸는데 오늘은 친구들하고 이야기하다가 그만 지각해 버렸네요.

상담자 2: 그랬군요. 친구들과 놀다가 늦었다는 이야기는 지금 친구들과 잘 지내고 있다는 이야기로 들려요. 처음에 상담을 신청한 이유가 친구가 없어서 친구들을 사귀고 싶다고 했는데 그럼 지금 친구들을 사귄 거네요?

내담자 2: 네. 맞아요. 언제부터인지 친구들이 생겨서 친구들과 함께하는 시간이 생겼어요.

상담자 3: 기쁜 소식이네요. 상담 초기에 상담에서 원하는 바는 '친구들과 잘 지내고 싶다'였는데 지금 어떤 것 같나요?

내담자 3: 지금 친구들과 잘 지내고 있어요. 상담에서 고민하던 문제가 이루어진 것 같아요. 상담을 받으면서 어느 순간 친구들과 잘 지내게 되었어요.

상담자 4: 친구들과 잘 지내게 되었다니 반가운 이야기네요. 그럼 수지 씨가 원하던 상담목표가 달성되었네요.

내담자 4: 네. 그렇게 되었어요.

상담자 5: 그럼 이제 상담 종결 준비를 해도 될 것 같은데 어떠세요?

내담자 5: 제가 상담에서 고민하던 문제가 이루어져서 너무 기뻐요. 선생님과 헤어지는 것은 아쉽지만 친구관계가 좋아져서 상담을 그만해도 될 것 같아요.

상담자 6: 그럼 다음 주까지 상담을 진행하고 마무리하도록 하면 어떨까요?

내담자 6: 네. 좋아요.

(2) 불성실한 내담자에게 조기 종결 제안

내담자가 상담 과정 중에 연락 없이 자주 결석하거나 반복적으로 지각하는 경우 상담자는 내담자가 상담 의지가 없다고 판단하여 종결을 권유할 수 있다. 내담자가 연락 없이 결석하거나 반복적으로 지각하는 경우 상담자가 계속 기다리기에는 너무 지쳐 소진될 수 있다. 지각과 결석이 발생하면 상담자는 재구조화를 통해 내담자에게 하루 전날까지 상담자에게 연락해야 한다고 설명한다. 상담자가 재구조화를 했음에도 지각과 결석이 반복된다면 상담자는 상담 종결을 권유한다.

무료로 상담을 진행하는 기관일 경우 연락 없이 안 오는 내담자들이 많다. 내담자들은 상담에 대한 동기도 높지 않고, 비용에 대한 부담도 없기 때문에 재구조화를 해도 반복적으로 결석을 하기도 한다. 내담자들이 연락 없이 몇 번 결석을 하게 되면 상담자는 소진이 높아지게 되어 다른 내담자들과의 상담에도 부정적인 영향을 주게 된다. 이럴 경우 상담자는 내담자에게 조기 종결을 제안할 수 있다(〈사례 11-9〉 참조).

사례 11-9 불성실한 내담자에게 조기 종결 제안

상담자 1: 여러 번 지각하고 여러 번 결석하고 있는데 특별한 이유가 있을까요?

내담자 1: ……. 특별한 이유는 없는데요…….

상담자 2: 승원 씨가 상담받고 싶은 마음이 있는지 궁금하네요.

내담자 2: …….

상담자 3: 상담에 대한 동기가 많이 없는 것 같아요.

내담자 3: ……. 네……. 그런 부분이 좀 있는 것 같아요.

상담자 4: 이렇게 상담을 진행하는 건 승원 씨에게 도움이 안 될 것 같아요.

내담자 4: 네…….

상담자 5: 그렇다면 상담을 종결하는 부분에 대해 어떻게 생각하나요?

내담자 5: ……. 상담을 종결하면 좋을 것 같아요…….

상담자 6: 그래요. 오늘 상담을 종결하기로 하고요. 나중에 상담이 필요하다고 생각하면 다시 신청하는 게 좋을 것 같아요.

내담자 6: 네. 그렇게 할게요.

4) 상담기관의 상담 기간 한계에 따른 상담 종결

상담기관에 따라 유로 상담과 무료 상담으로 진행된다. 유료 상담기관은 내담자가 상담비용을 지불하며 상담을 진행한다. 무료 상담기관은 한 내담자에게만 무료 서비스를 제공할 수 없으므로 내담자가 제공받을 수 있는 무료상담 회기가 정해져 있다. 상담기관에 따라 내담자와의 무료 상담이 5회기까지 가능하거나 혹은 10회기까지 가능할 수 있다.

(1) 상담기관의 한계에 따른 상담 종결

상담자는 상담 초기의 상담 구조화 과정에서 내담자에게 무료상담 회기에 대해 안내한다. 하지만 내담자는 상담자의 설명을 잊어버릴 수 있다. 그러므로 상담자는 내담자에게 상담 종결 3~4회기 전에 상담 종결 과정에 대해 설명하고 내담자가 종결에 대해 마음의 준비를 할 수 있게 한다(〈사례 11-10〉 참조). 상담자는 내담자에게 갑자기 상담 종결을 통보하지 않도록 한다.

사례 11-10 상담 종결 회기 설명

상담자 1: 지금 6회기 상담을 진행하고 있는데요. 저희 상담기관은 무료 상담기관이라 10회기까지만 무료 상담을 제공하고 있습니다. 상담 초기 때 말씀드렸는데 기억하고 계시는지요?

내담자 1: 아……. 그때 말씀하신 것 같기는 한데 잊어버리고 있었어요.

상담자 2: 그러셨군요. 앞으로 네 번의 상담이 남았습니다.

내담자 2: 네. 알겠습니다.

상담자 3: 남은 네 번의 상담을 진행한 후 종결하도록 하겠습니다. 상담 종결 전에 알고 계셔야 해서 말씀드립니다.

내담자 3: 네. 알겠습니다.

(2) 내담자의 무료 상담 연장 요청

상담자는 종결시점 3~4주 전에 내담자에게 상담 종결에 대해 안내하여 내담자도 종결을 준비할 수 있도록 한다. 내담자에 따라 무료 상담 진행 시 상담 연장을 요청하는 경우도 있다(〈사례 11-11〉 참조). 이럴 경우 상담자는 혼자 결정하기보다 상담기관의 내부 회의를 통해 결정해야 한다. 상담자는 내담자에게 상담기관의 내부 회의 후 알려 주겠다고 설명한 다음 상담기관 담당자들과 회의 진행 후 내담자에게 결과를 전달한다. 상담기관 회의는 내담자의 호소 문제에 따라 상담 연장 여부를 논의한 후 결정한다. 상담기관의 상황에 따라 상담 연장이 가능할 수도 있고, 어려울 수도 있다.

사례 11-11 내담자의 상담 연장 요청

상담자 1: 저희 기관은 무료 상담기관이라 상담을 10회기까지만 제공하고 있습니다. 상담 초기 때 말씀드렸는데 기억하고 계시는지요?

내담자 1: 네. 기억하고 있어요.

상담자 2: 지금 상담이 7회기라서 앞으로 3회기 후면 종결을 해야 할 것 같습니다. 상담 종결을 하려면 내담자분이 미리 알고 계셔야 해서 알려 드려요.

내담자 2: 네. 알고는 있는데요. 저…… 상담을 조금 더 받고 싶은데 가능할지요? 제가 현재 고민하는 문제에 대해 상담을 더 받고 싶어서요.

상담자 3: 그러시군요. 상담을 더 받고 싶은 그 마음 이해가 됩니다. 상담 연장을 저 혼자 결정하기는 어려워서요. 담당자들과 회의를 통해서 결정할 부분이라 논의한 후에 다음 주에 말씀드리도록 하겠습니다.

내담자 3: 네. 알겠습니다.

상담자 4: 혹시 내부 회의 후 상담 연장이 어렵게 되면 다른 상담기관을 소개해 드리도록 하겠습니다.

내담자 4: 네.

5) 지연된 종결

지연된 종결이란 상담목표에 도달해서 상담을 종결한 시점에 도달했음에도 상담 관계 마무리를 거부하며 더 연장하고자 하는 경우이다. 상담 종결 지연의 원인은 내담자에게서도 나타날 수 있고, 상담자에게서도 나타날 수 있고, 상담자와 내담자 간의 상호 관계에서도 나타날 수 있다(이규미, 2017).

첫째, 내담자가 상담 종결을 지연하는 경우이다. 내담자는 그동안 상담자가 자신의 지지자로 심리적인 위로와 위안을 받았기에 상담자와 이별하는 것을 두려워하여 상담 종결을 미루고자 한다. 어떤 내담자는 상담이 더 필요하다는 것을 증명하기 위해 자신의 나약함을 과장하거나, 처음에 제시된 문제를 재발시키기도 한다. 상담자는 상담 초기 내담자와 합의된 상담목표가 성취되어 종결을 제안하면, 내담자는 새로운 문제를 제시하여 상담을 더 받아야 한다고 이야기한다. 이때 상담자는 내담자의 이별에 대한 두려움으로 종결을 피하고 있음을 이해하고 이에 맞게 접근한다. 만약 상담자가 생각할 때 내담자가 상담 종결 지연이 아니라 실제로 새로운 문제가 발생하여 상담 연장을 요구한다면 상담자는 새로운 문제를 상담목표로 설정하여 상담을 진행한다. 상담목표 달성 후 상담자는 상담 종결을 다시 제안하며 종결 작업을 진행한다. 반복적으로 내담자가 상담 종결에 대한 지연을 나타낸다면 상담자는 내담자의 이별에 대한 불안한 마음을 이해하면서 이 문제를 진솔하게 개방하여 다루어 볼 수도 있다. 내담자는 이전에 이별에 대한 상처나 트라우마의 경험이 있었다면 이별에 대한 어려움을 나타낼 수 있다.

둘째, 상담자가 상담 종결을 지연하는 경우이다. 상담자는 상담을 진행하면서 매 회기 자기성찰 과정을 가져야 한다. 상담 과정을 통해 상담자는 어떤 역할을 하고 있으며 상담자의 어떤 욕구를 충족하고자 하는지 점검해야 한다. 혹시 상담자는 말을 잘 듣는 내담자를 통해 내담자를 통제하고 내담자에게 중요한 존재이고 싶은 힘의 욕구를 충족하고자 하는 것은 아닌지, 내담자에게 훌륭한 상담자라는 인정을 받고 싶은 인정 욕구를 충족하고자 하는 것은 아닌지 점검한다. 상담자가 이러한 욕구를 충족하기 원한다면 자신의 욕구를 채워 주는 내담자를 만났을 때 헤어지고 싶지 않은 마음이 클 수 있다. 상담자가 내담자와의 종결 과정에서 혹시 이별을 하고 싶지 않다면 어떤 이유 때문인지 끊임없는 자기성찰 과정을 가져야 한다. 상담자가 상담을 계속 진행하며 종결을 지연시켜서 독립해야 할 내담자가 성숙할 수 있는 기회를 차단하는 것은 바람직하지 않다.

셋째, 상담자와 내담자 간의 상호작용 관계에서 지연하는 경우이다. 상담자와 내담자가 모두 의존적인 경우 서로의 이별을 받아들이기 어렵다. 상호 의존적인 경우 내담자와 상담자는 이별을 받아들이기 어렵기 때문에 상담을 계속 진행하려고 한다. 이럴 경우 상담자는 지연된 상담 종결에 대한 부분을 인식하는 자기성찰과 자기분석 과정이 요구된다.

6) 이별 감정 다루기

내담자들은 상담 과정에서 자신의 고민과 어려움을 들어 주는 상담자에게 심리적으로 많이 의지하게 된다. 내담자 입장에서 볼 때 상담자는 자신의 아픔과 고통을 들어 주었기에 믿고 의지할 수 있는 존재이다. 자신의 고민과 어려움을 상담자에게 표현했던 내담자들은 상담자와 이별하게 되는 경우 상처를 받거나 심리적으로 힘들어할 수 있다. 특히 사람과의 관계에서 상처받았던 내담자는 상담자가 종결을 제안하면 깊은 상처를 받을 수 있다. 이럴 경우 상담자는 내담자와 함께 작업하면서 느꼈던 동반자로서 함께했던 순간들을 회상한다. 상담자는 내담자와 함께하면서 느꼈던 감정, 내담자에게 느꼈던 감정, 내담자에게 발견된 강점, 내담자가 노력한 부분, 내담자가 성장한 부분을 전달하고 내담자의 소감을 듣도록 한다. 이별 감정 다루기는 종결 작업에서 필요한 과정이다.

2. 상담 결과 평가

1) 상담 결과의 긍정적 평가

상담 평가는 상담 과정을 통해 내담자와 합의한 상담목표가 달성되었는지를 파악한다.

첫째, 상담목표 달성은 상담 초기 상담자와 내담자가 합의한 상담목표가 현 시점에서 얼마나 성취되었는지를 확인한다. 상담목표 달성 여부를 확인하기 위해 상담자는 내담자에게 상담 초기의 호소 문제를 확인한 후, 현재 상담 초기 호소 문제의 어려움 정도를 확인한다. 내담자가 상담 초기의 호소 문제 어려움 정도와 현재 시점에서 호소 문제의 어려움 정도를 비교하고 얼마만큼 경감되었는지를 확인하며 긍정적인 변화를 점검한다.

둘째, 상담자는 상담 과정 중에 발견한 내담자의 변화와 성장에 관련하여 초점을 맞추어 평가한다. 상담자는 내담자에게 질문을 통해 변화와 성장을 점검하게 한다. 내담자가 자신의 변화와 성장을 점검하고 표현하게 하며, 상담자는 발견한 내담자의 변화와 성장을 전달한다. 이러한 과정을 통해 상담자와 내담자는 긍정적인 상담 결과를 점검하고 평가한다.

2) 상담 결과의 부정적 평가

상담자가 내담자와의 상담관계를 잘 진행하기 위해 노력하더라도 부정적 결과가 발생할 수 있다. 실제로 몇몇 연구는 상담 및 심리치료 중 5~10% 정도에서 부정적 결과가 나타난다고 보고하고 있다(Garfield, 1995). 상담자는 상담 종결 시 예상 외로 부정적 결과가 발생하면 당황스러워 빨리 끝내고 싶은 마음이 생기지만, 어떤 요인 때문에 부정적 결과가 발생했는지 점검하는 과정도 중요하다. 상담에서 부정적 결과가 발생한 이유는 '비밀누설, 전문성 결여' 등이라고 볼 수 있다.

(1) 부적응 행동 발생

상담 과정에서 상담자는 내담자의 행동 변화를 위해 역할연습을 진행한다. 상담상황에서 역할연습은 내담자에게 자신감을 제공하는 긍정적인 측면이 있다. 하지만 내담자가 준비되지 않은 상태에서 상담자가 역할연습을 밀어붙이면 내담자에게 부적응 행동이 발생할 수 있다. 상담자가 역할연습을 통해 내담자에게 실생활에서 행동화를 하도록 강요하면 내담자는 주변 사람들과 갈등이 발생할 수 있다. 혹은 내담자가 상담 이전에는 의식화되지 않았던 화나 분노가 상담을 받으면서 의식으로 떠올라 화난 당사자에게 표출되어 갈등이 발생할 수도 있다. 내담자는 이러한 부적응 행동 발생 후 자신의 행동에 대해 후회하고 힘들어하며 상담에 오지 않고 종결을 할 수 있다.

(2) 전문성 결여

상담자는 상담 전문 역량을 향상시키기 위해 꾸준히 노력해야 한다. 상담자는 끊임없이 성장하기 위해 노력하는 자세가 필요하다. 상담자는 자신의 성장을 위하여 분석을 받고 상담 사례 슈퍼비전을 받으며 상담을 진행해야 한다. 하지만 상담자가 너무 바쁘고 분주하여 자기성장을 위한 노력을 못하고, 상담 슈퍼비전 없이 상담을 진행하게 되면 상담자의 전문성이 향상되지 못하게 된다. 상담 전문성이 결여되어 상담자의 능력이 갖추어지지 않으면 상담에서 부정적 결과가 발생한다.

또한 상담자가 내담자에 대한 잘못된 이해에 기초하여 사례개념화를 잘못하게 되면 내담자는 상담자에게 이해받지 못하고 상처를 받게 된다. 힘들게 상담실에 찾아온 내담자가 전문성을 갖추지 못한 상담자를 만난다면 상처를 받고 종결을 맞이하게 된다. 예를 들어, 상담자가 비행청소년인 내담자를 사례개념화에 기초하지 않고 비행청소년의 행동이 잘못되었다는 견해로 내담자의 행동을 수정하려고만 한다면 내담자는 상처를 받고 상담자는 상담 진행에 어려움을 느낀다.

상담자가 심리검사에 대한 전문성을 갖추지 않고 심리검사 해석을 진행하게 되면 내담자는 자신에 대해 잘못된 정보와 해석을 받게 된다. 이럴 경우 내담자는 잘못된 정보와 해석으로 자신을 잘못 인식하거나 상담자의 해석에 대해 의구심을 갖고 상담자의 전문성을 신뢰하지 못한다.

3) 상담 평가 방법

(1) 요약하기

상담 종결 과정 시 상담자는 상담 과정을 요약하도록 한다. 상담목표와 상담목표 달성 여부, 내담자의 의미 있는 변화와 성장 부분, 내담자 문제해결 사항에 대해 상담자가 요약을 해 준다. 상담자는 내담자에게 요약을 해 주고 끝나는 것이 아니라 상담자 요약이 내담자에게 어떻게 인식되는지 질문한 후 내담자 이야기를 듣도록 한다. 혹은 내담자에게 상담 과정이 어떠했는지 요약해 보도록 한다. 상담자는 내담자 요약 반응을 들으며 내담자가 무엇을 느꼈고 무엇을 생각하고 있는지를 확인한다. 상담자는 내담자 이야기를 듣고 내담자 변화와 성장에 대해 지지와 격려 반응을 해 주도록 한다.

(2) 질문하기

상담자는 내담자가 자신의 상담 초기 모습, 상담 종결 시의 모습, 변화와 성장의 모습에 대해 생각해 볼 수 있도록 다음과 같은 질문을 한다.

- "상담에 처음 왔을 때 어떤 모습이었는지 생각나시나요?"
- "지금은 어떤 모습인가요?"
- "어떤 점이 달라진 것 같은가요?"
- "달라진 이유는 무엇인가요?"
- "어떤 노력을 많이 했나요?"
- "상담을 받으면서 힘든 점은 무엇이었을까요?"
- "힘들었음에도 계속 상담을 받은 이유는 무엇인가요?"
- "변화된 자신에게 한마디해 준다면 뭐라고 해 줄 수 있나요?"

(3) 소감 말하기

상담자는 상담 종결 평가를 위해서 내담자에게 상담 소감을 이야기하도록 요청한다. 내담자가 상담에 참여하면서 느낀 소감 및 생각에 대해 자유롭게 이야기하도록 한다. 상담자는 내담자의 이야기를 들으면서 내담자가 상담을 통해 무엇을 느끼고 무엇을 깨달았는지 확인하고, 자신의 변화와 성장에 대해 정확하게 알고 있는지 점검한다. 만약 내담자가 자신의 변화와 성장을 발견하지 못한 부분이 있다면 상담자가 발견한 부분을 내담자에게 피드백해 준다.

- "상담을 마무리하면서 무엇을 느꼈는지 궁금하네요."
- "상담을 정리하면서 어떤 생각이 드셨는지요."
- "상담에 대한 소감을 듣고 싶네요."

(4) 상담 성과 요인 확인

상담 종결 과정 평가를 하면서 상담 성과 요인을 확인한다. 상담 종결 시 상담 성과가 나타난 이유는 상담자의 요인과 내담자의 요인 두 가지로 나누어 볼 수 있다.

첫째, 상담자의 요인으로 긍정적 상담 성과가 나타났다면, 상담자는 상담에서 상담자의 어떤 요인으로 인해 상담의 긍정적 성과가 나타났는지 분석해 보도록 한다. 상담자가 공감을 잘해서인지, 반영을 잘한 건지, 요약을 잘한 건지, 내담자 마음을 편안하게 해 준 이유인지 등 다양한 요인이 있다. 상담자는 상담의 성과가 긍정적일 때 상담자의 전문적인 역량이 어떻게 발휘되었는지 분석하고 확인하도록 한다.

둘째, 내담자의 요인으로 긍정적 상담 성과가 나타났다면, 상담자는 혼자만 알고 있는 것이 아니라 내담자가 기여한 부분을 인식할 수 있도록 한다. 상담자는 내담자에게 상담 과정 중에 자신의 문제를 해결하기 위해 어떻게 노력하였는지 내담자가 스스로 생각해 보는 기회를 제공한다(상담자 1; 〈사례 11-12〉 참조). 상담자는 내담자에게 질문을 통해 내담자가 스스로 생각해서 찾아보도록 한다. 내담자가 찾은 부분을 경청한 후 내담자 노력에 대해 긍정적인 피드백을 전달한다.

사례 11-12 내담자 노력에 대한 피드백

상담자 1: 상담에서 긍정적 성과가 나온 것은 철민 씨가 노력한 부분이 분명히 있다는 생각이 들어요. 어떤 노력을 기울인 것 같나요?

내담자 1: 매주 선생님과 상담한 내용을 생각해 보면서 제 마음을 들여다보게 되었어요. 스스로 변화하려고 노력했어요.

상담자 2: 그렇게 철민 씨가 끊임없이 노력한 결과 상담의 성과가 좋아졌다고 생각이 드네요. 어떻게 생각하세요?

내담자 2: 그렇게 이야기해 주시니 감사하고 정말 제가 잘했다는 생각이 드네요.

3. 상담 마무리

1) 종결 불안 다루기

내담자들은 호소 문제가 해결되고 상담목표가 달성되어 상담이 종결되는 시점에 만족감을 느끼기도 하지만 상담자와 이별하는 부분에 대해 불안감을 느낀다. 내담자에 따라 상담 종결에 대해 과도하게 예민하거나 불안을 드러내는 경우도 있다. 내담자는 상담 종결 후 상담자 없이 혼자서 문제를 해결해 나갈 수 있을지에 대해 두려움을 느낀다. 내담자가 종결에 대해 불안함을 느낄 수 있으므로 상담자는 종결 준비 기간을 충분히 제공한다. 내담자가 종결 시점에서 상담자와의 이별에 대해 불안감을 느낀다면 충분히 그럴 수 있음을 상담자는 반영해 준다. 상담자는 상담 과정 중 내담자에게 발견된 강점과 긍정적인 측면을 찾아 내담자에게 피드백을 한다. 내담자는 상담자가 제공한 피드백을 통해 자신에 대한 확신과 자신감을 갖게 되어 상담 종결을 잘 받아들일 수 있다(〈사례 11-13〉 참조).

사례 11-13 종결 불안 다루기

내담자 1: 상담 종결을 한다고 하니 마음이 좀 불안해지는 것 같아요.

상담자 1: 그렇군요. 어떤 부분이 걱정되어 불안한지요?

내담자 2: 항상 선생님과 같이 고민을 이야기했는데 이제 이야기할 대상도 없고, 저 혼자 잘해 낼 수 있을지도 걱정이 돼요.

상담자 2: 그런 마음이 들 수 있지요. 상담 종결 후에 혼자하려니 불안한 마음이 들 거예요. 하지만 상담 기간에 철민 씨는 문제를 해결하기 위해 애쓰고 생각한 바를 표현하려고 노력하며 많은 변화를 했다고 생각해요. 자신이 변화한 모습에 대해 어떻게 생각하나요?

내담자 3: 변화한 내 모습에 대해 뿌듯함도 있어요.

상담자 3: 뿌듯함을 느낀다니 반갑네요. 철민 씨가 노력한 부분, 변화한 부분을 잘 기억하면 좋을 것 같아요. 상담 종결을 해도 혼자서도 잘 해결할 수 있을 것 같아요.

내담자 4: 선생님께서 그렇게 이야기해 주시니 혼자해 볼 수 있을 거라는 생각이 드네요.

2) 종결 감정 다루기

내담자는 상담 종결 과정이 되면 호소 문제가 해결되었다는 만족감을 느끼기도 하지만 상담자와 헤어져야 한다는 아쉬움을 느낀다. 상담자와 더 관계를 맺고 의존하고 싶은 마음이 들기도 한다. 내담자는 이제껏 자신의 고민과 마음에 감추어 둔 이야기를 상담자에게 허심탄회하게 했는데 앞으로 이야기할 대상이 없어진다는 부분에 대한 상실감도 느낀다.

상담자도 상담에 성실하게 참여한 내담자라면 떠나보내기가 쉽지 않다. 상담자도 상담에 성실하게 참여한 내담자와의 이별에 아쉬움을 느낀다. 성숙한 상담자라면 내담자와 이별에 대해 상담자의 아쉬운 감정을 솔직하게 개방하고 내담자에게 전달한다. 내담자도 상담 과정에 대한 아쉬움, 상담자에 대한 아쉬움을 표현할 수 있도록 한다(〈사례 11-14〉 참조). 성숙한 이별이란 허전함이나 아쉬움을 느낌에도 불구하고 내담자가 상담자를 떠나 독립성을 발휘할 수 있도록 축복해 주는 과정이다. 상담자와 내담자가 아쉬움을 뒤로한 채 작별인사를 나누며 이별하도록 한다.

사례 11-14 종결 감정 다루기

내담자 1: 상담을 종결하려니 너무 아쉬운 것 같아요.

상담자 1: 충분히 그런 마음이 들 거예요. 저도 철민 씨와 상담을 종결하려니 아쉽네요. 철민 씨는 상담에서 자신의 문제를 해결하기 위해 많은 고민을 하고 노력을 해서 많이 성장했다고 보여요. 상담자인 저 또한 철민 씨를 만나는 시간이 의미 있었고 상담자로 성장하는 기회여서 고마운 마음이 들어요. 이별이 많이 서운하기는 하지만, 이제는 상담자 없이도 철민 씨가 잘할 수 있으리라는 확신이 들어서 상담을 종결하고자 합니다. 상담을 통해 발견한 자신에 대한 확신을 기억하면서 잘 지내기를 바랍니다.

내담자 2: 네. 감사합니다. 저도 많이 아쉽지만 선생님께서 용기를 주시니 저 혼자서 할 수 있다는 자신감이 생기네요. 감사합니다.

3) 추수상담

내담자가 상담 종결에 대해 불안감을 많이 느낀다면 추수상담(follow-up counseling) 일정을 계획하도록 한다. 상담자는 내담자가 일상생활에서 잘 적응할 수 있도록 돕고, 내담자의 행동 변화가 지속될 수 있도록 돕기 위해 상담 종결 후에도 상담을 진행할 수 있다. 상담자는 내담자를 상담 종결 후 2주에 한 번씩 만나거나 4주에 한 번씩 만나면서 서서히 종결을 준비한다. 상담 종결 후 불안감을 느끼거나 관심이 필요한 내담자라면 상담자는 추수상담을 제안할 수 있다.

생각해 보기

1. 상담 종결 과정은 어떻게 해야 하나요?
2. 상담 종결 과정에서 상담자의 역할은 무엇이라고 생각하나요?

상담실습

1. 상담자와 내담자는 1:1 역할을 맡는다. 다음과 같은 이유로 내담자가 상담 종결을 제안할 때 상담자 반응을 연습한다. 상담자와 내담자 역할을 진행 후 소감을 이야기한다. 상담자 내담자 역할을 바꾸어 다시 진행 후 소감을 나눈다.

1) 상담목표가 달성되어 내담자가 종결을 제안할 때 상담자의 반응을 적어 보세요.

- 내담자: ______________________________
- 상담자: ______________________________
- 내담자: ______________________________
- 상담자: ______________________________

2) 내담자가 상담에 불만이 있어 종결을 제안할 때 상담자의 반응을 적어 보세요.

- 내담자: ______________________________
- 상담자: ______________________________
- 내담자: ______________________________
- 상담자: ______________________________

3) 모든 성과는 상담자 덕분이라고 이야기하며 내담자가 종결을 제안할 때 상담자의 반응을 적어 보세요.

- 내담자: ____________________
- 상담자: ____________________
- 내담자: ____________________
- 상담자: ____________________

4) 내담자가 지각과 결석을 빈번하게 하여 상담자가 종결을 제안할 때 상담자의 반응을 적어 보세요.

- 내담자: ____________________
- 상담자: ____________________
- 내담자: ____________________
- 상담자: ____________________

2. 내담자는 상담자와 20회기 이상 상담을 진행한 후 상담 종결을 하게 될 때, 내담자의 마음이 어떨지 함께 이야기해 보세요.

3. 만약 상담자가 상담 종결을 지연한다면 어떤 이유 때문일지 생각해 보세요.

4. 상담 종결 과정에서 내담자에게 발견된 강점, 긍정적인 변화, 긍정적인 노력, 변화하기 위한 노력 등을 전달해 보세요. 상담자의 긍정적인 피드백이 내담자에게는 어떻게 느껴지고 인식되는지 이야기해 보세요. 상담자는 내담자를 관찰하고 피드백하면서 어려운 점은 무엇인지 이야기해 보세요.

참고문헌

강진령(2016). 상담연습: 치료적 의사소통 기술. 서울: 학지사.

고기홍(2014). 통합적 자기관리 모형을 통한 개인상담. 서울: 학지사.

김계현(2002). 카운슬링의 실제. 서울: 학지사.

김환, 이장호(2006). 상담면접의 기초: 마음을 변화시키는 대화. 서울: 학지사.

노안영, 송현종(2006). 상담실습자를 위한 상담의 원리와 기술. 서울: 학지사.

신경진(2010). 상담의 과정과 대화기법. 서울: 학지사.

이규미(2017). 상담의 실제: 과정과 기법. 서울: 학지사.

이명우(2017). 효과적인 상담을 위한 사례개념화의 실제: 통합적 사례개념화 모형. 서울: 학지사.

이명우, 박정임, 이문희, 임영선(2005). 사례개념화 교육을 위한 상담전문가의 경험적 지식 탐색 연구. 한국심리학회지: 상담 및 심리치료, 17(2), 277-296.

이무석(2008). 정신분석에로의 초대: 마음속에 숨겨진 나를 찾아 떠나는 여행. 서울: 이유.

이장호(2014). 상담심리학(5판). 서울: 박영사.

이장호, 금명자(2014). 상담연습 교본(4판). 서울: 법문사.

정문자, 정혜정, 이선혜, 전영주(2018). 가족치료의 이해(3판). 서울: 학지사.

천성문, 이영순, 박명숙, 이동훈, 함경애(2021). 상담심리학의 이론과 실제(4판). 서울: 학지사.

천성문, 차명정, 이형미, 류은영, 정은미, 김세경, 이영순(2015). 상담입문자를 위한 상담기법 연습. 서울: 학지사.

한국상담심리학회 편(2010). 전문적 상담 현장의 윤리. 서울: 학지사.

American Counseling Association (1995). *Code of ethics*. Alexandria, VA: Author.

American Counseling Association (2010). *Definition of counseling*. http://www.counseling.org/lnowledge-center/20-20-a-vision-for-the-future-of-counseling/consensus-definition-of-counseling. 2015. 1. 5.에서 자료 얻음

American Psychological Association Presidential Task Force on Evidence-Based Practice (2006). Evidence-based practice in psychology. *American Psychologist, 61*(4), 271-285.

Beck, J. S. (2011). *Cognitive behavior therapy: Basics and beyond* (2nd ed.). New York, NY: Guilford Press.

Berg, I. K., & Miller, S. D. (2001). **해결중심적 단기가족치료** (*Working with the problem drinker: A solution-focused approach*). (가족치료연구모임 역). 서울: 하나의학사. (원저는 1992년에 출판).

Berman, P. S. (2007). **사례개념화: 원리와 실제** (*Case conceptualization and treatment planning: Exercises for integrating theory with clinical practice*). (이윤주 역). 서울: 학지사. (원저는 1997년에 출판).

Bohart, A. C., Elliott, R., Greenberg, L., & Watson, J. C. (2002). Empathy. In J. C. Norcross (Ed.), *Psychotherapy relationships that work* (pp. 89-108). New York, NY: Oxford University Press.

Bozarth, J. D. (1997). Empathy from the framework of client-centered theory and the Rogerian hypothesis. In A. C. Bohart & L. S. Greenberg (Eds.), *Empathy reconsidered: New directions in psychotherapy* (pp. 81-102). Washington, DC: American Psychological Association.

Bozarth, J. D. (1998). *Person-centered therapy: A revolutionary paradigm*. Ross-on-Wye: PCCS Books.

Brammer, L. M. (1985). *The helping relationship: Process and skills*. Englewood Cliffs, N. J.: Prentice-Hall.

Brems, C. (2005). **심리상담과 치료의 기본 기술** (*Basic skills in psychotherapy and counseling*). (조현춘, 이근배 공역). 서울: 아카데미프레스. (원저는 2000년에 출판).

Budman, S. H., & Gurman, A. S. (1988). *Theory and practice of brief therapy*. New York, NY: Guilford Press.

Canfield, J., & Hansen, M. V. (2008). **잭 캔필드의 응원: 내 마음에 집중하여 나를 응원하는 힘** (*Dare to win: The guide to getting what you want out of life*). (김재홍 역). 서울: 예문. (원저는 1996년에 출판).

Claiborne, C. D., Goodyear, R. K., & Horner, P. A. (2002). Feed back. In J. C. Norcross (Ed.), *Psychotherapy relationships that work. Therapist contributions and responsiveness to patients* (pp. 217-233). New York, NY: Oxford University Press.

Corey, G. (2001). *Theory and practice of counseling and psychotherapy* (6th ed.). Pacific Grove, CA: Brooks/Cole.

Corey, G., & Corey, M. S. (2017). *Becoming a helper* (7th ed.). Belmont, CA: Brooks/Cole, Cengage Learning.

Cormier, S., & Hackney, H. L. (2005). *Counselling strategies and interventions* (6th ed.). Boston, MA: Allyn & Bacon.

Cormier, S., & Hackney, H. L. (2016). *Counseling strategies and intervention for professional helpers, Global Edition* (9th ed.). Boston, MA: Pearson Education limitted.

de Shazer, S. (1985). *Keys to solution in brief therapy*. New York, NY: W. W, Norton & Company.

Egan, G. (2002). *The skilled helper: A problem-management and opportunity-development approach to helping* (7th ed.). Pacific Grove, CA: Brooks/Coles.

Egan, G. (2013). *The skilled helper: A problem-management and opportunity-development approach to helping* (10th ed.). Pacific Grove, CA: Brooks/Coles.

Egan, G. (2015). **유능한 상담사** [*Skilled helper: A problem-management and opportunity-development approach to helping* (9th ed.)]. (제석봉, 유계식, 김창진 공역). 서울: 학지사. (원저는 1994년에 출판).

Ellis, A. (1989). Rational-emotive therapy. In R. J. Corsini & D. Wedding (Eds.), *Current psychotherapies* (pp. 197-238). Itasca, IL: F. E. Peacock Publishers.

Ellis, A. (1995a). A social constructionist position for mental health counseling: A reply to Jeffrey T. Gutteman. *Journal of Mental Health Counseling, 18*(1), 16-28.

Ellis, A. (1995b). **화가 날 때 읽는 책: 화를 내지 않고 사는 방법** (*How to live with and without anger*). (홍경자, 김선남 편역). 서울: 학지사. (원저는 1977년에 출판).

Ellis, A. (2004a). How my theory and practice of psychotherapy has influenced and changed other psychotherapies. *Journal of Rational-Emotive and Cognitive-Behavior Therapy, 22*(2), 79-83.

Ellis, A. (2004b). *Rational emotive behavior therapy: Its work for me? It can work for you*. Amherst, NY: Prometheus Books.

Evans, D. R., Hearn, M. T., Uhlemann, M. R., & Ivey, A. E. (2000). **상담의 필수기술: 효과적 의사소통을 위한 사례중심 접근법** (*Essential interviewing: A programmed approach to effective communication*). (성숙진 역). 서울: 나남. (원저는 1998년에 출판).

Farber, B. A., & Lane, J. S. (2002). Positive regard. In J. C. Norcross (Ed.), *Psychotherapy relationships that work: Therapist contributions and responsiveness to patients* (pp. 175-194). New York, NY: Oxford University Press.

Friedberg, R. D., & McClure, J. M. (2018). **아동과 청소년을 위한 인지치료(2판)** [*Clinical practice of cognitive therapy with children and adolescents* (2nd ed.)]. (정현희, 김미리혜 공역). 서울: 시그마프레스. (원저는 2015년에 출판).

Garfield, S. L. (1995). *Psychotherapy: An eclectic-integrative approach* (2nd ed.). New York, NY: John Wiley & Sons.

Glasser, W. (1965). *Reality therapy: A new approach to psychiatry*. New York, NY: Harper Collins.

Glasser, W. (1998). *Choice therapy: A new psychology of personal freedom*. New York, NY: Harper Collins.

Heaton, J. A. (2006). **상담 및 심리치료의 기본기법** (*Building basic therapeutic skills: A practical guide for current mental health practice*). (김창대 역). 서울: 학지사. (원저는 1998년에 출판).

Hill, C. E. (2012). **상담의 기술: 탐색-통찰-실행의 과정** (*Helping skills: Facilitating exploration, insight, and action*). (주은선 역). 서울: 학지사. (원저는 2004년에 출판).

Ivey, A. E., Ivey, M. B., & Zalaquett, C. P. (2014). *Intentional interviewing and counseling: Facilitating client development in a multicultural society* (8th ed.). Monterey, CA: Brooks/Cole.

Johnson, S. (2003). *The present: The secret to enjoying your work and life, now!* New York, NY: doubleday.

Karasu, T. B. (1992). *Wisdom in the practice of psychotherpay*. New York, NY: Basic Books.

Kendjelic, E. M., & Eells, T. D. (2007). Generic psychotherapy case formulation training improves formulation quality. *Psychotherapy: Theory, Research, Practice, Training, 44*(1), 66-77.

Kerr, M. E., & Bowen, M. (1988). *Family evaluation: An approach based on Bowen theory*. New York, NY: W W Norton & Co.

Klein, M. H., Kolden, G. G., Michels, J. L., & Chisolm-Stockard, S. (2002). Congruence. In J. C. Norcross (Ed.), *Psychotherapy relationships that work: Therapist contributions and responsiveness to patients* (pp. 195-215). New York, NY: Oxford University Press.

Kottler, J. A., & Shepard, D. S. (2015). *Introduction to counseling: Voices from the field* (8th ed.). Stamford, CT: Cengage Learning.

Kuyken, W., Fothergilla, C., Musaa, M., & Chadwick, P. (2005). The reliability and quality of cognitive case formulation. *Behaviour Research and Therapy, 43*, 1187-1201.

Kuyken, W., Padesdky, C., & Dudley, R. (2009). *Collaborative case conceptualization: Working effectively with clients in cognitive-behavioral therapy*. New York, NY: Guilford Press.

Len, S., & Jonathan, S. (2015). **상담실무자를 위한 사례개념화: 이해와 실제** (*Case conceptualization: Mastering this competency with ease and confidence*). (이명우 역). 서울: 학지사. (원저는 2012년에 출판).

Luft, J., & Ingham, H. (1955). *"The Johari Window, a graphic model of interpersonal awareness". Proceedings of the western training laboratory in group development*. Los Angeles, CA: University of California, Los Angeles.

Malekoff, A. (2014). *Group work with adolescents: Principles and practice* (3rd ed.). New York, NY: Guilford Press.

Meier, S. T., & Davis, S. R. (1997). *The elements of counseling*. Pacific Grove, CA: Brooks/Cole.

Meier, S. T., & Davis, S. R. (2011). *The elements of counseling* (7th ed.). Belmont, CA: Thomson/Brooks/Cole.

Merry, T. (2004). Classical client-centered therapy. In P. Sanders (Ed.), *The tribes of the person-centered nation: An introduction to the schools of therapy related to the person-centered approach* (pp. 21-44). Ross-on Wye: PCCS Books.

Murphy, B. C., & Dillon, C. (2003). *Interviewing in action: Relationship, process, and change* (2nd ed.). Pacific Grove, CA: Brooks/Cole.

Persons, J. B., & Tomkins, M. A. (2007). Cognitive-behavioral case formulation. In T. D. Eells (Ed.), *Handbook of psychotherapy case formulation* (2nd ed., pp. 290-316). New York, NY: Guilford Press.

Robert, D. F., & Jessica, M. M. (2018). **아동과 청소년을 위한 인지치료** (2판). [*Clinical practice of cognitive therapy with children and adolescents* (2nd ed.)]. (정현희, 김미리혜 공역). 서울: 시그마프레스. (원저는 2015년에 출판).

Rogers, C. R. (1957). The necessary and sufficient conditions of therapeutic personality change. *Journal of Consulting Psychology, 21*(2), 95-103.

Rogers, C. R. (1970). *Encounter groups*. New York, NY: Harper & Row.

Rogers, C. R. (2007). **칼 로저스의 사람-중심 상담** (*A way of being*). (오제은 역). 서울: 학지사. (원저는 1980년에 출판).

Satir, V., Banmen, J., Gerber, J., & Gomoru, M. (1991). *The Satir model: Family therapy and beyond*. Palo Alto, CA: Science & Behavior Books.

Sperry, L., & Sperry, J. (2014). *Case conceptualization: Mastering this competency with ease and confidence*. New York, NY: Routledge.

Sue, D. W., & Sue, D. (1990). *Counseling the culturally different: Theory and practice* (2nd ed.). New York, NY: John Wiley & Sons.

Watson, J. C. (2002). Self-directed behavior (8th ed.). Pacific Grove, CA: Brooks/Cole.

Welch, I. D., & Gonzalez, D. M. (1999). *The process of counseling and psychotherapy: Matters of skill*. Pacific Grove, CA: Brooks/Cole.

Wubbolding, R. E. (1986). *Using reality therapy*. New York, NY: Haper & Row.

Zaki, J., Bolger, N., & Ochsner, K. (2008). It takes two: The interpersonal nature of empathic accuracy. *Psychological Science, 19*(4), 399-404. Doi: 10.1111/j.1467-9280.2008.02099.x.

찾아보기

인명

내용

저자 소개

박은민(Park eun-min)

숙명여자대학교 대학원 상담 및 교육심리 전공 교육학 박사

한국상담심리학회 상담심리전문가

한국상담학회 1급전문상담사

전) UC Berkeley University 방문교수

현) 동신대학교 상담심리학과 부교수

동신대학교 아동청소년예방상담센터장

동신대학교 학생상담센터장

주요 저서

대학 인성교육의 실제 I(공저, 공동체, 2022)

대학 인성교육의 실제 II(공저, 공동체, 2022)

초심상담자를 위한 상담실습
-효과적인 상담 과정을 담은 지침서-

Counseling Practice for Beginner Counselors:
Effective Counseling Process Guide

2022년 9월 20일 1판 1쇄 인쇄
2022년 9월 30일 1판 1쇄 발행

지은이 • 박은민
펴낸이 • 김진환
펴낸곳 • ㈜학지사
04031 서울특별시 마포구 양화로 15길 20 마인드월드빌딩
대표전화 • 02-330-5114 팩스 • 02-324-2345
등록번호 • 제313-2006-000265호

홈페이지 • http://www.hakjisa.co.kr
페이스북 • https://www.facebook.com/hakjisabook

ISBN 978-89-997-2522-7 93180

정가 18,000원